本书是全国统计科学项目"数字经济与实体经济融合发展指标体系构建与测度问题研究"（编号：2019LY87）、教育部人文社科研究基地南昌大学中国中部经济社会发展研究中心课题"数字商业创新管理及其统计问题研究"（编号：19zbzxyb07）、教育部工商管理教指委"工商管理类核心课程金课建设"项目"数字商业管理"、江西省教育厅教育改革重点项目"'国家一流本科专业建设'背景下工商管理专业五维一体'新商科'培养模式研究"（编号：JXJG-19-1-3）的阶段性研究成果。

DIGITAL BUSINESS
MANAGEMENT

数字商业管理

◆

董晓松 刘 容 尧军文 等 著

社会科学文献出版社
SOCIAL SCIENCES ACADEMIC PRESS (CHINA)

前　言

　　"建设现代化经济体系"是党的十九大报告首次提出的新发展理念，是跨越关口的迫切要求和我国发展的战略目标。当前，数字经济作为一种新的经济形态，正成为推动经济发展质量变革、效率变革、动力变革的重要驱动力，也是全球新一轮产业竞争的制高点和促进实体经济振兴、加快转型升级的新动能。中国如何利用大数据技术实现转型，如何利用大数据技术建立数字经济强国，如何利用大数据技术全面实现国家治理体系和治理能力现代化是我们迫切需要解决的问题。数字商业作为数字经济的市场手段和商业载体，即将发挥不可估量的作用，但此方面的专业人才缺乏，知识体系亟待完善。

　　数字商业通过融合物理和数字世界来创造新的商业模式，它是商业实践与数字技术之间的交融，是一个全新的和颠覆性的商业世界。事实是，数字商业将冲击几乎所有行业，学者和企业家都需要以不同的方式思考和适应新的商业模式。学者需要探析数字商业规律，商业领袖需要掌握数字商业技能，这样才能追上数字经济时代大潮。

　　因此，南昌大学经济管理学院与南昌大学数字经济研究院数字经济研究团队精心撰写本书，本书有两个朴素的目标：一是为数字商业学术研究做一些铺垫工作；二是为数字商业实践人才提供一个理论体系。本书分为上、中、下三个相互联系而又相对独立的部分。本书第一部分涉及数字商业背景与概念，包括第一章数字经济、第二章数字商业和第三章数字创新，主要阐述数字经济时代背景、数字商业概念范畴，以及数字商业的核心——数字创新。本书第二部分聚焦数字企业管理与革新，包括第四章数字生存能力、第五章企业内部数字化、第六章企业外部数字化。本书第三部分则跳出单个企业范畴，站在生态系统的视角看待数字商业行为，关注数字生态建设与创新，包括第七章数字化平台、第八章数字化网络、第九章数字化生态。

本书是教育部工商管理类教指委"工商管理类核心课程金课建设研究"中"核心课程金课建设——数字商业管理"项目的阶段性研究成果，同时受到中央网信办一类项目"实施数字中国战略研究"、江西省高校人文社会科学重点研究基地课题"中部地区人口数字化生存与区域发展问题研究"和全国统计科学研究项目"数字经济与实体经济融合发展指标体系构建与测度问题研究"的资助。

目 录
CONTENTS

上 篇 数字商业背景与概念

中　篇　数字企业管理与革新

下　篇　数字生态建设与创新

上 篇

数字商业背景与概念

第一章　数字经济

第一节　数字经济出现的背景

随着科技革命和产业变革不断推进，当今世界数字经济蓬勃发展，各主要经济体都将发展数字经济作为重点，中国亦对数字经济十分重视，将发展数字经济提升为国家战略并视其为推动经济高质量发展的重要手段。

数字经济的出现可追溯到 20 世纪 90 年代，以互联网为代表的信息通信技术快速发展和扩散引发了数字革命，成为推动经济发展与变革的重要动力，从而催生了数字经济（何枭吟，2013）。在此背景下，经济合作与发展组织（OECD）首先提出"数字经济"的概念（逄健、朱欣民，2013），并开始测算各国数字经济产业发展状况。

回顾数字经济的产生与发展历史，数字经济率先出现于以美国为代表的西方发达经济体并非偶然，而具有深刻的历史背景。第一，在信息大爆炸时代，知识作为核心生产要素的地位不断凸显，其特有的正循环增长效应进一步加速知识社会化进程。这为数字经济时代的到来创造了良好的知识环境。第二，20 世纪末，以互联网为标志的现代信息技术被广泛应用和不断创新带来数字革命，微电子、计算机和通信等技术创新为数字经济的发展提供技术基础。其中，知识社会的出现为数字经济的出现与发展提供了人才基础，信息技术的创新为数字经济提供了技术基础。

一 知识社会的出现

知识社会的来临是当代世界转型的重要特征之一，也是人们长期争论的话题。在知识社会，知识不断创新、累积、应用与分化，从而促进产业进步，引导个人、组织和社会成长与发展。这种由知识所引发的社会变革的过程是动态变化的过程，是知识特有的正循环增长效应不断加强的结果。这种正循环效应可以从数据、信息和知识间的关系加以理解。

由知识增长带来的互联网技术应用有助于加强人际交流与合作，降低知识获取成本，促进资源共享，并推动知识流动和创新。这种正循环效应为数字经济的出现与发展营造了良好的知识化环境。具体表现在以下三个方面。

第一，知识生产呈现"核裂变"状态。目前，人类的知识总量以指数级别急速增长。各种新知识不断被创造、生产出来。

第二，知识的效用不断增加。伴随着知识的快速创造与生产，人类在知识传输、获取、累积和分享上也获得了空前发展，人们对知识的利用率得到极大提升。

第三，知识型劳动者不断涌现。知识社会的到来对劳动者知识创新能力提出了更多需求和更高要求，促使知识型劳动者不断涌现。这些知识型劳动者能够意识到终身学习的重要性，并且不断通过学习提高知识创新能力。知识型劳动者的涌现将源源不断地为社会创造、输送和累积知识，从而为数字经济的发展创造良好的知识环境。

二 信息技术的创新

自20世纪60年代以来，信息技术革命给人类社会带来日新月异的技术进步。从技术角度看，现代信息技术已经成为数字经济的技术源头和支柱，为数字经济奠定必要的技术基础。伴随信息技术的应用和数字经济的发展，产品、市场和企业等微观经济基础也出现不断数字化的趋势。数字产品、数字市场和数字企业的创新成为经济持续发展的强大动力。推动数字经济发展的早期数字技术的创新主要体现在以下三个方面。

第一，微电子技术。现代微电子技术是建立在以集成电路为核心的各种半导体器件基础上的高新电子技术，是数字技术的基石，更是电子计算机技术的基础和核心。微电子技术的创新发展体现在器件体积、存储容量和命令运算速度三个方面。

第二，计算机技术。计算机技术是数字技术的核心。在电子计算机于1946年问世以后，在短短的四十年内，计算机技术更新换代急速发展，经历了电子管、晶体管、集成电路、大规模和超大规模集成电路四代演变。同时，计算机之间的外部联结所形成的互联网让信息通信、商务交易、娱乐服务融合在同一个平台上，彻底改变了人类的时空观念。

第三，通信技术。由现代通信设备构成的覆盖全球的通信网络是现代社会的"神经系统"，通信技术和网络技术已经成为数字技术的支柱。现代通信技术创新主要体现在两个方面。一方面是新的传输介质光纤的发明和使用，实现了大容量、长距离通信，使光纤通信获得极快发展；另一方面是通信技术与计算机技术的结合。现代通信技术正在全面走向数字化，使通信网络从低速到高速、从单一语音通信到多媒体数据通信转变，大大扩大了信息技术的应用范围。

进入21世纪之后尤其是近十年来，物联网、云计算、大数据、人工智能、虚拟现实、增强现实、生物技术、3D打印等众多现代新型技术纷纷涌现，并被应用到经济社会发展之中，进一步推动数字经济快速发展。

第二节 数字经济的含义

一 数字经济的定义

"数字经济"出现之后，各国政府和不同学者对其做出的定义各不相同。英国研究委员会（Research Council UK）认为数字经济是"通过人、过程和技术发生复杂关系而创造社会经济效益"，"且在数字经济中，数字网络和通信基础设施提供一种全球化的平台，促进个人和组织的相互交往、通信、合作和信息分享"。澳大利亚政府则将数字经济视为"通过互联网、移动电话和传感器网络等信息和通信技术，实现经济和社会的全球性网络化"。逄健和朱欣民（2013）认为数字经济是"以信息和通信技术为基础，通过互联网、移动通信网络、物联网等，实现交易、交流、合作的数字化，推动经济社会的发展与进步"。综合各方观点，刘渊（2018）认为数字经济是"一场由信息技术和通信网络不断创新主导的经济革命，它蕴含着特有的经济形态，已经成为培育经济增长新动能、提升传统动能的重要途径"。

从数字经济在世界范围内的快速发展及其对经济社会的重要影响可知，刘渊（2018）对数字经济的定义具有更强的前瞻性，由信息技术和通信网络不断创新所主导的数字经济具有很强的"经济革命"意味。这体现在经济系统三个方面的显著变化上。

第一，数字技术提高了社会生产力。数字技术对社会生产力的影响主要体现在以下两个方面：首先，数字技术在经济社会活动中的扩散，促使传统生产资料出现智能化、数字化变革，从而达到节省生产成本、提高生产效率的目的；其次，数字技术的应用与普及促使劳动者的知识得以累积、能力得以提升，促使劳动生产率得以显著提高，实现数字能力和人力资本大大提高和增加的目标。

第二，数字技术改变了知识的存储和传播方式。一方面，数字设备的出现改变了传统上以纸质媒介存储信息的方式，让人们能以低成本的方式存储大量数据，同时提供了高效的数据处理工具。另一方面，数字技术的普及也让人们之间的信息交流和合作更为便捷，提升了知识生产与创新的效率，助力经济实现增长和变革。

第三，数字技术带来了新的商务模式。随着数字技术的发展以及生产生活方式的变革，众多先锋企业亦纷纷进行管理革命。基于数字平台的电子商务、移动商务和社会化商务模式让商品交换所涉及的成本大大降低，管理效率得以提升。此外，企业的组织形式和管理模式也发生变化。从组织形式来看，越来越多的企业抛弃传统的组织形式而转向扁平化和网络化；从管理模式来看，数字经济的发展促使企业之间通过构建各种联盟获取竞争优势。

综上所述，数字经济的具体内涵可以界定为：以知识为基础，在数字技术（特别是涉及计算机和互联网）催化作用下在制造领域、管理领域和流通领域以数字化形式表现出的一种新的经济形态。这一内涵的界定包括三个方面：在形式上表现为商业经济行为的不断数字化、网络化和电子化，即电子商务的蓬勃发展；在内容上体现为传统产业的不断数字化以及新兴的数字化产业蓬勃发展；实质是在以创新为特征的知识社会中，在以1和0为基础的数字化技术发展到一定阶段，信息数字化扩展到整个经济社会的必然趋势。

二　数字经济与传统经济的区别

综合学者们的观点，数字经济与传统的农业经济、工业经济存在较大区别，主要表现为四个方面。

第一，算力。算力主要表现为运算速度和存储量，是数字经济与传统经济最直观的区别。随着计算机和互联网的普及，人类对信息的储存能力以及对数据的运算能力得到空前提升，并以几何倍数飞速增长。近些年来，随着超级计算机、大数据、移动互联网、云计算、机器学习、人工智能等技术的发展，算力水平进一步飞速提升，推动一系列行业和企业进行数字化转型，促进传统经济进行数字化变革，从而让数字经济快速发展。

第二，信力。信力主要体现为数字经济时代的安全。在农业经济和工业经济等传统经济形态下，人类面临经济安全问题，但由于生产力水平较为低下且经济流通规模较小，此类经济安全问题的影响范围不大。然而，在数字经济时代，随着信息技术的广泛应用以及经济合作的普遍进行，经济安全问题对人类的伤害和威胁越来越大。人类在享受高科技驱动数字经济带来的繁荣与便利的同时，也面临防范和减少数字经济安全问题的重大任务。

第三，想象力。不同于传统的农业经济和工业经济的活动主要存在于物理空间之中，数字时代的众多活动发生于传统物理空间之外的虚拟空间之中。在这个由互联网和现代通信技术所支撑的空间中，人类能获得各种前所未有的体验，并发挥无限的想象力和创造力，塑造各种新型经济形态与生活方式，为人类共同带来更多财富与福祉。在推动数字经济发展、数字经济与实体经济融合的过程中，如何发挥人们的想象力和创造力实现技术创新、产品创新和商业模式创新是未来需要面对的一个重要问题。

第四，管理力。在数字经济时代，上述三种力量的有效发挥还取决于最后一种力量——管理力。这种管理力主要体现在两个方面：首先，管理力是对算力、信力和想象力的系统应用、有效配置和综合管理的能力；其次，管理力还是对传统物理空间和数字虚拟空间的良好连接，并让人们在数字经济时代提升自身能力、获得众多福祉的能力。可见，这种管理力是数字经济区别于传统农业经济和工业经济最为综合和系统的一个因素。

三　数字经济研究体系

基于数字经济的含义及学术界的现有研究，数字经济研究体系涵盖不同层次的众多内容（如图 1-1 所示）。

从研究内容来看，数字经济涉及"经济与社会影响""政府与政策""数字产业""电子商务与商业模式创新""企业市场数字化"五大主题。具体而言，"经济与社会影响"主题包括私密性、标准、数字鸿沟等研究内容；"政府与政策"主题涉及数字治理、数字政务等研究内容；"数字产业"主题包括产业变革、产业融合、数字产业类型、数字产业监测等研究内容；"电子商务与商业模式创新"主题聚焦电子商务、数字企业管理、商业模式、数字创新等研究内容；"企业市场数字化"主题则包括数字市场特征、数字市场变革等研究内容。

此外，从研究层次来看，"经济与社会影响""政府与政策"属于宏观层次的研究主题；"数字产业"是中观层次的研究主题；"电子商务与商业模式创新""企业市场数字化"则是微观层次的研究主题。

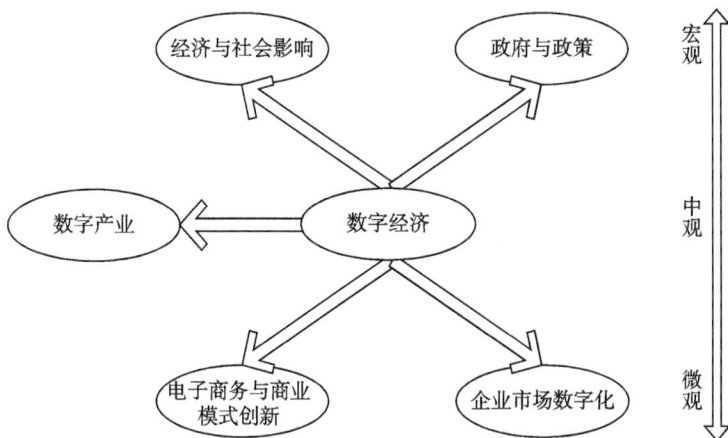

图1-1 数字经济研究体系

第三节 数字经济的特征与影响

相比传统的农业经济与工业经济，作为一种新经济形态的数字经济具备一些独有的特征。此外，数字经济的出现和发展对传统经济形态产生各种冲击与影响。

一 数字经济的特征

1. 数字化

数字经济中所涉及的各种信息都能以数字化的形式进行表达、传递和存储。一方面经济活动数字化，即与数字经济相关的各种交换和管理活动表现出数字化的特征；另一方面经济成果数字化，是指商品、劳务、货币等经济实物也具有数字化特征。这种数字化是指经济活动和成果都可以通过二进制编码转换为由"0"和"1"组成的数字信号。数字化后的信号和信息便于人们以较低成本进行压缩、存储、传输、加工。数字化具备的上述优点让数字化应用从最初的电脑领域扩展至通信、传媒、金融、工业、商业等多种行业，从而对人类经济社会活动产生巨大影响。

2. 虚拟化

数字经济的另一特征是虚拟化。这种虚拟化体现在虚拟空间、虚拟市场和虚拟企业三个方面。首先，如上文所述，数字经济相比传统经济存在的区别之一是经济管理活动越来越多地发生在物理空间之外的虚拟空间。由互联网等技术所构建的虚拟空间为人类活动提供了重要场所，随着移动互联网的发展，人们的生活、工作、消费等活动越来越集中于虚拟空间，其与物理空间共同构成生存场所。其次，随着买卖双方在虚拟空间日渐集聚以及电子商务快速发展，数字市场日渐活跃并成为各种经济实体进行交换的重要平台。亚马逊、淘宝、天猫、京东等一大批中外在线零售商让消费者享受网络购物的便利，也为各种小型企业用户在线销售产品提供了良好平台。可以预见，未来数字市场将继续为买方和卖方提供更多交换机会，创造更多商业价值。最后，数字经济时代出现越来越多的虚拟企业。不同于众多工业企业以线下生产为主，这些虚拟企业聚焦产品开发、设计和销售，它们能够利用数字空间中海量的信息以及与上下游合作伙伴的便利沟通，便捷有效地完成管理活动，实现企业进行价值创造的目标。

3. 网络化

数字经济的出现与发展依赖互联网等相关技术，因而数字经济还表现出网络化的特征。这种网络化具有技术网络化和社会网络化两个方面的含义：一方面，数字经济中各种实体通过互联网而彼此连接，让不同部门、产业、家庭和个人分散的经济活动联系起来，形成互联互通的技术网络；另一方面，在技术网络的基础上，经济实体之间的高度互动和相互依赖逐渐形成更高形式的网络化——社会网络化，经济实体之间在数字时代出现比传统经济形态下更为紧密、有效的社会互动和经济交流。网络化对人类的经济和组织活动产生巨大冲击，对组织过程和组织形态造成显著影响。对于组织过程来说，网络化的结构不是简单以过程为导向的组织，而是通过信息技术将商业过程水平重构。对于组织形态来说，网络化结构不是简单地以团队为基础的结构，而是一种重新对组织的性质、功能以及组织之间的关系进行审视的结构。

4. 模块化

模块化表面上是"将事物分解为模块（各个部分）、分工"的意思，这一思想在制造业中作为生产原理进行应用已经有一个多世纪，因而模块化并非数字经济所特有的现象。但在信息技术的推动下，模块化对经济运行的影响凸显出来，促使硅谷模式成功，成为数字经济的重要特征。

在数字经济中，模块化的深层意思是对产业进行"现代化分工"。这种产业分工特指在数字技术广泛应用的背景下，产业发展过程中逐步表现出来的用于解决复杂系统问题的新方法，即通过每个可以独立设计，并且能够发挥整体作用的更小的子系统来构筑复杂的涉及产品或业务的相关体系。这种分工涉及"设计的分工""生产过程的划分""产品结构的划分""企业内外的组织形式""组织间的信息传递方式"等，不仅体现在生产过程中，而且更重要的是体现在设计过程中。

5. 分子化

数字经济是分子化经济。传统公司正在解体，经济活动的基础已经由动态分子和个人聚集所代替；组织并不一定消失，但在经济社会的各个方面从"规模"向"分子"转变。传统公司是工业经济的主要单元。命令与控制的等级制度根源于农业社会的教堂和军事组织，但扩展成为公司的一部分。每个企业的目标是扩大规模、增加收益。数字经济时代的到来，创造了新商业环境，需要更敏捷化、扁平化、以团队为基础的组织结构。商业过程重构是实现这一转变的重要步骤，但必须在价值链的每一个环节增加知识，这将同公司作为一个组织单元的理念相矛盾，因而唯一的选择就是应用网络，使工业等级与经济社会让位于"分子型"的组织与经济结构。

在数字经济中，企业具有一个建立在个人基础上的分子结构。知识工人（人力分子）是一个商业单元，通过现代工具，利用知识和创新创造价值。这些人像分子一样可以通过某种力量集聚成队，或者个体又能够通过自由活动形成新的组织结构。这种新的组织结构是传统等级制度所不能提供的。当这种分子行为扩展到整个经济体系时，将出现不同的经济关系，数字经济也随之出现。

二　数字经济的影响

数字经济为经济社会活动所涉及的各个行业和实体开展创新融合、升级变革提供诸多机遇。

1. 数字经济驱动传统部门转型升级

数字经济的发展让众多传统部门遭遇危机，数字技术所带来的低成本和高效率优势促使传统产业纷纷开始创新融合并进行数字化转型。比如，在零售领域，如今，越来越多个人和企业依托互联网，通过运用大数据和人工智能等先进技术对商品的流通与销售进行升级改造，构建线上服务、线下体验、现代物流深度融合的新零售模式。此外，制造业也纷纷利用现代新型技术进行变革，创新智能制造技术，构建智能制造系统。如今的智能制造积极推动工业化和信息化深度融合，推动"互联网＋先进制造业"建设转型。

2. 数字经济深刻改变就业市场

数字技术和数字经济的发展对就业市场也带来影响。目前，西方发达国家劳动力需求状况在各个行业呈现不同特征。OECD 的研究报告显示，信息技术方面的投资会导致制造业、商业贸易、交通和住宿等行业的劳动力需求量减少，但文化、娱乐和其他数字服务行业的劳动力需求则呈现增长态势。另外，许多劳动者逐渐热衷于通过网络平台从事高度灵活的和兼职的工作，在线办公和在线兼职成为就业市场的新现象。

3. 数字经济正重塑国际贸易格局

数字技术和数字经济的发展对国际贸易产生影响。一方面，信息技术的应用有助于帮助企业进行数字化转型并增加效益，从而提升产业竞争力。另一方面，信息技术的应用能够助力改善与上游供应商及下游客户之间的关系，提高价值链的整体生产率，帮助相关企业在国际竞争中处于优势地位。

同时，数字经济也面临众多风险与挑战。

1. 数字经济对使用技能提出更高要求

随着数字技术和数字经济的快速发展，诸多生产和消费活动要求人们应用数字技术和互联网，从而对网络速度和数字技能提出更高要求。然而，相关数据显示，仍有很多人尤其是老年群体缺乏现代信息技能和数字设备使用经验。比如，银行等服务业引进现代化的自助服务机器虽然提升了服务效率，但也让一些数字技能缺乏的老年消费者无所适从并感到不满。此外，随着众多产业纷纷进行数字化转型，许多工作要求劳动者具备相关的知识与技能，削弱了一些劳动者的就业竞争力，对其劳动技能提出更高要求。尤其是人工智能的出现与应用对未来的就业产生巨大冲击，有专家预测，未来诸多职业的工作将被机器人取代。

2. 新型"数字鸿沟"正在出现

随着数字技术和数字经济的发展，数字鸿沟问题可能变得愈发明显。具体表现在以下两个方面：其一，不同国家在数字技术使用率方面存在较大差异，比如，一些国家的在线购物普及率能达到70%，而另一些国家的在线购物使用率则不到5%，从而带来较大的数字鸿沟；其二，不同企业在应用数字技术进行数字化转型方面也存在较大差距，比如，大中型企业对业务改造的需要更多，所拥有的数字资源也相对充足，它们相比小微企业利用新型技术开展业务的态势更好，企业之间存在较大的数字鸿沟。

3. 数字经济发展受到安全和隐私风险的制约

数字经济在高速发展的同时也伴随着较多的安全问题和隐私风险。随着数字技术日渐智能化，商家过度利用数字技术以获取更多销量的做法可能会侵犯消费者个人隐私，且网络诈骗等非法活动也屡见不鲜，对人们的隐私安全和个人财产安全造成较大危害。消费者对伴随数字技术发展产生的安全和隐私风险的感知可能会产生负面的消费体验，并降低他们使用及购买的意向水平。

可见，数字技术和数字经济的发展既为经济社会提供了众多机遇，也让人们面临相关威胁。为此，有必要加强对数字经济的管理，扬长避短，发挥数字技术优势，利用数字经济带来的机遇，并妥善应对数字经济的威胁，减少其可能引发的危害。

第四节　中国数字经济发展现状与展望

一　发展现状

1. 中国数字经济发展已步入成熟期

1994 年，中国正式接入国际互联网，互联网行业的龙头企业相继成立，中国数字经济正式步入萌芽期。如今知名或曾经辉煌的互联网企业诸如阿里巴巴、京东、百度、腾讯、新浪、搜狐、网易等，在此阶段纷纷崛起。此时的主流业态较为单一，表现为门户网站的形态，但这些企业在这一阶段积累了大量网络用户，为下一阶段的转型提供了客群基础。

经历 2000 年左右全球互联网泡沫之后，中国数字经济在 2003 年开始进入高速发展期。这一阶段呈现三大特征：其一，中国网民数量呈现年均两位数增长的态势，为互联网行业的转型和数字经济积累大量用户；其二，众多互联网企业从做门户搜索转做电子商务，在线交易高速发展；其三，互联网服务出现诸多新型业态，网民个体能利用博客、微博、在线社区、社交网络等诸多数字工具发表观点，沟通互动，生成和共创内容，从而对经济社会产生巨大影响。此阶段的主流业态已经变成电子商务和社交网络服务。

2013 年以来，随着中国手机网民规模的不断扩大以及移动互联网的飞速发展，中国数字经济步入成熟期。在此阶段，数字经济的业态出现两大特征：其一，众多传统行业与互联网深度融合，"互联网＋"成为热点，比如，打车和外卖等生活服务利用移动互联网进行业务转型，造就了"滴滴打车""饿了么""美团"等大量新兴互联网企业；其二，利用互联网进行商业模式创新，推动中国数字经济商业模式多样化发展，比如，共享出行新业态、网络直播等经济形式为消费者的日常消费提供了更多选择。

可以预见，随着中国数字经济的发展，未来互联网行业的众多业态，诸如工业 4.0、新零售、直播、在线体育、互联网医疗、云服务、短视频等都将进入快速发展和不断调整的重要时期，为中国数字经济注入更多活力。

2. 中国数字经济发展逐步上升至国家战略高度

在信息化建设起步阶段，国务院办公室分别于 1999 年、2001 年、2002 年转发了国务院相关部门的相关意见和有关行动的通知，以国家政策的形式推动移动通信、空间信息基础设施、软件产业等数字经济形态发展。

在电子商务发展与信息化建设深入阶段，国务院继续在 2005 年通过发布产业政策意见的方式推进电子商务发展，并在 2006 年、2007 年通过批复和条例的方式推动文化信息资源共享和政府信息公开，进一步使信息化建设深入推进。

在数字经济发展新阶段，党中央和国务院以多种形式出台产业政策，推动数字经济高速发展，习近平总书记和李克强总理在多个重大场合和重要讲话中强调推进数字经济发展。比如，习近平总书记在 2016 年中共中央政治局集体学习时指出"要做大做强数字经济，拓展经济发展新空间"；李克强总理在 2017 年《政府工作报告》中指出"促进数字经济加快成长，让企业广泛受益、群众普遍受惠"。无疑，数字经济发展已经成为中国落实国家重大战略的关键力量，对进行供给侧结构性改革、创新驱动发展具有重要意义。

3. 中国数字经济发展持续影响经济社会生活

中国数字经济持续高速发展对人们的生活产生了深远影响。主要体现在以下几个方面。其一，与数字经济发展相关的众多议题受到人们的广泛关注和讨论。比如，"第三方支付的市场争夺大战""外卖 App 的激烈竞争""网约车行业规范"等在社交媒体上成为热点话题。其二，数字经济发展为消费者提供了更为便利的生活方式和更美好的消费体验。与衣食住行相关的企业纷纷进行数字化、网络化和智能化转型，让人们的日常消费更为便利快捷。其三，数字技术的普及和数字经济的发展为中国经济形态的转型升级和商业模式的变革创新注入强大动力。可以预见，未来很多传统行业将受到数字技术影响而变革，以提升生产效率和增加竞争优势。

二　未来展望

综合学者们的研究（何枭吟，2013；于潇宇、陈硕，2018；张亮亮等，2018），未来中国数字经济发展需要注意以下几个方面的治理工作。

第一，加快形成经济发展新动能。具体而言，中国可通过三个途径促进数字经济发展、新动能形成：其一，通过推动网络基础设施建设助力企业释放数字技术创新潜能；其二，加快互联网与实体经济深度融合，大力推进"互联网＋制造业"，使其成为中国经济发展的新动能；其三，通过合理有针对性的税收政策激励数字经济发展，如向数字经济领域的中小企业提供税收优惠、对数字产品研发实行税收抵扣等。

第二，完善数字资源保护机制。目前，我国是网络攻击的主要受害国之一，网络安全威胁是我国经济和政治安全面临的重大威胁。为此，一方面，政府需要强化对重要的信息基础设施的安全保护，通过技术创新和技术升级做好技术性防护。另一方面，政府也可以通过加快数字安全立法工作，完善相关的制度，应对并减少网络安全问题对数字经济和国家安全的威胁。

　　第三，积极提高大众数字素养。具体而言，可通过以下三个措施达到目标。其一，消除数字经济引发的不平等。通过加大对数字技能较低群体的培训力度、支持老少边穷地区宽带建设等方式减少城乡"数字鸿沟"，努力让全民都能享受数字技术与数字经济的好处，并反过来为数字经济的发展提供具备高级数字技能的消费者和劳动力。其二，完善与数字经济相关的就业措施。通过鼓励高等教育机构加强数字人才培养、强化劳动力数字技能培训等方式有针对性地提高劳动力数字素养与数字经济岗位之间的匹配程度。其三，应用数字经济推进"数字民生"。大力推进"互联网＋教育""互联网＋医疗""互联网＋文化"等惠民工程，应用大数据等新型数字技术助力精准脱贫，让大众享受数字经济带来的福祉。

　　第四，加强数字经济国际合作。具体而言，中国应利用"一带一路"等合作平台积极推动数字经济国际合作，助力本国数字经济企业与共建"一带一路"国家及其企业合作与交流，推动中国数字经济模式"走出去"。此外，鼓励本国企业与西方发达国家及先进企业在数字技术与数字经济方面竞争与合作，把优质人才、先进技术和优质企业"引进来"，推动中国数字经济健康快速发展。

第二章 数字商业

第一节 数字商业

一 数字商业的含义

1. 商业的含义与作用

对于商业的定义目前存在不同看法。

从经济活动视角来看,商业是以买卖方式使商品流通的经济活动,是一种有组织地向顾客提供所需商品与服务的行为。一般认为,商业源于原始社会以物易物的交换行为,且随着一般等价物的出现而变得越来越普遍。人类社会日渐高度化的劳动分工不断推动商业活动繁荣。可见,商业的本质是商品的交换。

从经济部门视角来看,商业是指组织商品流通的国民经济部门。一般来说,商品流通涉及购进、运输、储存、销售四个基本环节。因此,完成生产的商品在向消费领域转移过程中所涉及的购进、运输、储存、销售等经济行业都可被视为商业。

商业在国民经济中发挥着重要作用,具体表现在以下几个方面。

第一,商业有效衔接了生产者和消费者。生产者与消费者之间的连接障碍是市场供求失衡的重要原因之一。商业组织这一市场主体的存在有助于以中介作用的形式缓解这种供求失衡状态,并通过承担流通风险、降低交易成本而使供求价格趋于协调，助力实现商品使用价值"运动"。

第二，商业有助于吸纳大量劳动力。以商业为代表的第三产业已成为众多经济体的主要产业，为劳动力市场提供了大量就业机会。此外，相对于第一产业、第二产业和高科技产业，商业对于劳动力的技能要求相对较低，从而更有利于吸纳不同层次的劳动力，帮助实现充分就业的宏观经济管理目标。

第三，商业有助于推动国民经济中其他产业发展。一方面，制造业生产想可持续性地完成销售目标并获得增长，需要商业组织在规模、数量和质量上与制造业相匹配，因此制造业的发展在一定程度上受到商业发展的约束。另一方面，价值链的有效运转有赖起中介作用的商业组织与上下游良好协作，这样才能实现产业与市场之间的高效协调，助力各方实现价值。

第四，商业有助于市场体系的健全完善。相比生产企业，商业企业更接近市场和消费者，它们能更快获取消费者的需求信息并将其反馈给生产企业。而商品若想顺利完成交易，有效满足消费者的需求起着决定作用。因此，商业的存在有助于生产企业弥补市场信息搜集和响应滞后的不足，顺利打通价值链上的信息流通环节。另外，最终产品的价格也是在商品市场上形成的，各类要素市场能否清晰无误地反映和折射需求并有效定价，在相当大程度上取决于商品市场价格机制的及时性、准确性和效率性。因此，没有发育成熟、富有效率的商业体系和中介组织，就不可能有完善的市场体系。

2. 数字商业的含义

随着数字经济的兴起与发展，数字技术渗透到各行各业。新型技术也被广泛应用于商业领域，推动商业活动变革和发展，数字商业出现。虽然"数字商业"这个词被越来越多的人提及和使用，但目前对于该词还没有成熟统一的定义。

基于对商业和数字经济的定义，数字商业可以从两个视角进行理解。

从经济活动视角来看，数字商业是指利用数字技术促进商品流通并实现交换的经济活动。这些数字技术包括互联网、移动互联网、大数据、物联网、云计算、区块链、人工智能等。此时，对数字商业的本质有两种理解：其一，基于数字技术的商品交换，即借助数字技术让商品实现交换；其二，数字商品的交换，即区别于传统商品且以"0"和"1"的方式所进行的数字商品实现交换。

从经济部门视角来看，数字商业可能包括以下行业：其一，以数字方式让商品在向消费领域转移过程中所涉及的购进、运输、储存、销售等经济行业，即涉及"商品的数字交换"的行业；其二，让数字商品在向消费领域转移过程中所涉及的购进、运输、储存、销售等经济行业，即涉及"数字商品的交换"的行业。根据相关行业报告，目前具有代表性的数字商业包括网络购物、网络营销、互联网金融、新零售等行业。

二 数字商业的特征

受数字技术和数字经济影响，数字商业与传统商业相比会具有一些显著特征，具体包括以下几个方面。

1. 市场数字化

传统商业活动中的信息发布、信息交流和商品交换主要集中在现实中的市场。与之不同的是，随着数字技术的发展和应用，如今的商业活动更多发生于基于互联网的数字市场。因此，数字商业具备的第一个特征便是市场数字化，数字市场的出现让今天的数字商业活动明显不同于传统商业活动：其一，信息发布的数字化，如今商品生产者和经营者越来越多地通过网络平台发布商品信息和传播商品广告，因此以报纸、电视、杂志等为代表的传统广告媒介日渐被网络、在线社区、移动 App 等数字媒介取代；其二，信息交流的数字化，传统商业形态下买家和卖家互动主要发生在线下，而在数字商业时代，商家越来越多地通过在线调查、网络爬虫、大数据、官方网站等数字技术和平台与顾客互动交流；其三，商品交换的数字化，不同于传统商业形态下购买发生于专卖店、零售店、超市等实体市场，数字商业时代的消费者更多从在线零售网站、品牌官方网站、第三方网络平台等数字市场购买商品。随着数字市场的发展，如今的商品交换变得更为有效，消费者也从在线购物过程中获得了丰富的在线购买体验。

2. 支付数字化

由于商业活动的完成必然涉及支付行为，伴随市场数字化的另一趋势是支付数字化。数字支付又称电子支付，是随着计算机和互联网技术兴起而出现的支付手段。早期的数字支付形式主要是网上银行支付。近年来，随着智能手机的普及和金融科技的发展，越来越多的消费者使用移动支付购买商品和服务。支付数字化具备以下优点。其一，提升消费者购买体验。一方面，数字支付尤其是移动支付的普及让消费者的支付过程变得更为便捷，消费者能从中获得更畅快的购买体验；另一方面，相比现金支付，数字支付在一定程度上削弱了消费者因损失金钱而引发的支付痛苦，从而获得更好的消费体验。其二，降低商家成本，提升运营效率。数字支付有助于商家节省大量现金流通和管理成本，并因为支付时间的减少而提高运营效率。比如，越来越多的超市采用"自助收银机器"，让顾客自己扫描商品条码并通过移动支付结账，从而为超市节省了大量人力成本。

3. 产销合作紧密化

随着数字商业的发展和市场导向理念的扩散，顾客的影响力日渐增强，让生产商和销售商意识到双方都是向顾客提供满足需求的商品过程的一部分，从而让产销合作日渐紧密化。尤其是在信息技术的帮助下，产销双方能够建立"渠道合作关系"，让双方的活动都基于顾客的需求信息而展开或变化。一方面，销售商通过与顾客的互动而获得信息，并及时将这些信息反馈给生产商，助力生产商设计并制造顾客需要的商品；另一方面，为了更有效地实现商品交换和价值，生产商依赖销售商在商品传播和交换上的专业能力以及销售商与顾客之间的良好关系。因此，在数字商业时代，产销双方基于对彼此的需要和多方共赢理念而形成更紧密的合作关系。

第二节　数字商业战略

随着数字技术在商业管理中的广泛应用，越来越多的企业意识到将信息技术战略上升到组织战略层面以及制定数字商业战略的重要性，从而吸引了越来越多的学者探讨数字商业战略的含义和内容。

一　数字商业战略的含义

数字商业战略是指企业通过利用数字资源创造差异化价值而制定和实施的组织战略（Bharadwaj et al.，2013）。

该定义的要点体现在以下几个方面。

第一，不同于传统上将信息技术战略视为某个部门的工作，数字商业战略认识到数字资源所起的作用不再局限于信息技术部门而是将影响扩展到运营、采购、供应链和营销等各个部门。

第二，不同于过去强调数字系统和技术等战术性工具，数字商业战略突出数字资源的作用，而如今的数字资源相比过去的数字系统和技术更能体现资源基础观等战略理念。

第三，明确了数字商业战略的目的是创造差异化价值，从而与传统上信息技术战略提升效率和生产率的目的区分开来。

二　数字商业战略的内容

1. 数字商业战略需要整合企业内所有部门和流程

具体而言，数字商业战略具有跨职能性。数字商业战略的实施范围需要涉及企业内所有部门（如营销、采购、物流、运营等），并涉及受信息技术驱动的各种流程（如订单管理、顾客服务等）。组织内所有与职能和流程相关的战略都应服从于数字商业战略。数字商业战略的制定与实施依赖通过企业内部和外部的数据平台所开展的信息交换。因此，数字商业战略需要对企业内的部门和流程进行有效整合。

2. 数字商业战略需要对产品和信息进行数字化

制定数字商业战略时，企业需要充分利用数字资源开展以下工作：设计产品、提高产品与其他平台的互动性、对这些产品进行有效部署。此外，许多企业越来越重视数字资源对提升信息技术能力和出台产品战略所发挥的作用。企业还需要努力扩大数字商业战略中所使用的数字资源的范围。这些可用的数字资源既包括传统意义上的企业内外部信息数据，还涉及看似与企业无关的海量数据。随着社会化媒体、云计算和手机的普及，每天都有大量优质数据生成。大数据技术的出现让企业能够获取和利用丰富的数据资源，从而让企业能通过对产品和信息进行更好的数字化而制定更有效的数字商业战略。

3. 数字商业战略需要适应企业所处的商业生态系统

数字商业战略的实施范围需要超越企业自身和供应链的范围，延展到跨越传统行业边界的动态商业生态系统。随着数字经济的发展和数字技术的普及，企业之间存在越来越紧密的合作关系，从而成为网络化的商业生态系统的一部分。为此，企业需要做好以下工作：第一，充分搜集、利用、整合和共享动态商业生态系统中的数字资源；第二，反思如何对企业的信息技术设施和商业流程进行标准化，从而与生态系统中的其他伙伴匹配协调；第三，提升企业的数字灵活性，以更好地对生态系统的动态变化做出有效响应。

三　数字商业战略的价值创造方式

不同于传统商业战略利用各种有形资源创造价值，数字商业战略通过新型方式实现对价值的创造和获取。

1. 通过信息实现价值增长

数字商业的发展让企业从数字资源中获取更多价值创造机会。第一，数字商业战略让一些企业能通过动态调整信息业务而创造价值。以杂志企业为例，数字化给这些企业带来冲击，但一些杂志企业通过运用数字资源改变内容传递形式、平衡内容订阅与商业广告等方式从信息资源中获取价值。第二，一些企业能够利用从社交媒体等平台获得的信息资源调整战略部署和改善产品设计，从而增加竞争优势。第三，在医疗卫生和能源等领域还出现了基于信息的许多新型商业模式，让企业获得价值创造的新机会。第四，数字商业战略还让企业能够对拥有的数字信息资源进行分享、再分配和再整合。这些转变为企业带来了新的价值创造来源。

2. 通过多边商业模式创造价值

数字商业战略凸显了多边商业模式在多个行业中的重要性。在多边商业模式下，一些企业让渡某些产品或服务的收入但致力于在另一些产品或服务上获取价值。以谷歌为例，谷歌的安卓系统供用户免费使用，但谷歌可通过对安卓系统上广告的影响和控制能力获得收入。因此，数字商业战略让企业能够通过思考商业模式的多面性来掌握价值创造的新方式。

3. 通过协调商业伙伴获取价值

在数字商业环境下，价值创造和获取往往涉及不断对生态系统中的各个企业进行协调。以视频游戏行业为例，游戏开发商、发行商以及其他内容生产商常常需要协调彼此的产品，从而在商业网络中共创、共享价值。因此，在数字商业时代，企业需要对相互依赖的生态系统及其运行机制有更深入的了解，从而提升自己在与生态系统商业伙伴合作过程中获取价值的能力。

4. 通过控制数字行业结构提升价值

苹果的市场份额虽然较小，但在移动行业的利润遥遥领先。这是因为它不仅通过其产品（iPhone 和 iOS）获得利润，而且还分得电信运营商从终端用户获得的后续收入。与三星和 HTC 等其他手机制造商不同，苹果对终端消费者的吸引力可以说更强。这种对行业结构的控制能力使苹果能够获取更多溢价。在数字商业时代，企业需要更多思考所处行业的性质以及自身对该行业结构的控制力，从而努力通过增强控制力获取价值。

第三节 数字商业环境

随着数字技术的不断演进，数字商业环境依次经历了电子商务环境、移动电子商务环境、社会化商务环境。本节将分别介绍这三种数字商业环境的内涵、技术基础和商业模式。

一 电子商务环境

1. 电子商务的内涵

关于电子商务的概念，IBM 公司于 1996 年将其命名为 Electronic Commerce，到了 1997 年，该公司又提出了 Electronic Business 一词，显然后者比前者包含的内容更为广泛。

从狭义上讲，电子商务（Electronic Commerce）是指通过使用互联网等电子工具在全球范围内进行的商业贸易活动，其侧重点在于商品或服务的交换。

从广义上讲，电子商务（Electronic Business）指通过电子手段进行的商业事务活动，其不再局限于单纯的商业贸易活动。

由于人们一般理解的电子商务是指狭义的电子商务（Electronic Commerce），同时也出于便于讨论的考虑，我们在这里将电子商务定义为：以信息网络技术为手段，以商品交换为中心的商务活动。这些商务活动包括商品交易、信息服务、产品服务等内容。

2. 电子商务的技术基础

电子商务与飞速发展的信息技术有着密切的联系，计算机及网络技术为电子商务提供了网络层的技术支持；互联网为电子商务提供了信息发布层的技术手段；而信息安全技术和网上支付技术更是为电子商务的应用层提供了方便、可靠的安全保证（王硕，2007）。

（1）计算机技术

计算机技术是指计算机领域中所运用的技术方法和技术手段。从1946 年世界上第一台计算机（ENIAC）在美国诞生，计算机一共经历了第一代电子管计算机、第二代晶体管计算机、第三代集成电路计算机、第四代大规模集成电路计算机四个发展阶段。大规模集成电路（LSI）可以在一个芯片上容纳几百个元件，超大规模集成电路（VLSI）又可容纳几十万个元件，特大规模集成电路（ULSI）则将可容纳的元件数扩充到百万级。可以在硬币大小的芯片上容纳如此数量的元件使计算机的体积和价格不断缩小和下降，而功能和可靠性不断增加和提高。基于"半导体"的发展，到了1972 年，第一部真正的个人计算机诞生。1981 年，IBM 公司推出个人计算机以用于家庭、办公室和学校。自此之后，个人计算机的价格不断下降，私人拥有量不断增加。

个人计算机的出现为人们参与电子商务活动提供了必要的设备支持，而个人计算机的普及则为电子商务的发展提供了巨大的用户市场。

（2）网络技术

网络技术是支撑电子商务发展的关键技术。计算机网络是指把分布在不同地理位置的多台具有独立功能的计算机通过通信设备和线路连接起来，在功能完善的网络软件的支撑下实现网络中资源共享目标的系统。网络技术尤其是互联网技术主要为人们提供信息查询、电子邮件、远程登录和文件传输等服务。万维网是互联网发展最快、应用最普遍的一种信息查询服务。万维网是一个把信息检索技术与超文本技术以及超媒体技术融合而形成的，使用方便且功能强大的全球信息系统。用户通过万维网浏览器访问万维网服务器，按网页的资源地址（简称网址）打开所指网页并进行浏览。

网络技术除互联网提供的一系列服务外，还应包括 Intranet 和 Extranet 技术及网络协议、ICP 和 IP 协议、IP 地址和域名等规则，以便于网络日常运行。

（3）EDI 技术

EDI（Electronic Data Interchange）即电子数据交换，是 20 世纪 80

年代发展起来的集现代计算机技术和远程通信技术于一体的高科技产物。EDI 技术将计算机和通信网络高度结合，能快速处理商业信息，是电子商务的主要技术之一。

EDI 是由国际标准化组织（ISO）推广适用的国际标准，它是指一种通过电子信息化的手段，在贸易伙伴之间传播标准化的商务交易元素的方法和标准，例如，涉及国际贸易中的采购订单、装箱单、提货单、收据、发票、付款凭证和财务报表等数据的交换。

在 EDI 中，一般称 EDI 参与者所交换的信息客体为报文。在 EDI 系统结构中，用户接口模块是 EDI 系统与 EDI 用户的界面，用户通过该模块实现 EDI 的各种功能以及对数据的查询、统计等操作；内部接口模块是 EDI 系统和本单位内部其他信息系统及数据库的接口；报文生成和处理模块负责将来自内部的信息生成 EDI 报文和对来自外部的 EDI 报文进行处理；格式转换模块将 EDI 报文按照 EDI 的结构化要求进行结构化处理或将收到的结构化 EDI 报文进行非结构化处理；通信模块是 EDI 系统与 EDI 通信网络的接口，具有呼叫、应答、地址转换、自动重发、合法性和完整性检查、出错报警、自动应答、通信记录、差错校验等功能。

（4）安全技术

电子商务的核心是通过信息网络技术来传递商业信息和进行网络交易，所以从整体上看，电子商务安全可划分为计算机物理安全、计算机网络安全和商务交易安全等。电子商务的安全技术主要有防火墙技术、信息加密技术、数字签名技术和认证技术等。它们满足了内部网的安全性、信息传输的保密性、交易文件的完整性、信息的不可否认性、交易者身份的真实性等电子商务的安全控制要求。

（5）网上支付技术

网上支付指的是客户、商家、网络银行（或第三方支付平台）之间使用安全电子手段，利用电子现金、银行卡、电子支票等支付工具通过互联网将相关信息传送到银行或相应的处理机构，从而完成支付的整个过程。

网络银行也称网上银行、在线银行，是指利用互联网、Intranet 及相关技术处理传统业务及支持网上支付的新型银行。可以说，网络银行是在互联网上的虚拟银行。

第三方支付平台是指平台提供商通过采用通信、计算机和信息安全技术，在商家和银行之间建立起连接，从而实现从消费者到金融机构及商家的货币支付、现金流转、资金清算、查询统计等服务。第三方支付平台是互联网时代的产物，例如支付宝、快钱、首信易支付、银联电子支付服务有限公司等。

电子商务的技术基础状况见表 2 - 1。

表 2 - 1　电子商务的技术基础状况

技术基础	应用	功能
计算机技术	个人计算机（PC）	设备支持
网络技术	互联网、Intranet 等	信息查询、电子邮件等
EDI 技术	EDI 系统	信息传输
安全技术	防火墙、信息加密等	信息安全
网上支付技术	网上银行、第三方支付平台	支付媒介

3. 电子商务的商业模式

（1）定义

电子商务的商业模式又称电子商务模式，通俗地讲，它就是在网络环境下企业的商业模式。电子商务的商业模式是企业运用信息技术特别是网络技术从事企业生产经营和服务活动、创造利润以维持自身生存与发展所采取的方法与策略组合（王硕，2007）。

目前，对电子商务的商业模式存在多种角度的分类方法，但较为常见的是按照交易主体的不同对其进行分类，即可以分为 B2B、B2C、C2C 三种类型。

（2）B2B 商务模式

B2B（Business to Business）电子商务，也称企业对企业的电子商务，是指交易双方都为企业，并且它们之间运用互联网技术，完成交易的过程。

按照交易模式的不同，又可将 B2B 电子商务分为企业自建 B2B 模式和第三方平台 B2B 模式。

企业自建 B2B 模式是企业基于自身的信息化建设程度，搭建以自身产品供应链为核心的行业化电子商务平台。企业通过自身的电子商务平台，串联起行业整条产业链，产业链上下游企业通过该平台实现沟通和交易。企业自建 B2B 模式的具体应用有直销、正向拍卖和反向拍卖等。

第三方平台 B2B 模式是指平台提供方不是交易的主体，其在交易过程中只起到提供信息、整合资源、促成交易的作用。第三方平台又可分为综合型（水平型）和垂直型交易平台两类。综合型交易平台的交易主体并不限于某个行业，所涉及的行业覆盖范围广，很多行业可以在同一个平台上从事交易活动，如阿里巴巴、慧聪网、环球资源网都属于综合型交易平台。垂直型交易平台的交易主体只限于特定的行业内，交易主体可向产业链的上游和下游两个方向拓展。在我国，垂直型交易平台有中国纺织网、中国化工网等。

B2B 电子商务的盈利来源主要有会员费、广告费、竞价排名费用、增值服务费等。

（3）B2C 商务模式

B2C（Business to Consumer）电子商务，又称"商对客"电子商务，是指企业借助互联网向个人消费者销售产品或提供服务的交易过程。按照交易内容的不同，B2C 电子商务可分为有形商品的交易和无形商品的交易。

有形商品的交易的内容一般是传统的实物商品，这种商品的交易不是通过电脑的信息载体而是通过传统物流的方式来实现。这种有形商品的交易最常见的形式是借助电子零售商。目前的电子零售商主要有两大类：一类是将线下实体商店与网络商店相结合形成的网络销售商店，人们通常称其为"鼠标加水泥"型商店，如优衣库、Nike 等；另一类是纯粹由网络公司经营的网络销售商店，其在线下没有实体商店的支撑和配合，如当当网等。

无形商品的交易的内容一般是可以借助互联网传输的非实体商品，这种商品的交付不需要实际的物流运输，而是以信息的方式通过互联网来完成。无形商品可分为两类：一类是信息商品，这类商品可以加在实体上，实体载体可以是光盘、胶片、纸张等，例如报纸、电影、书等；另一类是虚拟商品，这类商品不能加在任何载体上，是一种看得见却摸不着的商品，如邮箱、虚拟货币、信息服务等。

B2C电子商务的盈利来源主要有服务费、会员费、销售商品的收入、广告费等。

（4）C2C商务模式

C2C（Consumer to Consumer）电子商务，是指消费者与消费者之间借助互联网交换商品或服务的过程。按照交易模式的不同，目前的C2C电子商务主要有拍卖平台和店铺平台两种。

拍卖平台指网络服务商利用互联网通信传输技术，向商品所有者或某些权益所有人提供可以有偿或无偿使用的互联网技术平台，让商品所有者或某些权益所有人在其平台上独立开展以竞价、议价方式为主的在线交易。拍卖平台提供商主要有拍卖公司和网络公司两类。

店铺平台指电子商务企业提供给个人消费者，方便其在平台上开设店铺以出售商品或服务的第三方平台，这种平台也称网上商城。目前，国内主要的C2C网上商城有淘宝网、拍拍网、易趣等。

C2C电子商务的盈利来源主要有会员费、商品登录费、广告费、支付环节收费、交易提成、搜索竞价排名费用等。

二 移动电子商务环境

1. 移动电子商务的内涵

移动电子商务迅猛发展，在给企业带来巨大商业利益的同时，也成为学术界的研究热点。类似于电子商务发展初期，学者们纷纷对移动电子商务的概念和特征进行界定和归纳，但到目前为止，依然没有一个统一的、公认的说法。

对于移动电子商务概念的界定，郭艺勋（2003）把移动电子商务看作电子商务从有限通信到无线通信，从固定地点的商务形式到随时随地的商务形式的延伸。李岩（2005）将移动电子商务定义为用移动信息终端参与各种商业经营活动的一种新电子商务模式。王汝林（2007）则认为移动电子商务本质上属于电子商务，是在网络信息技术和移动通信技术的支撑下，在各种移动终端或移动终端与 PC 等网络信息终端之间，在移动状态下对商务活动的实现。

综上所述，我们认为移动电子商务（M-Commerce）是指利用移动通信网络和移动通信终端进行数据传输，用以参与各类商业经营活动的一种新电子商务模式，它是传统电子商务的进化升级版。

从移动电子商务的定义看，它具有个性化、灵活性、及时性、位置相关性、潜在用户规模大的特点。个性化是指移动通信终端一般属于个人消费者的私人物品，可为其提供具有针对性的个性化服务；灵活性和及时性是指移动通信设备方便携带和移动通信网络容易获取，使消费者可随时随地地参与电子商务活动；位置相关性是指移动通信终端一般带有定位功能，可以得知消费者的具体地理位置；潜在用户规模大是指中国的手机用户已超过 13 亿人，普及程度远高于电脑。

2. 移动电子商务的技术基础

总的来说，移动电子商务的技术架构可以分为三层。最底层是网络基础层，这一层主要是指移动网络基础设施，它为所有移动通信终端提供网络支持，一般由网络运营商负责这一层的建设、运营和维护。我们常说的 GPRS（General Packet Radio Service，即通用分组无线业务）技术或 4G 网络等都属于这一层。网络基础层之上是中间层，这一层的主要作用是为其上层的移动应用开发提供一个统一的平台。WAP（Wireless Application Protocol）就是一种类似于中间层的技术，通过制定相应的标准协议，实现移动电话和互联网的结合。在中间层之上是移动应用层，其由应用服务提供商来开发和维护，为移动用户提供各式各样的服务，如移动银行、移动游戏等。

（1）GPRS 技术

GPRS（General Packet Radio Service）技术，又称通用分组无线业务技术，是一种基于 GSM 系统的无线分组交换技术，提供端到端的、广域的无线 IP 连接。GPRS 特别适用于频繁传输少量数据和非频繁传输大量数据，也可支持突发性数据业务。GPRS 的一个较大优势就是能够充分利用现在的 GSM 网，建设方便、快捷且成本低。此外，它还具有传输速率高、接入时间短、永久在线、流量计费等 GSM 网所不具备的优点。

GPRS 横向可应用于个人的网上冲浪、电子邮件、文件传输、数据查询等业务，纵向可应用于运输业、金融业等行业。

（2）WAP 技术

WAP（Wireless Application Protocol）是无线应用协议的缩写，是一种实现移动电话和互联网结合的应用协议标准。WAP 技术通过制定一系列标准协议，将互联网的便利服务和丰富资源引入移动电话等移动通信终端中，打破了计算机在地域和空间上给人们的限制。WAP 其实就是一个小型的互联网，互联网能实现的功能，在手机 WAP 上一样可以实现。

（3）移动智能终端

移动智能终端（智能手机及其他智能设备）拥有接入互联网的能力，并且一般搭载各种操作系统，可以根据用户的需要定制各种功能。生活中常见的移动智能终端有智能手机、笔记本电脑、PDA 智能终端、平板电脑、车载智能终端、可穿戴设备等。在移动智能终端中，最具代表性的就是智能手机，它具有独立的操作系统，用户可以自行安装应用程序来对手机的功能进行扩充，并且可以接入移动通信网络，实现与互联网的结合。总的来说，电脑具备的功能，目前的智能手机一般也具备。移动智能终端具有移动性、实时性、多任务性等特点及上网功能。

（4）VPN 技术

VPN（Virtual Private Network）技术，即虚拟专用网络技术，是指

在一个公共网络（一般是互联网）上建立起来的专用网络技术。它可以通过特殊的加密通信协议在接入互联网的不同位置的两个或多个企业之间建立一条专用的通信线路，但因为其建立在原有的互联网之上，所以不需要进行额外的物理建设。VPN主要采用隧道技术、加解密技术、密钥管理技术和使用者身份认证技术。由VPN的技术特性可知，它具有成本低、安全性高、连接方便灵活、完全控制的特点。

（5）移动支付技术

移动支付（Mobile Payment）也称手机支付，就是允许用户使用其移动终端（通常是手机）对所订购的商品或服务进行支付的一种方式。移动支付所使用的移动终端可以是手机、平板电脑、移动PC等，但最常使用的一般是手机。移动支付将移动通信设备、互联网、应用提供商以及金融机构相融合，为用户提供货币支付、缴费、转账等服务。

移动支付方式目前主要有两种：一种是费用通过手机账单收取，用户在支付手机账单的同时支付这一费用，但其经营范围仅限于下载手机铃声等有限业务；另一种是费用从用户的银行账户（即借记卡账户）或信用卡账户中扣除，这通过将用户的银行账号或信用卡号与手机绑定并通过手机发送信息指令来实现，中国移动的手机钱包和手机银行卡支付属于这一方式的移动支付。

移动支付不同于传统的网上支付，具有移动性、及时性、定制化、集成性的特点。

3. 移动电子商务的商业模式

（1）定义

移动电子商务的商业模式，是企业借助移动通信网络和移动通信终端，出售商品或服务，从而创造价值和获取利益的方法和策略组合。

移动电子商务的商业模式不同于传统电子商务的商业模式，它打破了计算机对人们空间和时间的限制，实现了从以计算机为中心到以客户为中心的电子商务模式的转变。在这一环境下，企业的战略重心不应依然停留在提高产品质量上，而应向提升客户体验、定制个性服务转变。

（2）O2O 商务模式

O2O（Online to Offline）商务模式，是指将商品或服务线上交易和线下消费相结合的一种业务模式。

蒋侃等（2013）认为 O2O 电子商务是指线下服务通过网站或移动终端推送给用户，用户完成在线支付后，再到线下接受服务。罗倩等（2017）则将 O2O 电子商务定义为一种将线下的潜在商业机会与互联网操作平台相结合的新型电子商务模式。它最大的优势在于利用线上支付促进线下消费，这也是它区别于 B2B、B2C、C2C 等其他电子商务模式之处。

根据 O2O 电子商务的定义，我们可以得知其具有以下特点：一是线上支付和线下消费相结合；二是交易内容多是本地化的生活服务；三是交易不受物流瓶颈的制约；四是可对商家的营销效果进行直接的统计和评估。

O2O 电子商务应用领域广泛，可应用于零售、娱乐、医疗、餐饮、物流等许多领域。目前，国内属于 O2O 电子商务模式的企业主要有美团、滴滴打车等。

O2O 电子商务的盈利来源主要有佣金、会员费、广告费等。

三　社会化商务环境

1. 社会化商务的内涵

随着新技术和新功能的推出，网络变得更社会化和具有联通性，各种社会化媒体也相继涌现并得到了巨大的发展。社会化媒体（如 Facebook、Twitter、新浪微博、微信等）不仅聚集了大量用户，也为电子商务的发展开辟了一条新路径。

尽管目前已有一些关于社会化商务的研究，但对社会化商务仍没有一个权威的定义。社会化商务的概念最早由 Surowiecki 提出，其将社会化商务视为一种有利于消费者做出更明智决定的 Web 2.0 系统。用户可以基于其他用户的专业性和独立性来选择是否采信他们的意见，优化自己的购物决定。梁循等（2014）认为社会化商务是在社会化媒体情境下，通过整合社交图谱（基于人际关系的互动）和兴趣图谱（基于信息流的互动）来对产品或服务进行推广和销售的一种商务模式。李小倩和陈国宏（2018）将社会化商务定义为一种借助 Web 2.0 和社会化媒体，基于用户之间社会关系的推荐、分享、评论、交流和用户自生内容等社会化元素和社会交互方式在辅助电商企业实现商品购买和销售的线上商业活动。

综上所述，本书认为社会化商务（Social Commerce）是指企业借助社会化媒体，通过社交互动、用户参与等手段来辅助商品或服务交换的一种业务模式。它是电子商务的一种新的模式，实现了传统电子商务和社会化媒体的融合。

2. 社会化商务的技术基础

（1）社会化媒体

社会化媒体（Social Media）也称社交媒体、社会性媒体，指允许人们撰写、分享、评价、讨论、相互沟通的平台。社会化媒体是人们彼此之间分享意见、见解、经验和观点的工具和平台，目前主要有 Facebook、Twitter、新浪微博、微信、虚拟社区等。

根据社会关系形成的根源不同，可将社会化媒体中的社会关系分为"社交圈"和"兴趣圈"两类。

对社交圈的理解也存在狭义和广义之分。从狭义上讲，社交圈是由日常生活中与亲人、朋友、同学、同事之间的各种关系网络构成的一个人际圈子；从广义上讲，社交圈可以延伸为每个人的生活圈，如 Facebook、Twitter、人人网、QQ、微信等社交平台，都属于社交圈的范畴。总的来说，这种社会关系的形成相对比较稳定。社交圈的分享也可以分为两种：一种是消费者主动的分享，另一种是由营销者促使的被动分享（梁循等，2014）。

兴趣圈可以理解为基于共同的兴趣爱好形成的人际圈子，这种爱好可以是传统的、纯粹的兴趣爱好，也可以是对某种商品或服务的偏好。相对于社交平台以社交圈为主的状况，微博、论坛、知识分享平台、视频图片网站、团购网站等大多基于兴趣形成社会关系。以兴趣圈形成的社会网络具有自优化的特性，即帮助商家找到最忠实的客户，而自动过滤掉那些并不是对商家产品或服务真正感兴趣的客户，最终保留一个稳定的关系网络。

（2）Web 2.0 技术

Web 2.0 技术是相对 Web 1.0 技术而言的，指的是一个利用 Web 平台、由用户主导而生成的内容互联网产品模式，其区别于传统的由网站雇员主导生成内容的产品模式。从科技发展与社会变革的大视角来看，Web 2.0 可以说是信息技术发展引发网络革命所带来的面向未来、以人为本的创新 2.0 模式在互联网领域的典型应用，是对由专业人员织网到所有用户参与织网的创新民主化进程的生动阐释。

Web 2.0 技术具有以下特点：第一，用户参与网站内容的制造，拥有更多的参与机会；第二，更加注重交互性，即用户在发布内容的过程中不仅实现了与网络服务器之间的交互，而且也实现了同一网站不同用户之间的交互及不同网站之间信息的交互；第三，Web 2.0 网站与 Web 1.0 网站没有绝对的界限，即 Web 2.0 技术可以成为 Web 1.0 网站的工具，一些在 Web 2.0 概念之前诞生的网站本身也具有 Web 2.0 的特性。

3. 社会化商务的商业模式

近些年来，虽然电子商务得到了极大发展，但现实中依然存在一些客观因素和人为因素在一定程度上对电子商务起着制约作用，如网络安全、商家信誉、物流网络等。其中，商家信誉影响消费者对商家的信任程度，而信任程度又影响消费者的购买意愿和购买行为。社会化商务在一定程度上可以提高消费者对商家的信任程度，增加消费者的购买意愿。这一作用主要来自两个方面：一是消费者社会关系中的其他人对同一商品的描述和评价；二是消费者可以与商家直接沟通，通过增进了解间接提高信任程度。

因此，本书认为社会化商务是商家以社会化关系为核心、以社会化媒体为手段提高消费者信任程度并增加消费者购买意愿，从而实现商品或服务的交换并创造价值的方法和策略组合。

社会化商务是传统电子商务与新型社会化媒体的融合。从传统电子商务与社会化媒体的融合方式看，可以将社会化商务分为两大类：电子商务社会化模式与社会网络电商化模式。

（1）电子商务社会化模式

依据电子商务社会化模式参与主体的不同，可将其分为第三方平台模式和自营模式两种。

第三方平台模式又称开放平台模式，是由电子商务网站和社交网络以外的第三方成立的，以外部 B2C 或 C2C 电子商务购物平台为依托，借助社会化媒体为消费者提供具有分享、发现和导购功能的社会化商务平台。目前，国内常见的第三方平台有蘑菇街、美丽说等。

自营模式是指 B2C 电子商务网站建立社区化营销平台，来推动自身产品或服务销售的电子商务社会化模式。这一模式主要是通过为消费者提供分享、交流购物经历和体验的平台，以提高顾客的参与度和忠诚度。

自营模式的客户需求不同于第三方平台模式的客户需求，其主要是获取对购物的建议。除此之外，由于自营模式只对自身电子商务网站开放，消费者在自营平台上只能分享该电子商务网站的产品信息，因此分享内容的多样性不如第三方平台模式高（赵佳英，2013）。

（2）社会网络电商化模式

按照社会网络电商化模式社会关系形成根源和联系强弱的不同，可将其分为基于社交圈的社会网络电商化模式和基于兴趣圈的社会网络电商化模式。

基于社交圈的社会网络电商化模式是指以由日常生活中与亲人、朋友、同学、同事等之间的各种关系网络构成的社交圈为基础，借助现代社会化媒体开展产品和服务销售活动的电子商务模式。这种社会网络电商化模式的范围较小，但关系更为稳定，成员间的信任程度也较高。微信朋友圈常见的分享产品或服务信息就属于这种模式。

基于兴趣圈的社会网络电商化模式是指以共同的兴趣爱好生成的兴趣圈为基础，借助现代社会化媒体，从而开展产品和服务销售活动的电子商务模式。维持网站的生存，为企业带来更多价值，是这类社会网络电商化模式出现的最主要动因。豆瓣网站是这种社会网络电商化模式的典型代表，其作为国内影响力最大的书、影、音社区网络，围绕书、影、音提供购书链接、电子书城购书、在线选座购买电影票、音乐电台订阅等电子商务服务。基于兴趣圈的社会网络电商化模式的基础是围绕特定兴趣话题进行社区内容沉淀，其成功有两个关键条件：一是社区的兴趣话题需与用户兴趣相契合，否则只会使用户产生违和感甚至对社区的商业化气氛产生反感，从而导致社区氛围被破坏和客户流失；二是要为用户提供增值服务，例如用户从社区链接到电商网站购买产品时可以获得一定的优惠，用户能从中感知到相较于直接在电商网站上购买的优势，这样才能体现这种电商化模式的独特价值（赵佳英，2013）。

从社会网络电商化模式的发展趋势来看，基于社交圈的和基于兴趣圈的两类社会网络电商化模式之间的界限越来越模糊，未来两者很可能实现有机融合。

第三章　数字创新

伴随数字经济的产生与发展，产品、市场和企业等商业管理要素也出现不断数字化的趋势，从而出现数字产品创新、数字市场创新和数字企业创新等现象。数字产品、数字市场和数字企业的创新成为经济持续发展的强大动力。

第一节　数字产品创新

一　数字产品

1. 数字产品的定义

随着数字商业的发展，数字产品种类日渐丰富，消费者对数字产品的需求和购买量也快速增加。然而，对于数字产品的定义，学者们存在不同看法。早期的研究人员将数字产品宽泛地界定为"能被数字化的商品或服务"。随着对数字产品理解的加深，王刊良（2002）从商品生产和流通的视角对数字产品进行界定，认为数字产品是"可以经过数字化并能够通过如因特网这样的数字网络传输的产品"。随着研究的深入，学者又进一步将数字产品分为"有形数字产品"和"无形数字产品"两类，其中，有形数字产品是指"基于数字技术的电子产品，如数码相机、数字电视等"，而无形数字产品则是指"可以经过数字化并能够通过数字网络传输的产品"。显然，这里所说的无形数字产品就是早期学者所说的数字产品，只不过随着数字商业实践和研究的深入，大家意识到有形数字产品在数字商业管理过程中也发挥了重要作用，因而将数字产品的范围扩大了。

因此，周文君（2013）结合以往研究中对数字产品的定义，认为数字产品具有广义和狭义之分，其中狭义数字产品就是无形数字产品，是"被数字化和用电子设备进行操作、生产、存储和使用并可以使用网络进行传输的产品"，而广义数字产品则包括有形和无形数字产品，即在狭义数字产品之外还有"那些以数字技术为基础的电子产品"。不过，由于无形数字产品与有形数字产品的特性存在较大差别，学术界目前提到数字产品时通常是指无形数字产品。

综合以往学者对数字产品的定义，本书认为数字产品是以数字化的形式得以生产，能通过电子设备进行操作、存储和使用，并能使用网络进行传输的产品和服务。

2. 数字产品的类别

根据用途性质、传输方式、适时性、使用强度，数字产品可划分为不同类别（如表3-1所示）。

依据数字产品的用途性质，学者们对数字产品进行了不同的分类。谢康等（2003）将数字产品分为内容性产品、交换工具、数字过程和服务三种类别。周文君（2013）则认为数字产品包括工具和实用产品、在线服务产品、基于内容的数字产品三种类别。相比前一种分类，后一种分类更具有类别之间的区分性，也更符合当前数字产品的发展状况。①工具和实用产品是指那些能够帮助消费者实现某种功能、带来功能性价值的数字产品，比如，杀毒软件能够用来对电子设备进行杀毒；QQ、微信等即时沟通软件能让人们进行在线交流。②在线服务产品是指通过连接访问服务器的方式在线获得资源和协助，比如，人们通过在线翻译软件能实现对信息的翻译。在线服务产品与工具和实用产品的最大区别在于，使用在线服务产品需要消费者与此类产品提供者之间发生较高程度的互动以获得个性化帮助。③基于内容的数字产品是指向消费者提供内容的产品，比如，消费者能通过在线阅读网站或软件阅读电子书，能从在线内容提供商那里听音乐和看影视产品，能通过短视频网站观看各种短视频和直播。

基于传输方式，数字产品可以分为传送型数字产品和互动型数字产品。①传送型数字产品是能够立即通过下载或分段下载（比如每日更新等）而获得的产品。目前互联网上的大多数数字产品是传送型数字产品，如数据库，印刷媒介的数字版（包括书、期刊、报纸和杂志），甚至网页浏览也是传送型数字产品。②互动型数字产品是远程诊断、远程教育和交互式游戏等产品或服务。互动是服务器与客户之间的简单通信，比如一个搜索请求，要经过发送信息的过程和接收应答的过程。在这种环境中，双方间的沟通是相互作用的。很明显，互动型数字产品相比传送型数字产品更具个性化，每个消费者从互动型数字产品提供商那里获得的数字产品和消费价值都是不同的，比如交互式影视使观众可以根据自己的喜好选择情节和结局。随着不断兴起的在线消费，消费者越来越注重个性化消费，互动型数字产品正越来越普遍。

根据适时性，数字产品可以划分为时间依赖型和非时间依赖型数字产品。随着数字技术的发展，尽管信息传输和获得的成本大大降低，但外在因素还是可能阻止服务商提供适时服务。如果网络拥塞了，原本是适时的信息就有可能在到达时变得过时。因而适时性在现实经济中仍然具有重要地位。时间依赖型数字产品通常是指时间能够影响价值的数字产品，反之则为非时间依赖型数字产品。通常，时间依赖型数字产品随时间的流逝会不断贬值而毫无价值。时间依赖型数字产品有可能适用于个人，也可能适用于所有消费者，例如，新闻和股票报价的适时性对所有消费者都适用。但是，某个消费者为做特殊决策而搜索询问到的结果，只对消费者本人来说才是依赖时间的。

从使用强度的角度来看，数字产品可以划分为一次性使用数字产品和多次性使用数字产品。一次性使用数字产品类似传统的非耐用商品，例如一个搜索结果就是一次性使用数字产品，一旦用过就不再需要。而多次性使用数字产品则像耐用商品。消费者在一段时间内都可从多次性使用数字产品受益，例如，软件程序和多数游戏都可以重复使用。尽管多次性使用数字产品的效用会随使用次数的增长而增加，但增长率可能是提高或下降。比如，随着消费者对程序了解的深入和使用效率的提高，效用在增加；而对于数字游戏，消费者每玩一次之后对其兴趣就可能更少一些，效用则可能会相应递减。

表 3 - 1　数字产品的分类

分类标准	用途性质	传输方式	适时性	使用强度
具体类别	工具和实用产品 在线服务产品 基于内容的数字产品	传送型数字产品 互动型数字产品	时间依赖型数字产品 非时间依赖型数字产品	一次性使用数字产品 多次性使用数字产品

3. 数字产品的物理特征

（1）非消耗性

传统经济中的产品是由具体实物构成的，在消费者使用过程中会被逐渐磨损而失去效用。数字产品的核心内容是具有使用价值的 0 和 1 字符串，其是以信息和数据的形式得以储存的，因此数字产品具有非消耗性。对于数字产品而言，只要数字产品被正确地使用和储存，其物理载体没有被损坏，那么无论反复使用多少次，产品质量都不会下降。即使在物理载体遭到一定磨损的情况下，消费者也可以通过一定的手段以低廉的成本将该产品的核心部分（1 和 0 的数字串）复制备份而并不影响效用，比如，下载到 Kindle 中的电子书可以被消费者反复阅读，而不会出现电子书损耗的情况。

（2）易改变性

工业经济时代的产品多是按照固定的工序加工制造的，消费者只具有产品的所有权和使用权，而无法改变或自行设计产品。然而，数字产品内容却很容易被定制或随时被修改。数字产品内容变更存在三种情况。第一，在数字产品的生产过程中，生产商可以根据客户和生产的需要定制非标准的差别化数字产品；第二，在消费者购买了数字产品后，生产商就很难在用户级别上控制内容的完整性；第三，在数字产品的传输过程中，数字产品的内容或真实性可能会被改变。

（3）易复制性

同传统产品相比较，数字产品最重要的特征是可以很容易地以低成本共享、复制、存储。厂商在做了最初的固定投资后，生产的边际成本几乎是零。随着网络技术的发展，数字产品的复制成本几乎为零且利用起来非常便捷。数字产品的这种易复制性必然要求加强知识产权保护，防止对数字产品的不正当复制和转手销售。

（4）速度优势

由于数字产品是以字符形式通过网络或数字设备进行生产、传输、加工和使用的，因此它能以非常快的速度在生产者与消费者之间甚至是消费者与消费者之间进行流通，不受时间和空间的限制。例如，短视频制作者可以将上传的短视频作品迅速传送给网络用户观看，且用户可以轻松地将这些视频分享给其他用户。

4. 数字产品的经济特征

（1）非排他性

数字产品具有非排他性或非竞争性。这主要体现在以下方面：其一，数字产品具有非消耗性，能够被多次使用；其二，许多数字产品能够被许多消费者使用和共享；其三，在线数字产品通过互联网传播而不受时空限制。

（2）网络外部性

产品的网络外部性是指随着产品用户数量的增加，产品的价值增加。数字产品就具有网络外部性特征。这种网络外部性主要体现在以下几个方面。其一，直接网络外部性，即随着用户数量的增加，为用户提供的子产品数量增加及其总体质量会得以提升，从而提高用户需求的满足程度，带来更高价值。以社交网站为例，随着网站用户数量增加，用户从该网站获得的好友、内容和互动的数量也会增加，从而能让用户从中获得更大价值，对潜在用户具有更多吸引力。其二，间接网络外部性，即基础产品和辅助产品之间存在技术上的互补性，因为购买基础产品时需要考虑辅助产品的数量和质量匹配情况，而不得不选择用户数量更多、辅助产品更丰富的数字产品。比如，虽然有些用户对非主流操作系统更满意，但考虑到主流操作系统（Windows 系统）用户数量大且辅助的软件更丰富易用，用户还是会倾向于选择主流操作系统，因为该系统及其配备的软件相对而言会提供更多总体效用和价值。

（3）定制性

数字产品在经济特征上的定制性主要源于其在物理特征上的易改变性。此外，随着互联网用户影响力的日渐增强，数字产品用户的需求独特性程度也不断提高。需求侧对定制性的要求与数字产品本身拥有的易改变性结合之后，让数字产品提供商能够并乐于以定制方式向用户提供数字产品。以娱乐网站为例，网站能够通过应用大数据和算法等数字技术了解用户对视频和音频等数字娱乐产品的偏好，并向他们推荐和提供个性化的数字产品。

二　数字产品创新

1. 产品创新的定义和流程

若对数字产品创新进行界定，首先要了解产品创新的内涵。

美国著名经济学家熊彼特在《经济发展理论》一书中提出了"创新"的概念，认为创新是把新型生产要素和生产条件的"新组合"引入生产体系。其中，通过新组合改变产品结构并突破经济发展的瓶颈，属于产品创新（李捷瑜等，2018）。产品创新能够提升产品质量，增加市场需求，从而受到诸多中外学者的关注。不过，学者们对产品创新的定义存在不同看法。

Utterback 和 Abernathy（1975）认为产品创新是指企业通过各种方式开发与原产品存在显著差别且能满足顾客需求的全新产品。Burgelman（1986）则将产品创新视为一种使企业在成熟的市场和新的市场获取份额的方法，并将其视为一种在企业现有资源中发现新的价值创造协同作用的方式。Kotler 和 Armstrong（2010）提出产品创新是指创造某种新产品或对现有产品的功能进行创新。

国内学者对于产品创新也纷纷提出不同看法。根据朱伟民（2005）的观点，产品创新实质上是以消费者为原点开展的商品策划过程。该过程具体包括目标市场研究与细分、流行趋势与设计风格的确定、产品开发和营销组合策划等多个步骤。杨曦东（2009）从知识视角定义产品创新，认为产品创新是产品整合技术知识、市场知识的过程。张文仲（2012）也表达了与 Kotler 和 Armstrong 类似的观点，认为产品创新包括改善或创造产品，它有助于进一步满足顾客需求或开辟新的市场。

综合中外学者的观点，产品创新是创造全新产品或改进现有产品的过程，既包括新产品的研究开发过程，也包括新产品的商业化扩散过程。它有助于更好地满足顾客需求，增强企业竞争力。

2. 数字产品创新的定义

对于数字产品创新可以存在两种理解：其一，对数字产品的创新；其二，数字化的产品创新，即应用数字技术对产品进行创新。

（1）对数字产品的创新

结合对产品创新的定义，对数字产品的创新是创造全新数字产品或改进现有数字产品的过程，这既包括新数字产品的研究开发过程，也包括新数字产品的商业化扩散过程。它有助于更好地满足顾客对数字产品的需求，增强企业竞争力。对数字产品的创新实例包括：视频网站对网页布局、弹幕形式、视频内容等数字产品要素进行的改变；品牌对其手机应用进行改版升级；数字出版企业发布新的电子书；手机游戏企业推出新的游戏产品。

（2）数字化的产品创新

同理，数字化的产品创新是指应用数字技术创造全新产品或改进现有产品的过程。这些数字技术包括互联网、移动互联网、大数据、人工智能、云计算、虚拟现实、增强现实等。数字化的产品创新实例包括：小米公司利用物联网等数字技术创新推出智能电视产品；银行为了降低柜台员工成本和提升业务智能化水平引进一批自助服务机器；餐厅通过二维码技术让顾客自己扫码点餐和扫码支付结账；新零售行业出现自助式的"无人商店"。

3. 数字产品创新的流程

（1）数字产品创新的流程

一般而言，产品创新流程依次经历创意产生、概念创新、立项分析、创新开发、测试矫正、上市管理六个阶段。数字产品的创新也可能会依次经历这六个阶段。①创意产生。工作人员通过搜集消费者需求信息和使用状况，提出新数字产品的构想或有关数字产品改良的建议。②概念创新。在工作人员头脑中形成产品创意的构思之后，通过企业内部讨论和外部市场调查并结合消费者的具体需求，形成能够被消费者接受的具体数字产品概念。③立项分析。生产数字产品的企业需要对数字产品的技术和市场前景进行综合的可行性分析，以确保后续数字产品的开发和上市能够成功。④创新开发。企业创新开发数字产品，需要依次经历初步设计、技术设计、工作图设计、样品试制、小批试制等环节。⑤测试矫正。为了减少新数字产品失败的风险，工作人员需要对试制的产品进行鉴定测试，并通过让小部分消费者试用和反馈后对产品进行矫正。⑥上市管理。企业要做好新数字产品的促销宣传、定价、销售和售后服务等工作，以确保新开发的数字产品能够成功上市，吸引消费者购买新数字产品。

（2）数字技术对产品创新流程的影响

在利用数字技术进行产品创新的流程中，数字技术会对产品创新的六个阶段带来不同程度的影响。

阶段一：创意产生。科技突破、消费者需求、市场竞争、环境问题、政府政策激励等都会影响产品创新，使创意产生。在这一阶段，企业可以通过互联网了解目标顾客和潜在顾客的消费以及社交数据，并且通过市场调查了解产品的真实使用情况，对竞争企业的销量数据、政府出台的政策进行分析，充分了解消费者需求与竞争对手状况，从而产生更符合市场特征的新产品创意。

阶段二：概念创新。顾客对产品的需求是概念创新的方向。对企业而言，首先需要分析顾客的产品反馈数据，了解最常用的产品功能，以及最符合用户习惯的产品功能结构，并通过市场需求分析数据，获得用户最期望增加的功能；其次通过对技术和生产相关数据的分析，获得最有可能实现的功能；最后综合已有的产品创新数据和竞争对手推出的新的产品数据，提出最符合用户需求的新产品功能。

阶段三：立项分析。在提出新产品概念之后，企业下一步需要进行立项分析。为此，企业需要对其业务操作、技术等方面进行可行性分析。在大数据环境下，通过分析内部业务流程数据（如产品物料、采购、生产等）对新产品概念的业务操作可行性进行评价决策，以确定其是否可行；通过对新技术试制新产品过程中反馈的传感器数据、良品率以及所消耗的成本等综合数据进行分析评价，确定技术上的可实施性。

阶段四：创新开发。新产品的创新开发过程是一个迭代开发的循环过程。在大数据环境下，可以采用"数据—产品—数据"的数据驱动型产品创新开发模式。通过分析竞争对手采用的新技术、开发出的新产品、政府引导的科技计划取得的专利和创新性技术、消费者行为信息等数据，企业研发人员可以及时了解行业内最先进的技术和最全面的发展动态，掌握消费者的个性化需求，最大限度地拓宽创新思路，进行新产品的创新和开发。此外，企业还可以在制造出新的原型样品后应用大数据技术进行测试，根据测试得到的相关数据再进行产品的修正，形成依托数据进行迭代开发的循环模式。

阶段五：测试矫正。在产品试制过程中可以依据生产记录数据，对生产运营过程进行分析，针对试制过程中的生产不足等问题提出改进计划，制订更合理的生产计划；针对产品质量、劳动成本、完工时间等数据进行分析，找出生产控制的关键内容，并制订相应的生产计划，从而使生产过程能够得到更好的保障。在产品试销时，通过对顾客需求数据以及市场竞争环境数据的分析，可以优化产品组合，调整产品投放策略；对产品的销售统计数据进行分析，可以合理设置存货位置，减少销售渠道层数，加快供货速度。

阶段六：上市管理。在大数据环境下，可以通过搜集消费者的行为数据，通过情感分析、语义分析等大数据分析技术，对特定消费群体进行精准定位，制定营销策略；然后根据市场竞争对手销售数据和市场产品结构数据，确定产品组合方案和市场投放策略（李冰、李玉博，2017）。最后结合消费者的购买动机、购买方式、信息接收习惯等数据，设计产品销售方案。

4. 大数据影响产品创新的模型

大数据对企业的产品创新存在促进和制约的"双刃剑"效应（如图 3-1 所示）。

一方面，大数据对企业产品创新具有促进作用。在当今大数据环境下，企业在产品创新过程中能主动利用大数据技术促进产品创新的开展。传统上，技术因素、市场因素、竞争压力和政策因素都会影响企业的产品创新，并分别在产品创新中具有推力、拉力、压力和支持力的作用。如今，企业能够在受到技术、市场、竞争、政策的"四力"作用时，结合大数据的力量利用好这"四力"，促进企业的产品创新的实施与成功。比如，市场对企业产品创新起着拉力的作用，如今企业可以通过大数据搜集顾客的需求信息，更精准地掌握顾客的需求，从而将其转化为概念创新和测试矫正方面的优势；竞争对手状况会对企业开发新产品带来压力，但借助大数据的力量，企业可以全面获取和分析竞争对手在产品、定价、销售、服务、客户等各个方面的状况，为自身的产品创新决策提供更多有效信息，提升产品创新效果。

另一方面，大数据在企业产品创新过程中可能也会产生一定的抑制效应。大数据本身面临诸多不足和挑战，诸如存储成本高、数据获取难、技术人员少和价值密度低等。这些大数据发展存在的问题可能让应用大数据进行产品创新的企业面临诸多困难，在一定程度上抑制企业进行产品创新。因此，数字商业时代，企业需要提升自身及其员工的数字能力，更好地整合数字资源，从而为企业、员工和顾客创造更多价值。

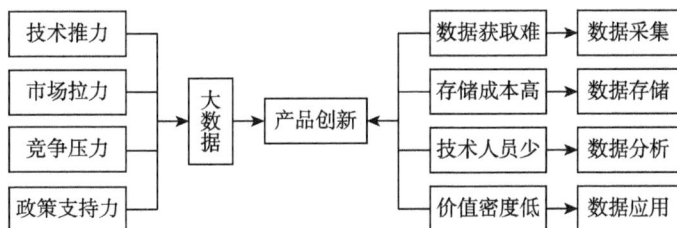

图 3-1　大数据影响产品创新的模型

第二节　数字市场创新

一　数字市场

1. 定义

20 世纪末期，蓬勃兴起的数字技术推动传统市场交易发生革命性转变，形成一种崭新的商品交易方式——数字市场。传统意义上，市场是指商品交换的地理场所，也可以指商品交换过程中所涉及的各种经济主体之间关系的总和。同理，数字市场也可以从空间和关系两种视角进行界定。

从空间视角来看，数字市场是指商品交换所依赖的数字虚拟空间，例如，电子商务背景下商品交换所依赖的互联网空间及该空间中的一些小型在线交易平台（如淘宝、京东、亚马逊等）。

从关系视角来看，数字市场是对在数字市场开展商品交换过程中所涉及的各种经济主体之间关系的综合。此时的数字市场不再只强调商品交换发生的虚拟数字空间，而是关注发生商品交换的数字空间中所存在的各种市场主体（买方、卖方、中间商、监管者、协助机构等）、市场系统（商务流程、交易条款、安全机制、税收系统等）之间的互动及其所体现的关系。

2. 特征

同传统市场比较，数字市场具有如下特征。

（1）虚拟性

虚拟性是指数字市场并非存在一个有形的市场交易平台，而是在特定数字化环境中形成的虚拟数字空间。数字市场的虚拟性意味着不受时空的限制，数字市场上的主体不再受到传统市场的地域和时间限制，可以随时随地通过互联网在数字市场开展商业活动。以网购为例，如今的在线商家和顾客能在保障网络畅通的前提下于任何时间、任何地点进行互动、完成交易。

（2）透明性

数字市场还具有对市场主体的信息透明性。互联网为商家和顾客提供快捷便利的信息搜集能力，许多在线交易市场（如淘宝、京东等）甚至还为顾客提供产品的比价服务，让顾客能够就产品、服务、价格、顾客评价等进行较为全面综合的比较和评估。相对线下传统市场，数字市场让市场主体能在商品交换过程中获取更为全面的信息，助力做出更有效的决策和交易。

（3）规模无限性

不同于传统市场受地理界线和物理空间的限制，数字市场由于形成于互联网之上而实现了规模的无限性。因互联网架设而形成的数字市场能够向不同国家、不同文化的市场主体开放，且相比传统市场对市场主体参与活动的容纳性更强，从而让其规模不受限制。以淘宝"双十一"购物节为例，淘宝这一数字市场在每年 11 月 11 日能让几亿名消费者在其购物平台完成交易，而这种交易盛况在世界任何一家线下市场都是难以想象的。

（4）开放性

数字市场还是一个开放包容的市场，这种开放性体现在参与主体的多元性上。数字市场的出现让商业活动的交易成本变低。很多在传统市场不能参与活动、实现交易的买家和卖家，都有机会通过网络平台买到产品或卖出产品。比如，消费者能通过网购平台买到更为低廉、种类多样的产品，而许多贫困和没受过良好教育的小商家则能通过淘宝等电商平台和快手等短视频社交网站成功销售它们的产品。相比传统市场，数字市场为人们提供了一个更为公平和普惠的市场环境。

二　数字市场创新

1. 数字市场创新的特征

在数字经济时代，数字市场创新的范式正从工程化、机械化的创新体系向有机式的创新生态系统演变（张昕蔚，2019）。数字市场中的创新因而表现出一些新的特征。

（1）创新主体多元化

随着数字经济的发展和经济主体影响力的演变，如今数字市场上的创新主体更为多元，表现为创新生态系统中的多方协作式创新。具体而言，创新生态系统超越了传统的"产学研"创新范式，将市场创新主体延伸到企业、大学、科研院所、政府、消费者等。创新生态系统中的多元主体可以根据需要结合成各种创新集群，其在共生竞合的相互作用中动态演化，共同助力整个数字市场的创新。此外，借助各种新型数字技术，创新生态系统让数字市场创新主体可以实现跨区域、跨领域的协同创新，有效提升了数字市场创新的效率。

（2）创新组织网络化

在数字商业管理时代，数字市场创新活动的组织架构演化具有网络化、协同化和生态化的方式。主要体现在以下几个方面。其一，数字市场主体开展创新所能配置的资源范围扩大了。数字商业时代，数字技术一方面使信息不确定性降低，另一方面减少和降低了创新主体获取创新所需资源及所涉及的成本。其二，互联网平台企业的出现及商业生态系统的拓展促使网络化创新组织形式快速发展。企业不再是商业系统中单独的一员，而是在整个商业生态系统中与其他伙伴协同合作，从而达到共同的创新目标。其三，在数字商业时代影响力日渐增加的消费者广泛参与到数字市场创新活动之中，使网络化创新组织方式不断强化。利用大数据技术，多元化创新主体协同合作，对消费者的个性化需求有更精准快捷的理解，带来更高的创新绩效。

（3）创新过程包容性

包容性创新是指能让底层人民平等参与市场活动并助力消除贫困的创新。由于数字市场创新具有创新主体多元化和创新组织网络化的特征，数字市场创新的成功依赖不同阶层的消费者和其他创新主体的广泛深入参与及协作，从而为底层群体参与商业和创新活动提供良好机会。此外，数字商业时代底层群体拥有的数字技能也为市场创新提供了具有竞争力的人力资源。以阿里巴巴为例，淘宝电子商务模式为中国草根人群提供了创新创业机会，提供了100多万个就业机会，有力地带动了乡村经济发展。

2. 数字市场创新的模式

根据万兴（2017）的观点，现实中数字市场平台一般由以下三种基本平台构成：其一，需求侧主导的社交型平台；其二，供给侧主导的创新型平台；其三，供需匹配的交易型平台。其中，供需匹配的交易型平台属于本书所说的数字市场的这种类别。为了获得成功，交易型平台常常需要进行升级创新，以更好地满足数字市场主体对平台的需求。本书以交易型平台升级为例，说明数字市场是如何进行创新的。

通常来说，交易型平台的升级涉及两种方式：其一，本平台内部升级，即交易型平台通过对平台性能的改善来实现数字市场的创新；其二，平台的复合式升级，即交易型平台通过与上文所说的社交型平台或创新型平台进行整合，成为复合型平台，实现数字市场创新的目标。

（1）平台内部升级的数字市场创新

万兴（2017）根据平台内部升级所带来的性能改善程度和满足需求异同两个维度对交易型平台内部升级的数字市场创新进行分类（如表3-2所示）。性能改善程度是指交易型平台升级后平台本身性能得以提升的程度；满足需求异同是指交易型平台升级后平台满足用户的需求与升级之前是否相同。根据这两个维度，可将平台内部升级的数字市场创新划分为四类。①平台渐进升级。在这种数字市场创新模式下，在交易型平台内部升级后，平台的性能得到了较小幅度的渐进式改善，且平台能较好地满足用户的相同需求。比如，淘宝、京东等在线零售平台可能会对购物网站的设计进行一些改良更新，但满足用户需求的目标没有发生变化。②平台创新升级。在这种数字市场创新模式下，交易型平台在升级后，性能发生了创新式的较大改善，但升级后的平台仍致力于满足用户的相同需求。比如，亚马逊曾经推出图书销售的自动推荐系统，这种功能的出现让亚马逊的在线销售模式出现较大变化，但该系统的创新仍是为了满足用户的购书需求。③平台迁移。这种数字市场创新模式发生于交易型平台升级后，平台性能发生较大变化，但仍是为了满足用户的相同需求。比如，去哪儿网曾经通过电脑端开展在线机票销售，随着移动互联时代的到来，其创造性地推出了手机端销售平台，但这种平台的巨大变化仍是为了满足用户的在线购票需求。④平台包络。这种数字市场创新模式意味着交易型平台性能发生较大变化，且服务于用户的不同需求。比如，京东商城以销售各种实体商品起家，但后来推出了"京东金融"版块，开始针对消费者金融理财需求提供理财业务。这种平台包络现象意味着完成创新后的数字市场往多元化业务的方向发展。

表 3 - 2　交易型平台内部升级的数字市场创新分类

	相同需求	不同需求
渐进改善	平台渐进升级：平台性能渐进改善，更好地服务于原有的需求	平台迁移：平台性能虽是渐进改善，但平台可服务于新的需求
创新改善	平台创新升级：平台性能得到创新改善，但平台没有进入新的市场	平台包络：平台功能有了较大创新，并进入新的市场

（2）平台复合式升级的数字市场创新

平台复合式升级的数字市场创新是指交易型平台与社交型平台或创新型平台进行组合所实现的数字市场创新。具体而言，平台复合式升级的数字市场创新模式包括以下类别。①原本的社区型平台添加了交易型平台。这种数字市场创新模式让社交型平台具备了电子商务功能，通过用户在本平台购买产品而增加平台价值。以豆瓣为例，豆瓣原本是一个兴趣社区，但多年来一直没有很成功的盈利模式，推出"豆瓣豆品"后，该平台具有了在线销售产品的功能，成为"社区 + 交易"的复合平台。②原本的交易型平台增加了社区型平台。这种数字市场创新主要是为了通过增加平台用户之间的互动而让平台获得更多市场信息并带动销售。在社会化商务时代，京东增加了"京东智能社区"版块，让京东用户能有平台开展互动交流。③原本的交易型平台添加了创新型平台。交易型平台添加创新型平台有助于原平台提供更多的新产品和服务。美国云计算企业 Salesforce 属于交易型平台，之后推出了 Force. com 平台，让用户能够开发在线应用。④原本的创新型平台添加了交易型平台。这种数字市场创新模式让创新型平台所开发的产品能被出售并转化为经济价值。苹果在 2008 年发布针对苹果手机的应用开发包，方便应用开发商开发软件，几个月之后才推出 Apple Store。

第三节 数字企业创新

一 数字企业

魏秉全（2001）认为数字企业是电子化企业，是"企业内部和外部（或前台和后台、上游和下游）的业务都实现了电子商务的企业"。具体来说，数字企业应用数字技术进行管理、制造、营销等。数字企业的组织结构具有扁平化、虚拟化和柔性化等特点。

（1）扁平化

不同于传统企业的"金字塔"式的组织结构，数字企业的组织结构更为"扁平化"。对于数字企业而言，数字技术的普及应用使企业内部的信息交流更为方便、直接、高效，显著减少了传统企业当中不必要的管理层次。另外，电子商务的应用使数字企业的相关部门能更直接、有效地与客户接触、沟通，避免了决策与行动之间的延迟，加快对市场和竞争动态变化的反应，使组织的能力变得柔性化，反应更加灵敏。在数字企业的外部环境中，顾客的需求不断个性化，市场需求快速变化，企业的反应速度和灵敏程度在企业运营过程中起到至关重要的作用，必然要求员工的信息能够尽快传输到公司高层领导那里，因此需要通过减少管理层次、压缩职能机构、裁减中层管理人员，以缩短信息传输途径。这种新型组织结构使基层组织成为一个具有相对独立性的生产经营决策中心，被赋予更大的职责，大大提高了企业的运作效率，使数字企业获得了更大的灵活机动性。

（2）虚拟化

数字企业利用数字技术打破时间和空间的界限，使企业的诸多业务可以不再发生于传统的坐落于某一地理位置的企业之中，从而让数字企业具有无边界的虚拟化特征。虚拟化的企业通过企业内部或不同企业之间的要素组合，打破企业之间、产业之间、地域之间和所有制之间的各种界限，便利资源整合。虚拟化的组织结构和业务操作让数字企业具有很高的运作效率。数字企业虚拟化最典型的案例是微软的"数字神经系统"，该系统把整个企业的所有信息收集起来，实时整理、分析、决策，并将决策的结果下达到各个部门，使数字企业高效、协调、灵敏地面对市场的变化和挑战。

（3）柔性化

数字商业时代，数字企业通常设置以任务为导向的临时性团队式组织，这种柔性化的组织结构与传统的固定和正式的组织结构存在很大区别。数字企业柔性化的组织结构有助于打破传统组织结构的部门界限，使企业能有效地围绕目标与任务合理配置并充分利用各种资源，增强对环境动态变化的适应能力。当前数字企业柔性化体现在以下两个方面。其一，团队结构。数字企业的团队结构具有能够快速组合、重组和解散的优点，使其适应快速多变的企业内部环境，相比传统组织结构更具灵活性和快速反应能力。其二，业务外包。业务外包是指通过委托—代理契约将企业内部的某项职能或某项任务分包给其他企业或组织来完成，以最大限度地发挥本企业的核心优势，对外界环境做出快速反应的过程。在数字商业时代，数字企业之间的沟通和合作变得更为容易和频繁，数字企业能借助业务外包模式增强对外部环境的应变能力。

二　数字企业创新

目前学术界对数字企业创新的研究仍处于起步阶段。综合数字企业创新现有的少量研究，对数字企业创新可能存在以下两种理解：①数字企业的创新，即对数字企业的组织结构、业务流程和商业模式等方面进行变革和创新；②数字化的企业创新，即受数字技术影响并利用数字技术对企业的组织结构、业务流程和商业模式等方面进行变革和创新。接下来，本书将用当前研究中的理论模型分别对上述两种理解进行介绍分析。

1. 数字企业的商业模式创新路径

李文等（2018）探讨了数字零售企业进行商业模式创新的路径。他们认为商业模式是"企业追求价值的过程"，具体包括"价值主张、价值创造、价值传递、价值实现"四个要素。因此，数字企业的商业模式创新可以通过对上述四个要素的变革得以进行。

（1）价值主张创新

价值主张是指企业对自身将通过产品和服务向目标顾客提供何种价值的表述。因此，价值主张包含目标顾客和价值内容两个核心要素（李文等，2018）。对数字零售企业来说，价值主张创新可以通过以下两种路径实现。其一，对企业的目标顾客进行重新定位和选择。以阿里巴巴为例，淘宝和天猫所针对的目标顾客群体存在较大差异，所吸引的在线商户群体也有明显区别，天猫相比淘宝更聚焦品牌商户和重视品牌的顾客。其二，对企业向顾客提供的价值内容进行变革和创新。比如，随着中国消费者收入的增加以及消费升级趋势的显现，天猫注意到其目标顾客群体对用户体验的重视程度，对所提供的价值内容进行变革，将品牌广告语从"上天猫就够了"更新为"理想生活上天猫"。这种变革体现了天猫致力于向顾客提供的价值不再是"能购买到所需的各种商品"，而是"购买到高质量且带来理想生活的美好体验"。这一变革呼应了当前消费领域聚焦顾客对旅程的全方位体验的商业趋势。

（2）价值创造创新

价值创造主要是指企业应用和整合资源能力从而完成产品或服务生产的过程。依据李文等（2018）的研究，数字零售企业的价值创造创新方式有两种。其一，加入商业生态系统获得外部商业伙伴的资源和能力。随着数字商业和数字技术的发展，如今企业的成功依赖与商业生态系统中的其他合作伙伴紧密协作。数字零售企业能够从与外部商业伙伴的互动与合作中获得大量资源和能力，助力价值创造过程。其二，采用价值共创理念，通过数字零售企业、商户、顾客之间的合作来共同创造价值。具体而言，数字零售企业的价值共创主要包括数字零售企业的商户与顾客之间的合作以及商户、顾客与数字零售企业之间的合作两种类型。

（3）价值传递创新

价值传递是指企业将生产出来的产品和服务传递给目标顾客的过程，因此价值传递创新主要体现在交易环境和营销模式两个方面（李文等，2018）。从交易环境来看，数字零售企业因为不受线下门店的地理位置限制和时间限制而拥有"时间价值"优势。因此，数字零售企业实现"时间价值"的增值，将成为为商户和顾客传递更多价值的重要方式，并成为企业吸引更多商户和顾客的有效途径。此外，良好的营销模式对企业的价值传递也起到重要作用。借助数字技术，数字零售企业可以通过将营销战略、营销策划和宣传媒介有机组合来更好地采用营销模式并传递价值。比如，在线社群营销为数字零售企业提供了许多有效的实践，京东等数字零售企业纷纷通过建立在线社区、引入用户评测、重视顾客评论、开展顾客问答等方式提升顾客对所售产品的认知与信任水平。

（4）价值实现创新

价值实现主要聚焦企业的盈利模式，即企业通过运营获得利润的具体方式。对于数字零售企业而言，当前主要的盈利模式的创新方式是发掘新的利润增长点。结合中国主要数字零售企业的实践来看，目前盈利模式创新的具体做法包括两种。其一，通过物流战略来提升优势。数字零售企业通过为不同目标群体提供相应增值服务进行价值实现创新。比如，京东推出"211限时达""次日达""定时达"等不同物流配送业

务，制定不同物流收费标准来满足不同类别顾客的需求，塑造自身物流
服务的竞争优势，其成为吸引顾客的重要手段之一。

2. 数字技术影响企业商业模式创新的过程模型

齐严等（2017）研究了在数字技术影响背景下零售企业如何通过
商业模式创新提升竞争力。他们的研究表明以下内容。①创新动因。在
数字技术影响背景下零售企业商业模式创新的动因包括直接动因和间接
动因（见图3-2）。从直接动因来看，数字技术革命带来的零售业技术
基础的改变直接推动零售企业商业模式创新；从间接动因来看，数字技
术通过对零售业的消费者需求环境和竞争环境的冲击，间接影响零售企
业商业模式创新。②创新目标。数字商业时代零售企业商业模式创新的
主要目标包括获取先发优势、更好地满足顾客需求、提升企业管理的效
率等。③创新表现。零售企业商业模式创新表现出零售渠道无边界化与
无间隙化、零售服务体验化与增值化等特征。

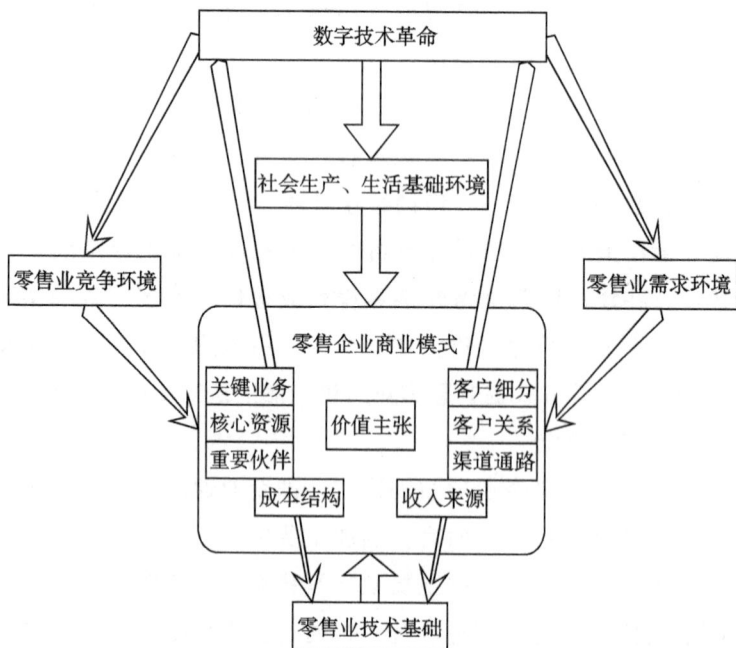

图3-2 零售企业商业模式创新过程模型

中　篇

数字企业管理与革新

第四章 数字生存能力

第一节 员工工作工具数字化转型

"工欲善其事，必先利其器。"工具在提升工作效率上发挥的重要作用不言而喻，对于企业而言，购入何种设备，引进何种工具，如何在客观层面上帮助员工提高工作效率、高效节能地完成工作是困扰他们的重要问题。

一 数字化前员工传统工作工具概述分析

回顾人类历史，从使用简单的石制工具到金属工具，到塑料工具，再到现代化的各种工具；从一开始的茹毛饮血到发现钻木取火之后的火堆烤食，再到现在使用专门煮饭的电饭煲、烤食物的烤箱、用于烘焙的微波炉等多样化加热设备；工具也从小型简单到大型复杂，再到追求微型美观、精准自动。比如制造业工厂，在数字化广泛应用之前，工人所使用的设备工具需要工人操作机器完成每一步加工处理；比如在统计部门，员工需要挨家挨户统计收集信息，并且依靠纸和笔完成信息统计处理工作，再人为绘制表格、填写数据、整合文件进而保存文件等。此时员工所能使用的工作工具有限，而且大多难以发挥较大的作用，由此，造成生产效率比较低，所能完成的工作比较有限，所能生产、制造的产品也比较有限。

二　数字化后员工现代工作工具概述分析

员工工作效率低下、工作成果有限的局面，并不是一成不变的。随着计算机、互联网乃至最近的物联网的产生与发展，传统的工作工具已难以满足企业和员工发展的需求。越来越多的产品开始尝试与计算机、互联网、物联网结合，以实现自身的持续发展。对于员工而言，他们所使用的工具也更加多样化、智能化。

（一）计算机概述

计算机（Computer），俗称电脑，是现代社会中一种用于高速计算的电子计算机器，它可以进行数值计算，又可以进行逻辑计算，还具有存储记忆功能；它是能够按照程序运行，自动、高速处理海量数据的现代化智能电子设备。

随着数字化技术的普及与发展，当前计算机领域也出现了很大的变化。以前电子计算机占据了全部的市场份额，而现在不仅有电子计算机，还出现了光子计算机、生物计算机、量子计算机、纳米计算机、分子计算机等各种新型计算机，并且后者的形成与发展带来了巨大的社会效益。

光子计算机，顾名思义，使用光信号来进行数据处理。因为它不利用电流来进行信息的传递和处理，所以它可以避开电子通过电磁场相互干扰的问题，利用光子的独立性，在进行运算时更不容易出现错误。同时，相较于电子，光子不带电荷且没有静止质量，使用光子作为信息的载体，可以同时进行信息的传输处理。这样在很大程度上不但加快了计算机的运算速度，而且增加了信息的存储容量。同时，光子计算机还可以采用不同的进制来进行运算，比如用光学双稳态元件可以进行二进制的运算，而用多稳态元件则可以进行三、四进制的运算。这样就使计算机的运行速度具有成倍增长的效果。

生物计算机抛弃了传统的半导体，而以生物材料制成的芯片作为CPU，并且以波的形式沿着蛋白质分子链来传播信息，所以它也被称为仿真计算机。生物计算机主要分为两大类：蛋白质计算机和 DNA（或RNA）计算机。蛋白质计算机指的是利用蛋白质计算模型，借助蛋白质具有良好的二态性这个特点来存储大量信息。而 DNA（或 RNA）计算机则是运用 DNA 计算模式，以蛋白质来承载信息。DNA 中的碱基有多种排列方式，所以 DNA 计算机可以利用这些排列方式中所包含的特殊信息进行可控计算来提高运算速度。而且，DNA 具有生物活性且相互具有吸引力，这使 DNA 可以保持稳定，所以，DNA 计算机也具有十分稳定的功能，可以稳定地运行。

量子计算机，顾名思义，以量子理论为基础，遵循量子力学规律进行逻辑运算、量子信息存储与处理，是目前唯一一个用数学方法被严格证明能确保绝对安全的通信方式。量子计算机和传统计算机一样，都使用"比特"作为计算使用的最基本单元。不同的是，一个量子比特可以同时表示 0 和 1，两个量子比特就可以表示 0 和 1 组成的四种组合：00、01、10、11。而传统比特只能表示 0 或者 1，所以，理论上，100个量子比特可以承载数据量为 2 的 100 次方，而 100 个传统比特可承载数据量仅为 2 的 100 倍。量子计算机所能承载数据量之大以及运行速度之快远远超出了传统计算机乃至现在所说的超级计算机，后者进行加法运算，而前者相当于多进行了一次幂次方的指数级运算。也正因如此，基于大数定律原则建立起的各种复杂的密码系统在量子计算机面前显得不堪一击。

纳米计算机由使用纳米技术开发制成的器件组成。"纳米"是计量的最小单位，一般用在生物研究和仪器精度测量等微观领域，而将其用于计算机零部件生产不但可以明显减小计算机的体积，而且与之密切相关的计算机生产成本也会大大降低。同时，这也将更好地帮助建设全国的信息化环境，结合当前 5G 的发展趋势，推动 5G 更好更快地进入自动化、智能化阶段。

分子计算机，利用单个分子来代替二极管、三极管、导线和其他关键部件，从而提高集成度。这并不是空穴来风，化学家、物理学家、工程学家的一系列研究结果表示，单个分子可以实现开关、导电、存储信息等功能。

（二）互联网概述

简单地理解，互联网就是通过计算机将各个地方的用户连接在一起的媒介。它有多种多样的功能，可以是即时通信，可以是信息查询，也可以是数据统计交互等。

互联网连接着计算机和网络，从这个意义上说，互联网可以包含的信息量似乎没有限制，因为总是可以添加另一台计算机或更多的云空间。相比之下，人类的记忆是有限的，没有人能够记住一切，所以人类长期以来在寻找捷径，以减轻记忆和思考的负担（口头传诵和利用算盘是早期的例子）。然而，互联网的无限容量比传统的外部存储器（如书、相册和报纸）的容量要大一个数量级。

长期以来，从对互联网的研究来看，互联网主要有以下几个特性：无限范围，即人们在互联网上所找到的信息类型没有限制；内容不准确，因为几乎任何人都可以创建网页或将信息发布到社交媒体上，而这样做不需要任何证书，也不需要太多的技能，显然，其中可能包含很多错误信息；信息更替快，这是由互联网的即时性所决定的；许多干扰和选择，由于信息范围广、内容杂，时常会出现一些干扰信息，同时，由于信息的多样性，选择也无处不在；容易接入，可以是智能手机，可以是电脑等数字化设备，它们都能及时快速地实现对于互联网的接入；同时，互联网还具有需要搜索、结果快速、创作自由、互动性、信息来源可能不明、与他人有许多联系、万物互联等特性。

当前，互联网已经渗透到我们生活的每一个领域，在技术和应用逐渐成熟的背景下，它也在深刻影响着传统领域。互联网与传统产业的结合使能源、冶金、机械和化工等行业的信息化水平不断提高，使金融、传媒等产业的网络化趋势日益明显。应该说，在国民经济和社会发展的各个领域，互联网已经发展为经济与社会运行的基本要素，在传统产业结构调整、经济结构优化升级和经济发展方式转变上发挥着举足轻重的作用，深刻改变了人们工作、学习和生活方式。

（三）物联网概述

物联网将万物通过网络进行连接。在这个概念早期被提出时，囿于落后的无线网络、硬件和传感设备等，人们并没有予以过多关注。直到 1999 年，基于 RFID（射频识别技术）、物品编码和互联网技术的发展，美国 Auto-ID 中心首次提出"物联网"这一概念。现在，人们普遍认可的物联网的定义是：以一定的信息传感设备（如射频识别设备、红外感应器、全球定位系统、激光扫描器等）为媒介，按照已经约定好的协议，连接各种物品与网络，交换信息，同时通过这种方式来达到智能化识别、定位、跟踪、监控以及管理等功能。客观来讲，物联网就是创立一个对应于现实世界的虚拟世界的过程。在物联网中，用户基于一定的信息传感设备技术，收集现实世界的各种物质信息，然后在虚拟世界形成对应的虚拟物。

数字化的发展带来了各行各业工作所使用工具的巨大变革。这些新的工作工具，在帮助人们进行统计数据、精密计算、资源共享、精简步骤、交流研究等方面发挥了巨大的作用。对于员工而言，它们在一定程度上解放了他们的双手，锻炼了他们的大脑（学习思考频次增加）；对于企业而言，在投入不变的情况下增加了产出，获得了更大的收益。

第二节　员工工作技术数字化转型

技术指的是在人们进行产品设计、制作、加工处理、包装和销售等过程中所使用的独特的系统知识。相较于工作工具的客观性来说，工作技术是员工内在的能力储备，是他们保证自己不被辞退，在激烈的人才市场中有竞争力的关键，是主观的。对于员工而言，是否能掌握工作技术，是企业评价其是否能够胜任工作的基础；而技术的水平，则反映了他们在职业生涯中所能达到的高度。

一 员工工作技术数字化转型的背景概述

随着社会数字化进程的加快，大量新一代信息技术如雨后春笋般涌现，如 AI（人工智能）、大数据、云计算、区块链、商业数据分析、数学建模、计量方法等。这些信息技术的发展，与各行各业的发展融合，产生了意想不到的巨大变革。

以制造业为例，将新一代信息技术与制造业进行深度融合可以帮助企业实现产业形态、生产组织方式、制造模式的转变。同时，生产智能化和服务周到化成为企业发展追逐的新目标。这些新一代信息技术极大地改变了传统制造业的技术体系。以 3D 打印技术为例，在产品制作过程中加入新材料，增加产品的功能，在产品加工上植入数字技术、智能技术，提高产品性能。在互联网、物联网、云计算、大数据等数字化技术的支撑下，制造商、生产服务商、用户在开放、共用的网络上互动。为了增加利润，提高客户满意度，大批量流水线生产也向单件小批量定制化生产转变。而在信息物理系统基础上建造的智能工厂将成为未来制造的主要形式，智能装备将替代传统人力完成一些重复烦琐的工作。而随着产业价值链重心由生产端向研发设计、营销服务等的转移，产业形态将从生产型制造向服务型制造转变。

由此，对于员工而言，工作技术实现数字化转型显得尤为迫切。

二 员工工作技术数字化转型的支持体系

要使员工工作技术实现数字化转型，了解其内部的支持体系是关键。

（一）人工智能概述

人工智能（Artificial Intelligence，AI）是计算机科学的一个分支，以了解智能的实质为目的，并在此过程中发明出一种类似于人的、可以部分思考、做出人的举动的智能机器。该领域的研究角度广泛，包括制作机器人、识别语言和图像、处理自然语言和专家系统等。自人工智能诞生以来，众多科学家丰富和完善了相关的理论和技术，扩大了相关的应用领域。由此可以预测，在人工智能的帮助下，未来的科技产品将充满人类智慧。人工智能可以通过一系列信息过程模拟人的意识和思维，它可以像人一样思考，甚至超越人类。作为新一代信息技术的一种，基于深度学习，它被广泛用在研究开发理论、方法、技术、应用系统等方面来模拟、延伸人的智能，通过算法的设计让机器完成思考，解决复杂问题。事实上，人工智能技术具有极高的地位，它和空间技术、能源技术并称世界三大尖端技术，和基因工程、纳米技术并称21世纪三大核心技术。

近些年来，随着大数据、物联网、云计算等技术的发展创新，人工智能技术不仅仅停留于设想阶段。2016年，AlphaGo以4∶1的总比分战胜世界围棋冠军、职业九段选手李世石；而次年7月，在中国乌镇围棋峰会上，AlphaGo又以3∶0的总比分战胜排名世界第一的围棋冠军柯洁。AlphaGo的胜利，在世界范围内引起了巨大的轰动，这体现了当前人工智能技术的发展状况和发展前景，人们开始越来越多地关注人工智能。

同时，人工智能技术的不断突破，加速了其在各行各业的应用，例如自动驾驶、智能教育、智能制造、智慧医疗、智能机器人、语音语义识别等。

（二）大数据概述

大数据（Big Data），也称巨量资料，它需要新处理模式才能发挥巨大效用，是海量的、多样化的信息资产。大数据有5V特点：Volume（大量）、Velocity（高速）、Variety（多样）、Value（低价值密度）以及Veracity（真实性）。它的特色在于对海量数据进行分布式挖掘，但需要依托云计算的分布式处理、分布式数据库和云存储、虚拟化技术等。

对于"大数据",研究机构 Gartner 给出了这样的定义:"大数据"需要利用新处理模式才能具有更强的决策力、洞察发现力和流程优化能力来适应海量、高增长率和多样化发展趋势的信息资产。而麦肯锡全球研究所给出的定义是:一种规模大到在获取、存储、管理、分析方面大大超出传统数据库软件工具能力范围的数据集合。它具有海量的数据规模、快速的数据流转、多样的数据类型和价值密度低四大特征。大数据技术的战略意义就是,不在于掌握数据信息有多庞大,而在于是否专业化处理了这些含有意义的数据。换言之,如果将大数据视为一种产业,那么要使产业实现盈利,关键在于提升对数据的"加工能力",企业通过"加工"实现"增值"。从技术层面上分析,大数据与云计算密不可分,相互联系。如果将大数据看成物品,那么云计算就可以被看成装载此物品的容器。

(三) 云计算概述

在云计算发展的早期,云计算是分布式计算的一种,在通过多部服务器组成的系统进行处理和分析之前通过网络分解的大量的数据计算处理程序得到无数个小程序,然后将计算结果返回给用户。它可以被看成一种新兴的商业计算模型,由不同种类的计算机和不同方面的网络技术逐步发展形成。依托快速发展的数字化技术,云计算技术实现了分布式计算、效用计算、并行计算、网络存储和虚拟化等多种传统网络计算和网络技术的融合发展。由于计算资源的虚拟化,按计算能力购买才是云计算的真正特色。

若从狭义和广义层面来看,云计算又有着不同的含义。狭义上的云计算指的是一种用来提供资源的网络。利用分布式计算和虚拟化技术,厂商建立起一个数据中心或超级计算机,以免费或按需租用等方式向技术开发者或者企业客户提供数据存储、分析以及科学计算等服务。广义上的云计算指的是厂商基于网络服务器集群,对客户进行分类,向不同类型的客户提供不同服务,包括提供在线软件、租借硬件、存储数据、分析计算等。云计算中的"云"是一种资源共享池,也可以被视为一种网络，是存储在互联网的服务器集群上的可共享的资源。在此基础上，云计算可以被看作集中处理资源池中的数据，实现无人化参与，以便于用户全身心投入的项目。

（四）区块链概述

比特币是区块链（Block Chain）的起源，而区块链包含在比特币底层技术中。从不同的层面或视角分析，可以给区块链下不同的定义。比如，从科学视角看，区块链涉及很多科学领域，如密码学、数学、互联网和计算机编程等，其本质上可以被视为一种互联网协议；从应用视角看，区块链是分布式的，具有去中心化、整体留痕、可以回顾、不可篡改、共同维护、公开透明等特点的共享数据库。区块链的信用保证基础就在这些特点上，它确保了区块链的可行性和可信性。总的来说，区块链是分布式数据存储、点对点传输、共识机制、加密算法等新一代计算机技术的新型应用模式，本质是一个已经去中心化的数据库。

（五）商业数据分析概述

商业数据分析是指利用相关的技能、技术和实践活动等，通过不断解释和探索过去的商业绩效，从而做出合理的、具有洞察力的，甚至完全自动化的商业决策。这不同于"商业分析"。商业分析是指公司的"商务分析"或者"业务分析"，侧重于审查公司的预计营业额、营业利润、运营成本等是否和公司预期目标一致，只有在一致的情况下，才能开发这种产品或将其投入生产。

商业数据分析利用统计原理，基于基本的事实条件进行预测建模、决策管理，也正是基于这一点，商业数据分析和管理科学联系紧密。商业数据分析可以帮助人们有效地进行决策，或者说有助于自动化决策的形成、发展。对企业而言，使用商业数据分析做出自动化或者最优化的决策，将帮助企业维持自身的核心竞争力，成为同类企业中的佼佼者。

在大数据快速发展的时代背景下，对于企业而言，数据驱动决策是一个法宝。尤其是对于数据驱动类型的企业，重要的资产就是数据，这是这类企业相较于其他企业的竞争优势。企业结合使用自身所掌握的商业数据，综合考量各种相关商业要素，并借助数据的价值密度判断各类数据的功能，从而实现决策的优化和绩效的提高。商业数据不同于个人数据，它不强调某一个数据主体的特征，而是依托庞大数据群做出综合商业判断。虽然客观上来说，商业数据正是基于个人数据形成的，但是，考虑到大数据的参与，两者之间就具有很大的差异。一方面，在大量的数据面前，个人数据对于商业数据的影响微乎其微，某个个体的数据变动难以引起大数据分析结果的变动；另一方面，大数据技术改变了商业数据的价值和利用方式，商业数据无法反映个人数据的特征。

（六）数学建模概述

数学建模是指基于解决实际问题建立与之对应的数学模型，进而求解数学模型并得出模拟结果，然后利用结果解决实际问题。它的本质是一种模拟，利用数学公式、数学符号、计算机程序、图形等抽象而又简单地表示实际问题。数学建模的核心是建立数学模型，但所建立的数学模型可能会与实际情况有出入。在分析实际问题的基础上，它通过加以简化或者约定某种条件，借助数学知识将实际问题转化为可以用数学运算进行精密求解的理论问题，继而通过求解模型解决实际问题。简言之，建立数学模型指的是依靠现实问题所给的信息，将其简化成一个数学问题，采用适当的数学方法，区分常量、自变量和因变量，然后使用适当的符号和单位制，做出合理的简化假设，找出变量之间蕴含的数学关系，建立数学模型。此外，还需要注意的是，检验建好的数学模型这一步骤不可省略，即将数学模型当中的解换成对实际问题的解释，进而做出分析、预测和进行决策，同时根据历史经验判断其对实际问题的解答是否符合现实，并以此为依据检验所建立的数学模型是否合理适用。

迈入数字化时代，数学建模在工业中得到广泛的应用。计算机的出现使人们更关注利用数学建模解决问题，同时，在计算机的帮助下，数学建模也可以更有效地解决实际问题。一方面，对于工业领域而言，迈入数字化时代，是一次新的革命。工业革命时代，机械设备的出现取代了大多数人力劳动，在很大程度上提高了生产的效率，但遗憾的是，设备的工作需要人来操控。另一方面，市场对于工业产品的需求不断上升这一现状使很多工厂需要 24 小时不间断生产，对于人力而言，这明显是不可能实现的。而随着计算机的出现和日益完善的数学建模思想，工业生产的自动化成为可能，让智能软件帮助机械设备自动运行，而此时只需要少量的人力进行监管。在这个过程，无论是自动化技术还是软件技术，本质都是建立数学模型的过程。例如，在现今的工业生产中，厂家结合生产需要，用数学符号绘制出企业产品的生产线，然后建立与之相对应的模型，写出所需要的计算机程序，从而就可以运行一整条生产线。这就用到了数学建模。数学建模也可用于商业领域，如预测车票、机票的售卖张数。

当今，数学建模的应用十分广泛，大至运营管理城市，小至处理生活中的一个具体问题，都可以借助数学建模来进行科学、理性的分析，降低决策失误的可能性。

（七）计量方法概述

计量方法指在计算机软件的帮助下，通过原始数据建立一定的数学模型（线性或者非线性、一元或者多元），并且通过各种检验选出最适合、最具有代表性的那个模型，从而利用此模型对未来即将发生的情况进行预测的方法。这种方法主要用于经济领域，人们利用这种方法对未来的经济情况进行预测，从而提前做好风险防范或者损失估量等工作。

从人们的日常生活到高新科学技术领域，对计量方法的使用无处不在。计量是一项古老的事业，是人类认识世界的工具，是科学技术的基础。从有测量开始，发展形成了科学，这样才有了度量衡的概念，精密科学才有了存在和发展的价值。不管是为了实现国家的工业和社会良好有序发展，还是为了实现科技创新，计量都具有不可或缺的基础地位。小到国民经济的正常运行和公平贸易，比如工业制造、医疗诊断、节能减排、环境保护、产业发展、商品贸易等，大到国家的国防建设，比如航空母舰、核潜艇、隐形飞机、洲际导弹、卫星导航定位系统、核武器等武器装备的开发运用，都需要使用计量方法。可以说，没有计量方法，很多问题就得不到解决。

"智能制造、智能生产"是第四次工业革命的核心，使用互联网是第四次工业革命的手段，而计量测试则是最为重要的核心技术。在整个过程中，计量测试随处可见，并且，测试对于及时性、可靠性、准确性还有较高的要求。这种挑战，对于计量测试技术来说，是全面的、综合的、全方位的。在未来数字化时代，和互联网联系更加紧密的是现代计量方法。我们有理由相信，在国家创新驱动发展战略的引领下，量值传递模式将向量子化、扁平化发展，计量标准将向芯片级计量发展，计量手段将朝着综合计量、信息计量方向发展。未来的计量，将实现规模化、产业化发展，计量技术将向计量产品转变，计量产品将向计量产业转变，最终，在整个社会打造具有数字化、智能化特点的服务体系。

正是在这些数字技术的支持下，员工工作技术实现数字化转型才成为可能。

第三节　员工学习数字化转型

要更好地理解员工学习数字化转型可取的途径，可先引入一种模型，即 e-Organization Learning 模型。

一　e-Organization Learning 模型

e-Organization Learning 模型主要用于营造企业员工组织学习的氛围，让员工比较全面深入地学习并且掌握数字技术。在以往人们普遍所认知的组织学习中，主要是领导给出一段学习材料，或者是领导给出一个学习主题，然后员工在相对较为封闭的环境中自主学习，这样的学习往往由于缺少学习氛围，导致个人学习效率较为低下，更别说产生什么创设性意见。但在完成数字化转型后的企业中，这些问题往往利用数字化技术来解决。e-Organization Learning 模型不仅强调了员工利用组织学习的数字化形式，而且更为重要的是，员工为了更好更快地适应越来越一体化、全球化的知识经济时代和信息社会，从而在数字化环境下组织学习，表现出来一系列新特征。

e-Organization Learning 模型可以分为四个板块：学习成果共享、学习知识整合、学习知识存储以及学习知识实践（见图 4 – 1）。

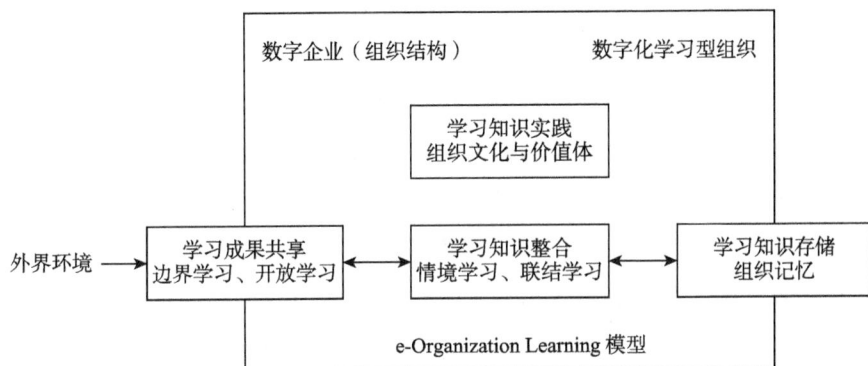

图 4 – 1 企业员工学习数字化转型可用的 e-Organization Learning 模型

一是学习成果共享。这个板块主要强调员工在组织中共享学习知识成果。这些共享的学习知识成果大部分源于组织记忆中的关键知识、外部知识。由此，借助组织的"边界学习"和"开放学习"，组织可以获取一些新信息，同时，还可以借助边界的存在让信息在员工之间流通。其中，信息输入和信息输出的目的是共享。

二是学习知识整合。e-Organization Learning 模型具有整体性，对于组织学习来说，将学习知识进行整合并加以利用是关键。这不是通过组织中个人的努力就能实现的，而需要组织成员共同努力才能形成集体智慧。组织的信息加工机制主要包括"情境学习"和"联结学习"：在组织吸收了来自边界学习和组织记忆的新的知识后，在移动互联等新一代信息技术的基础上，对知识进行加工，从而实现企业经营中对问题的解决。这同时也是一个知识创造的过程，创造的新知识将进入组织学习的知识库，或者作用于外界环境从而发挥作用。如此，形成一个良性的正循环。但是，要形成组织的信息加工机制，离不开组织学习团体的稳定性。

三是学习知识存储。建立知识库的重要性不言而喻，不管是对于个人还是企业，它是一份很宝贵的"复习资料"，是过往所付出时间与精力之后获得的经验总结。组织学习的知识团队的核心成员更应该掌握判断何种信息需要存储、如何存储的能力。知识存储不是代表存储所有的知识，其中最有价值的是组织文化和解决其问题的立场的基本价值。在员工组织学习的整个过程中，必然有一些有价值的收获，比如成熟的操作规程逐渐形成的过程，可用于共享的成果、经验、知识等，核心成员可以借助计算机软硬盘或者云存储将其记录下来。由此，不同时间和空间下的学习者的精华思想和智慧凝聚将实现跨时空分享。

四是学习知识实践。比如组织学习愿景和组织文化等，这些都是抽象的概念，通过精神层面的力量影响和调节使用 e-Organization Learning 模型进行组织学习的目标，以及组织中员工的思想、理想等。e-Learning Organization 模型强调组织学习中应以服务企业生产实践活动（也即"企业知识生产"）为价值导向，而不仅仅是进行"员工学习"。这也是 e-Learning Organization 模型价值体系最基本的部分，因为组织学习的关键在于知识创新的实现。不管是物质生产活动，还是人类的学习活动，它们都是人类基本的社会实践活动。在这种意义上，组织学习也可以被看成一种团体的劳作，目的在于增长人类社会的知识，甚至创造出新的知识。

二 员工学习数字化转型的 e-Organization Learning 模型

对于企业员工而言，学习数字化转型，需要学会将 e-Organization Learning 模型与现实结合。

1. 借助信息技术，优化组织环境

企业的数字化转型指的是将现实的企业的部分内容投影到虚拟的网络之中，形成一个与现实企业相对应，功能和现实企业相同或者大部分

相似的"虚拟企业"。在这种背景下，要引导员工进行组织学习并且解决问题，首先应借助新一代信息技术优化企业的组织环境。信息技术不仅代表一种技术，还是一种包括信息技术在内的广义的信息技术。在某个程度上，信息技术与方法强调利用信息分析、综合和改进等方法，帮助企业实现内部组织流程、管理方式、组织结构和管理制度优化等。比如，有专家认为，信息技术带给企业新的管理模式：BPR（Business Process Reengineering，企业流程再造）和 TQM（Total Quality Management，全面质量管理）等。虽然数字化企业已有一些数字化模块，比如电子数据处理系统（EDP）、管理信息系统（MIS）、决策支持系统（DSS）、办公自动化系统（OA）、企业资源计划（ERP）、产品开发管理（PDM）、绩效支持系统（EPSS）、在线学习系统（OLS）和知识管理系统（KMS）等，但是对于这些模块而言，解决问题不能只依靠这些信息处理技术。此外，借助先进的信息技术、制造技术以及现代管理等手段，一场以移动互联技术、智能化和数字化制造为主的新产业革命可以被引发，从而帮助企业完成新一轮深刻的产业变革，最大可能实现在技术层面的集成功能和在管理层面的集成功能。这些举措的目的是以一种全新的过程型结构代替传统的职能型组织结构，同时，促使产业组织结构趋于扁平化和网络化。在这个过程中，企业可能出现边界模糊、合作全面化、规模两极化等一系列特征。

　　企业组织结构状况是企业员工开展组织学习的客观依据。事实上，"层级化"的结构仍然是现有大多数企业的特征。而使用互联网可能帮助公司完成组织结构从等级化的金字塔型垂直管理结构发展为扁平化的网络型水平管理结构。信息技术的主要功能是对系统的时空结构进行一定程度的改变。在对要素之间的形态和关系进行改变的过程中，传统组织学习的时间和空间结构也发生了改变，人—技术信息—组织之间的生态关系结构同时出现了一种更为紧密的自组织结构。在移动互联技术和泛在媒体技术等的帮助下，扁平化的网络型组织结构在提升管理宽度、优化组织沟通和协调方式、加快组织信息上传下达、降低管理深度、促进组织机构和人员精简、优化配置资源、提高组织应变能力、提高组织效率、帮助组织再造等方面起到了重要的作用。而且，通过这种方式带动的组织文化变革、流程再造和管理人性化、柔性化变革，可以进一步地发展和变革传统组织，进而也将促进组织学习方式、内容和目标等转变，推进实施 e-Organization Learning 模型。

信息技术改变了企业结构，同时也加强了各个企业之间的联系。试想未来市场围绕数字企业的 e-Organization Learning 模型形成的一个产业支持链：提供分析需求与咨询和培训应用的服务、提供对平台的技术支持服务、提供专业知识资源、帮助对应用进行评估。各个企业通过在这个生态链条上协同合作，完成 e-Organization Learning 模型的构建，而位于同一生态链上的不同企业之间互相竞争，企业将享受更加优质的服务。以 e-Organization Learning 模型为基石，逐步推进实现产品创新、流程创新、组织结构创新、操作方式创新和管理模式创新等。

2. 利用 MOOC 等数字化技术学习平台推动员工开放学习

具备足够的开放性是现代组织的基本特征之一。学习型组织区别于其他组织的关键在于：对于一个不断丰富的数据库而言，向外，它会时刻寻找适合企业发展需要的知识；向内，普及这些知识。伴随着企业边界不断被技术突破的现实，组织也应该学会跨越边界进行学习和获取知识。边界虽然是无形的，看不见摸不着，但在区分人与人、人与群体、群体与群体、群体与组织上实实在在地发挥了很大的作用。信息化浪潮的翻涌，经济全球化的推进，带来了瞬息万变的资源与网络的生存环境。在这种情况下，不可避免地，学习团体之间发生了相互合作和相互渗透，开放式学习成为潮流。虽然边界也存在于开放的组织中，但是影响相对较小。在信息技术的作用下，企业的边界得到了拓展，组织学习的边界也在不断变化。

对企业员工来说，突破知识边界，进行开放学习的另一种极为重要的方式是在线学习。目前，很多网络平台开设很多在线开放课程，可以帮助员工在线学习，比如 MOOC、超星、智慧树等。在早期，cMOOCs 依靠联通主义学习理论，着重于社会化学习，但是所产生的影响很小。到后来，xMOOCs 通过改变设计和运营方式，使用一些颇具颠覆性的手段创新和发展了以往的网络课程，才有了如今广泛使用 MOOC 的局面。虽然个人学习目前仍是 MOOC 用户中的主要学习方式，但在学习过程中也着重提高在线讨论和团队学习的重要性，提高了员工学习的参与感、归属感和互动性。如果设计出来的视频更为简短精练，那么 MOOC 作为学习工具的使用对于员工学习数字化转型来说是优于传统构建的 e-Learning 模型的。毕竟，职场人士大多繁忙，这种学习方式将带给他们更好的体验。对于企业来说，MOOC 除了传递知识和基本原理外，更关键的是让员工在基本的知识储备基础上集中进行线上和线下的问题交流讨论，尤其是线上引导和线下集中。已有事实证明这种线上与线下结合的混合式学习模式是企业进行 MOOC 培训有效的方式。同时，对于"90 后""数字土著员工"而言，借助各种移动 App（如微信等新媒体），获得即时可用、"碎片化"、"微型化"的信息支持是其更为喜爱的学习方式。

"边界学习"指的是基于互联网应对日益增长的非连续性的环境变化，逃离"信息孤岛"和"知识孤岛"，采取各种方式鼓励位于同一"生态链"上的企业相互合作与竞争，利用各类 MOOC，诸如"产业MOOC 联盟""微专业"等，跨越边界去寻求不同的信息知识，并与其他个体、团体或者利益相关者进行交流。这将信息知识共享传播到更大的范围，便于相关企业员工获取相应的知识，促进其思维、观点和方法转变，还可以帮助其组织成员沿着知识链或价值链上下游集中进行学习，同时，还将吸引其他组织成员主动参与讨论本组织的有关问题，展开范围更广的合作学习，提高学习效率。尤其是在向其他优秀企业，甚至是向竞争伙伴和对手进行学习时，更新本企业产品的设计与生产方式，强调知识创新，从而实现团队灵活应变的创新能力与可持续发展能力的培养与提高。边界学习显示了在组织边界之外的"知识共享"，而各企业无偿学习或优先学习的知识多少，也从侧面反映了联盟企业间无偿利用的专利技术或自有领先技术的多少。对于联盟企业而言，能够无偿学习或优先学习的知识越多，相比其他企业获得知识的速度就越快，就越有利于加速提升自身的技术创新能力。

在数字化时代，技术实现了人员与工作流程的联通。各种工作岗位和工作环节之间的边界难以界定，这也就意味着人岗匹配度降低。由于工作职责边界不清，岗位工作内容也就难以准确地预测和设定（甚至有人预测，人岗匹配将成为历史），企业员工的职业生涯通道将向"职业机会池"转变。"职业机会池"的出现对员工而言是一件好事，毕竟，在不同的"职业机会池"中，员工可以根据自己的兴趣来选择职业进行尝试。这种数字化企业中的 e-Organization Learning 模型也不再仅是针对职业种类来开展职业岗位技能学习，而是选择对于员工自身有益的"职业机会"的多种技能同时学习，确保可以不浪费每一个"职业机会"。

3. 利用绩效支持优化技术，推广情境学习

哈佛商学院副院长 Das Narayandas 教授在接受访问时说，当前在线学习的模式是：遇到何种问题；通过这个问题可以学会什么知识；可以如何使用这些知识。这种学习方式区别于传统学习方式的关键在于即时性——即时学习、即时可用，这也是其区别于传统学习方式的关键之处，同时也是 e-Organization Learning 模型主要的学习方式特征。企业组织学习有助于企业解决问题，而企业学习（成人学习）的一个基本特点就是问题解决，问题解决的过程也是学习者达成共识的过程。而对于员工来说，解决问题就是学习的过程，进而提高员工参与企业变革的积极性。

企业员工的组织学习是一种在岗学习，具有明确的目的指向性，是一种在工作现场的"非正式学习"。对于员工而言，学习的目的主要是储备知识以便于其在工作中遇到问题时可以自行解决。这种非正式学习主要包括社会化学习、按需学习和嵌入式学习。而这几种学习方式都紧密连接着员工的工作内容和工作情境，是典型的情境学习。情境学习理论指出，学习不仅是在建构个体性意义的心理，还是一个具有实践性、社会性、以差异资源为中介的参与过程，因此在创设学习情境时就应该致力于回归学习者的身份和角色意识、完整的生活经验以及认知性任务。与之相对应的是新一代"数字土著员工"，他们更愿意通过直接实

践来获取解决问题的方法。

企业中的员工学习就是情境学习的一种典型范例。员工在生产或工作过程中遇到问题时，通过情境学习系统获得与特定情境相关的具体行为指导或行为帮助，包括应该如何操作，使用何种工具、何种方法，以及前人在碰到该问题时进行了什么实践，获得了什么操作经验与技巧等。员工可以根据系统指导一步步操作，解决问题、完成任务。在具体情境进行学习，是数字化企业的优势。通过新一代信息技术集合工作可能出现的各种情境，同时，辅以绩效支持系统，对员工提升工作技能、积累经验等具有极大的帮助。"绩效支持"是指将工作所需的知识和经验、工具与流程等提供给员工和团队，以期更好、更快地达成工作目标、提升工作绩效。现实情况中，大部分企业不懂得如何系统有效地规划与管理绩效技术，这就需要借助企业学习的最新技术，比如情境学习技术。而构建 e-Organization Learning 模型的必然要求就是组织需要开展基于绩效技术支持的情境学习。

4. 利用移动互联等技术促进联结学习

传统的学习模式为"师徒模式"，徒弟的学习、成长与各个老师密切相关。而在去中心的网络化组织环境中，企业员工将和很多人一起交流学习，社群学习模式代替了传统的师徒模式，而知识共享也更为便利。所以，在构建去中心化的企业网络型组织结构体系时，需要多使用社会化的学习方式，为 e-Organization Learning 模型搭建一个最基本的学习空间。社会化学习方式也符合当前主流的学习理论基础——联通主义以及基于联通主义的"联结学习"。通过这种联结学习的环境，企业员工能更好地实现"团队学习"，而非"个人学习"，团队学习效果也将得以展现。这种特定的学习机制、这种"多对一"以及"多对多"的社群影响机制，对传统教学"一对一"或者"一对多"的局限进行了弥补。同时，这也驱动组织管理者对于组织内部的社会网络投入更多的时间与精力，尤其是对于非正式的社会网络的关注。但要注意的是，这并不意味着传统企业中的"师傅带徒弟"模式将失去作用。

移动互联技术改变了人们的社交方式，也最大化地实现了人们之间共享知识，推动"知识的转移吸收"。以典型的移动互联媒体"微信"为例，通过适当设计学习知识内容和员工为了解决问题去获取信息的途径，可以有效促进组织完成学习中分享、协作、冲突和反思等团体信息加工行为，使群体之间的信息得到有效加工，从而持续改进组织的思想和提升群体智慧水平。第一，基于移动互联技术，将输入和输出的范围进行扩展和延伸，以增加知识流动量。第二，基于组织目标这一中心，辅以组织内部或外部的 MOOC 学习平台等在线交流系统、绩效系统，提供如微博、微信群、朋友圈等微内容信息技术，将碎片化信息进行聚类，并使学习者可以在这些平台上公开互访、评论，将其隐性知识最大限度地外化与分享。第三，在联通主义和分布式学习理论支持下，组织内成员之间则可以借助移动社交媒体、MOOC 平台提供学习空间，建立学员大脑和外界信息源的统一关联，以便于员工之间进行深度交流或者协作建构。从这个意义上来说，重新重视起 cMOOCs 的学习价值将成为现实。第四，在企业生产和产品开发的环节里，员工进行反思，提出问题也尤为关键。此举一方面可能无形中内化他人分享出的隐性知识为自己的隐性知识，另一方面也诱使自身隐性知识得到挖掘，进而分享，收敛观点，推进持续优化理论，从而避免陷入潜在的问题与缺陷之中。

共享与信任是 e-Organization Learning 模型中的一个重要部分。它认为要使个人学习的成果扩散到团队直至组织学习层面，必须通过共享这一手段。在多主体参与、多层面互动的同时不断挖掘隐性知识，并将其集聚为共享的显性知识，且在进行交流共享的同时，通过碰撞思维、积极反思以及应用知识等，产生创新知识，并进一步将其集合为新的知识体系，再通过员工组织学习将整个过程中的显性知识、关键知识、思维方式、文化模式转为隐性知识，其经过累积后成为组织的隐性知识。在整个过程中，还将帮助组织成员形成共有的价值观、信念和心智模式，来增强组织凝聚力。在此基础上，又进行新一轮组织学习循环，不断凝练，形成整体的知识创新能力和创造能力，最终构建企业的整体价值体系。这种 e-Organization Learning 模型实现过程，既培养了员工自主分析和解决问题的能力、逻辑推理能力、判断能力、合作交流能力与事后反思能力，持续改进员工的思维，体现了信息技术回归于关注个性价值，又充分体现了自由平等、民主科学的互联网精神，在某种程度上促成了对于整体信息的加工和对群体思维的操作。

5. 利用大数据等技术提升组织记忆和群体思维加工水平

组织学习发生在个人、团队和企业之间，它不是简单地将个体学习行为、方式和能力进行相加，而是将个体、团队和企业之间学习的相互融合。e-Organization Learning 模型强调基于"组织目标"细分的系列"组织学习目标"，设计可持续的学习步骤，循序渐进，进而实现最大化完成组织目标，而非最大化个体或小组的学习成果。它是一种全员学习，包括组织的决策层、管理层、职员层在内，而其中每个成员一定有一致的目标，并且通过分工有序化和协作密切化，形成群体思维操作。e-Organization Learning 模型强调必须融合企业中各层级员工之间的知识管理和组织学习能力，进而实现企业的"知识管理能力"和"组织学习能力"之间的相互转化。e-Organization Learning 模型还强调基于个体学习和团队学习、基于组织的群体信息加工机制，这意味着实现"知识整合"中的协同、整理、综合、融合、集成、系统化等行为，而整合意味着提高知识创新能力。企业员工缜密规划和重新组合其获取的知识与已有的经验、技术等资源，并在战略应用中使用这些知识，这就是知识的整合。在这种方式下，增加知识价值、促进组织发展、实现持续改善将变得更加容易。

大数据和云计算等信息技术还有助于群体思维和信息加工，可以提高 e-Organization Learning 模型的"组织记忆"水平，实现知识共享跨时空发展。组织记忆一般只将与组织核心流程密切相关的"关键知识"记录下来，但是在数字化技术的帮助下，在虚拟网络社区（比如贴吧、论坛、微信群、QQ 群、朋友圈或者 Facebook 等）中大家分享的零碎的信息也可以得到整合与利用，从而聚合成能利用、好利用的数字资源，进而被大面积地集成与共享。然后，在管理技术的帮助下进行积累和再组织，形成组织记忆来长期保存。最后，这种借助于大数据技术和类似维基百科的组织记忆的知识库知识，利用大数据技术的自适应性，形成算法，推送给在不同岗位工作的员工，其可以由机器自动或者员工自主进行编辑、更新与淘汰，这样可以过滤掉那些已经被淘汰的关键知识。

在大数据、云计算等技术的支持下，e-Organization Learning 模型可以更好地进行存储、组织记忆和加工整体信息。借助数据挖掘、学习分析、知识图谱绘制等有关技术，可以完成面向某个领域的岗位的大数据模型的构建。通过利用大数据技术记录各种显式数据和隐式数据，包括客户信息、平台信息、客户行为信息以及知识图谱等，采用人与机器结合的方式对各种信息进行维护和更新，从而促进企业发展。同时，知识图谱可以减少员工进行客户信息收集、总结和归纳的压力，因为知识图谱记录了查询主体的脉络。同时，使用大数据技术，还能挖掘员工在组织学习中存在的规律，发现更多的知识，为组织选择不同领域的人才提供一个更加方便和可信的途径。数据挖掘也可被理解为知识发现。除此之外，借助大数据和云服务等技术，搭建"企业云"也将成为可能。对于跨国、跨区域的连锁公司而言，搭建企业云来实现资源共享不仅可以满足企业对员工数字化培训需求、建设和辐射企业组织记忆、实现统一管理，还可以与其他企业的教育云实现对接，共享学习资源，建立公共教育资源云服务中心，形成"公共云"。如此，不仅可以满足人们跨时空共享组织记忆的需求，还有助于边界学习，并可以成为一个方案来源，帮助解决企业在进行情境学习时遇到的问题。

三 基于 e-Organization Learning 模型推广使用的补充

在 e-Organization Learning 模型中，对于企业员工学习数字化转型，主要是基于企业内部整体考虑的员工能力提升策略，即通过各种方式帮助企业中各层级的员工通过自己的方式适应外部变革的数字化环境，将绩效与其自身能力的发挥相挂钩。而在实际情况中，还有一种广泛使用的策略，名为工作重塑策略，即员工通过"做中学"的方式，在工作任务中改变自己，将工作绩效与工作要求和自身资源的匹配度相挂钩。

在传统的工作设计中，员工处于被动一方，被管理和被挑选，这是一种管理者自上而下的设计。虽然这种传统的管理模式在过去帮助企业在一定程度上提高了效率，但是没有将员工的感受与主动性考虑在内。而工作重塑不同于传统工作设计方式，它所强调的管理过程是自下而上的。虽然管理过程截然相反，但是这不代表着它与传统的工作方式相排斥，相反，它是传统工作方式外的一种补充，目的在于提高员工对于工作的适应性，提升员工工作的幸福感和满足感。

首先，对员工个人来说，工作重塑让员工感悟工作意义、增加工作投入。相较于被动地接受一份工作和工作内容，利用工作重塑，员工可以自主选择喜欢的内容，从而带着极高的兴趣与激情去完成这份工作，实现注意力与精力的100%投入。在积极情绪的帮助下，员工所做出的工作成果必然会更为丰满，从而将明白工作的意义。其次，工作重塑提升了员工的幸福感，提高了员工的工作满意度、人—职匹配度。不同的人往往具有不同的能力，能力强弱也有差别，俗称"天赋"。而不同的工作，对于能力的需求也不同，比如有的人自带亲和力；有的人声音条件出众；有的人记忆力极强，几乎过目不忘等。通过工作重塑，让合适的工作由合适的人去做，提高生产效率，同时也能在这种强调个体独立性的过程中帮助员工提高对于工作的满意度，提升幸福感。甚至，工作重塑让员工实现创造性绩效成为可能。创造性绩效指的是员工在完成本职工作的同时所发现或发明的一项新技术给员工个人和企业所带来的收益。当员工全身心投入本职工作时，加上较高的人—职匹配度的支持，就有很大的可能产生创造性绩效。

对组织整体来说，员工的工作重塑可以降低员工在组织中的离职率，提升归属感。在讨论工作重塑对于个人的积极影响时，其可以帮助员工发现工作意义，增加员工工作投入，提高员工工作满意度、人—职匹配度和幸福感，甚至帮助员工做出创造性绩效。以此为基础，我们不难理解个体的工作重塑在提升员工自身的归属感和降低组织离职率上发挥的巨大作用，个人在情感层面得到满足，组织的归属感也就随之产生。此外，对于组织整体的工作绩效和企业对组织的工作满意度，工作重塑也产生了十分积极的影响。将工作重塑从个体层面引入团队层面，取得的将是更大的收益。传统的自上而下的管理，要将适合的人安排到适合的岗位上，这对管理者提出了较高的要求，但事实上很多管理者是达不到要求的。反之，利用自下而上的管理，即从职位的金字塔底层往上，将使这座金字塔更为牢固，也即对于组织而言，在提高工作绩效上将产生十分积极的影响。

当然，值得一提的是，员工对于工作重塑不能抱着盲目乐观的态度。缺乏理性的思考，工作重塑对于个人的职业生涯，甚至对于组织都可能产生破坏性作用。尤其是当工作重塑的目标与组织的目标不一致时，员工的工作重塑行为可能会破坏组织的规则，给组织带来负面影响。

第四节　员工评价数字化转型

一　数字化转型给员工带来的收益

1. 薪资收益

ICT 通识技能指的是员工掌握计算机技术的能力。对于员工而言，ICT 通识技能可以帮助其获得更好的就业机会和更高的工资。如图 4 - 2 所示，相较于那些只会操作鼠标（水平 1）的工人，ICT 技能达到水平 2、3 的工人的平均工资将高出 27% 或更多，在美国和新加坡这一比例甚至接近 60%，而没有计算机使用经验的工人的工资大多低于平均工资。

在当前各个领域都与数字化技术紧密结合的社会，对于员工个人而言，工作绩效与其掌握的数字化技能确实存在千丝万缕的联系。"码农"的高薪吸引了一批又一批的人进入计算机行业，而"码农"的高薪确实又在某种程度上体现了数字化所带来的薪资差异之大。当员工完成数字化转型之后，其将不再被动地按照教程一步步操作，而能够举一反三，较快适应新的机械设备，同时，理解其中的基本原理，甚至提出创造性意见。由此，在其工作中，将做出更高的绩效。事实上，相较于一个可能更有潜力，但是对于技术还一无所知的人而言，企业更愿意招聘一个可以马上胜任工作，不需要花费额外时间成本、金钱和精力去培养的员工。

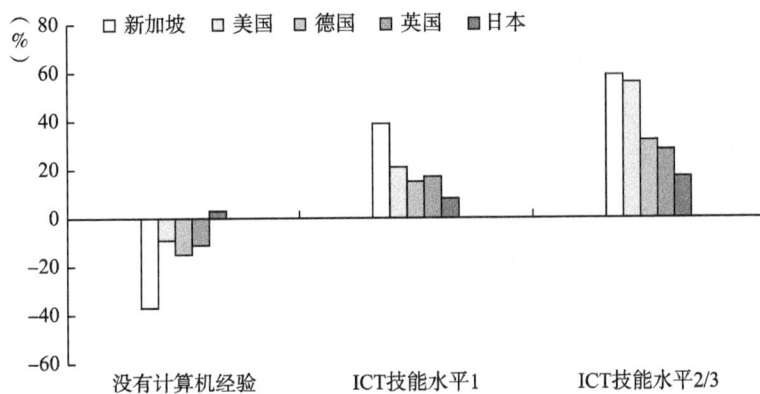

图 4-2　若干 OECD 国家具有不同 ICT 技能水平的工人的薪资差异

2. 能力收益

对于员工而言，实现数字化转型绝不仅仅是简单地让他们得到更高的薪资报酬，更重要的是对于他们能力的培养。要想在日趋激烈的社会人力资源竞争中处于不败之地，不被时代所淘汰，或者说是不在时代发展的洪流中被淹没，实现数字化转型都显得很关键。在对欧洲劳动力的数字技能水平的相关调查中不难发现，约有 28% 的员工不认为自己的水平可以达到工作所需，约有 21% 的高级数字技能职业员工感到个体技能差距带来的威胁。这说明，事实上，很多人已经意识到了数字化转型的迫切性。

不论是小型职场还是大型职场，不论是建筑业、手工业还是其他相关行业，高级农林渔、初级职业的员工，都很容易受到数字技能水平差异的影响。所以，对于实现数字化转型，就员工而言，能力上的提高带来的收益将是无穷的，终身可用。

二　数字化转型给员工带来的挑战

伴随着大数据、物联网、人工智能、区块链等一系列信息技术的飞速发展，商业领域也产生了巨大的变革。因此，不难理解企业进行数字化转型是大势所趋。在企业的人力资源结构上，其关乎员工切身利益，也就是说，企业的 HR 将更多地思考：招聘员工规模如何确定，因为数字化可以帮助企业提高生产效率，那么这是否代表企业应该招聘更少的员工；机器将接手一些重复简单的工作步骤，那么如何保证员工具有能掌握更复杂的工作步骤所需要的能力。

所以，对于员工自身而言，在进行职业生涯的规划与设计时，对于数字化技术的考虑将是重中之重。应该选择何种企业的何种岗位，与之匹配的是应该掌握何种数字化技术，应该如何进行该种数字化技术的学习，应该如何在求职之前对于自己的能力做一个基本的评判等，这些都是其需要去思考、去实践、去解决的问题。

在外部不可逆转的数字化转型的潮流下，员工只能跟着潮流实现个体的数字化转型，如此，方可不被社会所淘汰。以上讨论的情况是求职前员工的数字化转型，是对新员工、在职老员工而言的，实现数字化转型意味着他们要跳出原有职业生涯的舒适区，转而去学习并不那么好学的新知识。其中，如何确保自身的学习效率，如何学有所成，如何让企业看到其"投资"发挥的功效，对原先具有安逸工作的员工而言，也不失为较大的挑战。

三　数字化转型给员工带来的发展

每个挑战的到来都伴随着一定的机遇。数字化转型给员工带来的不仅有挑战，还有发展。如果员工能牢牢把握住数字化挑战中的机遇，那么这对员工来说也是一种发展。

在数字化转型完成后，既具备专业知识和经验，又拥有数字化经验的复合型人才成为主要的人才。首先，数字化转型使员工不得不掌握与之相对应的技能，对于员工的本身实力有一定的发展，能够在一定程度上提高员工的职业素养。其次，在组织内部，企业也将组织员工学习这一方面的知识，以使员工能够适应企业数字化转型这一过程。例如，在全球拥有近 14 万名员工的法国老牌工业巨头施耐德电气的经验是，在人才结构性短缺，尤其是复合型数字化人才成为稀缺资源的大背景下，采取"内外兼修"策略——在外部，引进数字化人才、提高年轻员工比例；在内部，为老员工搭建数字化学习平台，提升其数字化能力。同时，员工在企业数字化转型的过程中也能得到工作条件上的一定改善。企业的数字化转型想要完成，就必须引进质量更好的设备，使员工的工作效率得以提高，在外部条件得到一定的改善后，员工的热情和积极性也会有一定的提高，而且还能增加其专业领域的知识。再者，企业数字化转型后，员工的工作效率较转型前会有很大程度的提高，员工之间的交流和学习也将更加方便，事半功倍。这也是数字化转型带来的结果。

数字化的企业更多为服务型企业，需要员工身体力行的时候并不多，甚至对于某些工作，员工在家就能完成，无须到工作地点。企业数字化势在必行的同时，也在逼迫人力资本本身发生改变，员工的工作不再过多依赖现实办公场景、人本管理模式以及刻板的员工关怀方案。

如今，企业的数字化转型势在必行，年轻一辈的人才需要学习相应的技术手段以进入心仪的企业，已经在企业中的员工也不得不了解和掌握对应的技术来保证自己不被淘汰，这对于每一个即将进入企业或正在企业工作的人而言都是对自我的一种提升，同时，在数字化转型中，员工自身的专业素养和专业手段也得到了提升和丰富。

第五章　企业内部数字化

第一节　产品数字化

信息技术的飞速发展使人类的生产和生活方式发生了翻天覆地的变化。随着数字化的不断发展，现代产品更新换代的速度也不断加快，手机就是最好的例子，年初出了一款新产品，到年末就会出现好几款比这款性能更好的手机。同时消费者对产品质量的要求也越来越高，他们不仅追求产品的功能和美学，而且倾向于追求可以代表个人品位和针对地位设计的个性化产品。可以在产品设计过程中利用数字技术，在产品生产过程的每个环节普及和深化计算机辅助技术以提高产品设计的效率和水平。

一　产品数字化概述

1. 产品数字化趋势

科技的发展促进了产品的设计和开发，国内外竞争日益激烈。与传统的设计方法相比，数字化不仅为产品设计提供了新的技术空间和设计实现方式，而且对产品的美学形式产生重大影响。在新技术环境下，随着非物质因素在设计中的比重越来越大，设计人员应考虑如何使产品更深刻、更能引起用户的共鸣。基于精神文化的内涵和美学特征，一种崭新的产品语言应运而生。

随着产品复杂性的提高和企业之间日益激烈的竞争，产品的技术含量不断提高，产品的生命周期日益缩短。在这种情况下，传统的产品设计方法很难满足企业生存和发展的需求，在计算机上完成产品开发，通过对产品模型的分析，改变产品设计时数字虚拟测试和制造情况下的产品状态。所以改进设计或完善数字产品开发技术变得越来越重要，数字产品技术呈现如表5-1所示的趋势。

表 5-1　数字产品技术趋势

技术	具体内容
数字化	数字建模是现代产品设计方法的关键技术之一，它包括全球产品信息定义、产品数字工具和产品数据管理
并行化	在计算机硬件和软件支持的信息共享的基础上，使用团队模型，可以在不同的地方设计现代会计方法和手段
智能化	现代设计方法和技术呈现智能化的趋势，它具有以下特点：不需要设计开发人员知道较低层次的设计和开发的所有细节，而是通过计算机智能设计，最终生产出所需的产品
集成化	现代设计系统不再是单个产品生产系统，而是支持产品生命周期的全过程的现代设计集成系统

由于产品开发出现创新趋势，计算机技术、设计手段的发展发生了根本性的变化。新设计理论、新方法、新技术不断崭露头角。现代产品设计方法中提到的新兴理论和新方法主要包括并行设计、虚拟设计、健壮设计、绿色设计、主导设计、模糊设计、创新设计、数字设计和协同设计。

2. 产品数字化技术简述

产品数字化技术是一种综合了各种产品设计技术、图形显示技术、现代控制技术、互联网技术、云计算、人工智能、数据库技术、逆向工程、CNC 加工技术等的高新技术。

设计人员在产品设计过程中，将各种复杂的信息、数据转换成可测量的数字，可以借助这些数字建立适当的数字模型。在产品设计的整个过程使用数字模型，而不仅仅使用计算机辅助图，从而有效地创建、修改、分析和优化产品设计技术，在产品设计中凸显其重要作用。

产品数字设计作为信息时代的核心技术，比传统手工设计具有更多优势。例如，传统技术的模型要一遍遍构建，既浪费材料，也浪费重做的时间。而数字技术设计只需在计算机中完成，方便、快捷、容易进行后期调整。所以数字技术在产品设计中的应用已经逐步取代传统设计操作方法，从而形成自己的特点（见表5-2）。

表5-2　数字技术应用特点

序号	特点
1	信息处理中具有实时处理、实时分析的现实效果
2	数字化的处理使产品设计更规范化、可视化、易修改
3	数字技术激发了技术人员的创作灵感并且增加了创作空间，使创作不再局限在一个小空间里
4	数字化技术对模型进行修改时不用再重新制作模型，只需用计算机在原来的虚拟模型上修改即可
5	计算机中收集了很多其他设计模型或是之前不完整的模型，以及模型设计中所需要的图形和线条，这些使设计师在设计中可以更轻松、便捷
6	传统的产品设计，在一个模型要做大型修改时，就要重新做一个新模型，设计师再重新建模浪费了大量的时间，从而减少了对产品美学的研究，而数字化技术省去了这部分时间
7	运用数字化技术，在产品设计完成后可以进一步对产品进行模拟性能检测，从而使产品更加完美

二　产品数字化变革面临的挑战

随着网络技术的快速发展，传统的产品创新模式逐渐被基于数字化技术的产品创新模式取代。这个变革过程主要面临三个方面的挑战（见表5-3）。

表5-3　产品数字化变革面临的挑战

	挑战
1	怎样成功从现有的企业体制中跳出来，实现从点到面地发展，使企业站在供应链、网络市场的全局化角度去看待问题，制定企业的产品创新研究战略，使企业对产品进行的创新更加贴近市场，更加满足消费者需求
2	怎样将互联网、物联网、大数据、智能制造、增材制造等新技术与现有技术融合在一起，构建一套数字化标准体系和以商业模式为基础的产品技术创新体系，从而实现工艺、设备、方法、战略的深度创新

	挑　战
3	怎样建立基于数字化的创新系统，包括为研发提供新知识，提高研发人员的能力，开发新产品市场，进行组织创新、网络系统建设、机构创新等
总结	目前，许多国内外企业在产品研发中面临的主要问题集中在产品数据管理上。尽管企业PDM系统已经应用了很长时间，但是一些基本的问题尚未被真正解决：在研发设计领域如何实现模块化和系列化的产品设计，如何根据选择、生产、制造、执行的顺序在生产和制造领域实现相关目标

三　产品数字化技术在产品设计中的应用和分析

在产品的外观设计过程中，设计师通常依靠 2D 设计软件或 3D 设计软件来表达自己的想法，并以 2D 或 3D 虚拟现实状态在客户或消费者面前展示产品（见表 5 - 4）。

表 5 - 4　数字化设计应用

应　用	具体内容
数字化技术在产品建模阶段的应用	在产品设计初期进行产品调研时，可以借助一些数字化技术，比如Eviews、R软件、Matlab等一些统计建模软件对资料进行整理、归类和分析。在后期的研究建模中可以根据之前软件分析的数据有规划地建立产品模型
数字化设计在模型设计阶段的应用	在模型设计阶段，可以通过手绘板、PS等2D软件进行思维创意展示。以图片形式导入3D设计软件可以作为外观建模的参考，从而节省了建模软件中曲线重构的时间，缩短了设计周期
数字化设计在外观造型设计阶段的应用	产品设计中常用的建模软件是Rhino，它建模灵活、渲染功能强大，可以构建复杂的表面模型并渲染真实的产品。将平面软件中的文件以图像格式发送到Rhino中，并提取图像中的轮廓线作为建模的基础。确定产品造型设计的外观，并根据客户的需求和使用环境来构建模型，从而使产品的颜色、质地等在客户或消费者面前以模拟状态显示
数字化设计在结构设计阶段的应用	借助数字化技术，可以将造型设计的模型生成的数据导入结构设计软件中，实现外观造型设计与结构设计之间的衔接
数字化设计在模具开发阶段的应用	在Rhino中生成的模型以相应格式文件导出，再导入快速成型机或者3D打印机中，则可以实现产品的制作

续表

应　　用	具体内容
数字化设计在产品设计中的作用分析	数字化设计技术涉及产品设计开发的整个过程，除了能辅助产品的外观设计外，也能够考虑到制造、管理等环节，有助于在提高企业的产品开发能力、缩短新产品的开发周期、提高产品质量同时降低开发成本，将设计的效率最大化，为设计师提供一个更完善的工作平台

数字技术在产品设计中的应用减少了物理模型的生成时间，避免了原型在"生产、测试、修改"过程大量重复的物质和财务资源的消耗，以及产品开发周期的延长。数字设计可以用于数字模型的仿真分析和测试中，并且可以消除一些产品设计上的瑕疵。

数字技术为产品提供设计环境，无论是在时间、空间上还是在文化上，都为设计师提供了一个新概念，使设计师能够为新产品赋予不同时期、地区或文化的概念。数字技术不仅提供新的技术空间，而且促进设计方法、产品建模结构和功能改变。它还为产品设计开辟新思路，提出一个新的挑战，这使设计师从传统的注重产品功能转移到注重消费者的生活和文化需求上，并促使产品设计从物质层面提升到精神层面。

科技的发展促进产品设计和开发的国内外竞争日益激烈。与传统的设计方法相比，数字化不仅为产品设计提供了新的技术空间和设计实现方式，而且对产品的美学形式产生重大影响。在新技术环境下，随着非物质因素在设计中所占比重越来越大，设计人员应考虑如何使产品更深刻，更能引起用户共鸣。一种全新的产品设计理念应运而生。

第二节　生产数字化

一　生产数字化概述

生产数字化是将数字技术运用到产品生产线上，形成一套集生产、监控、管理、评估于一体的数字化生产线，进而形成一个数字化生产网络。数字化生产的目的就是提高产品生产效率，优化生产模式，其主要特点如表 5 - 5 所示。

表 5 - 5　生产数字化特点

特点	具体内容
分布性	现在的生产规模已经不再局限于一条流水线上、一个车间里面，是跨部门、跨地域的。这就决定了数字化生产网络是一个广泛分布的系统，且各网络节点具有较强的独立性，并支持节点之间的协同生产
动态性	生产是动态化的，所以产品的信息在数字化生产网络中也是不断变化的。因此，这也就决定了数字化生产网络的信息是动态变化的
集成性	在网络化制造环境中，产品制造通常是跨部门、跨企业的，并且各个生产车间的功能是不同的，因此需要系统地将其集成在一起，例如共享信息源、硬件应用程序平台、操作系统和应用程序软件大多是不同的，需要系统集成各种应用程序资源
协调性	由于数字化生产的分布和集成的特性，需要多个企业部门之间协作，以实现资源最佳配置，因此，数字化生产的信息整合与协作尤为重要

二　生产数字化的发展趋势

物联网是网络物理系统的促进因素，例如，Industrie 4.0（德国）和智能制造（美国）活动的核心。这意味着基本上任何设备都可以连接到互联网，允许在工厂之间进行双向通信。这使新的数据可在各个业务中使用，并支持更多的数据具有分散决策的横向应用。

数字云使软件应用程序不必实际安装在工厂中，而可以通过内部或 Internet 连接安装在任何地方。这样可以使用更强大的计算机资源并简化远程管理程序。它还使人们无须购买硬件即可购买解决方案即服务，从而降低投资风险。

大数据技术旨在分析大量非结构化数据。这使有关生产的新知识可以及早发现问题或创建更准确的数据驱动模型。例如，操作中的调度功能可以更加了解底层和周围的流程，或者可以自动调整控制策略。

智能电网和可再生能源。智能电网即电网的数字化。这些与能源相关的主题使运营决策能够适应不断变化的能源供应和价格。此外,以前仅在控制级别考虑的新能源相关任务可能成为生产计划的一部分。挑战之一是制定有效的 DEMA 第三方管理解决方案,以探索从流程控制到短期计划的各个级别的机会,并为公司提供采用这些机会的正确动机。移动性工具、无人值守的站点和远程操作都有助于数字过程的操作和控制。主要思想是提高运营安全性、降低成本并能够随时随地与流程进行交互。

随着现代制造业的不断发展,制造业企业部门之间的协调与合作尤为重要,单一技术优势并不能确保企业仅通过人员、组织和技术的良好结合,并通过计算机网络来赢得竞争。将它们整合在一起,可以充分发挥最佳的综合效率,数字制造作为利用信息技术改善传统制造业的有效手段,已成为缩短产品开发周期和降低生产成本的关键技术。作为制造业的数字化平台,数字化生产车间可以用数字化的方式表达和处理复杂生产系统中的各种制造信息,并实现批量生产与制造信息的交互、共享和多部门协作、建设集成平台。

真实的制造环境、数字化制造系统的最佳组织和运行模式必须基于以人为本的理念、人员和由各个车间的人员组成的组织结构,并将其作为数字化生产网络的重要组成部分,强调相互之间的协调。人与机器、人类智能与机器智能在完全集成的基础上,使人们参与生产、处理、传输数字信息过程系统化,并成为数字信息车间闭环的重要组成部分。在这种情况下,迫切需要研究一种适用于车间数字制造的新模型及可行的计划。

三 生产数字化网络的管理需求

在网络化的生产环境中,数字化生产网络的集成管理不同于一般的生产车间,并且在各个方面提出新的要求。在网络化生产环境下,数字化生产网络是一个灵活的集成制造系统,以 CAD/CAPP/CAM 集成为核心,管理和控制产品加工精度和可靠性。功能实现工程设计、车间生产管理、单元控制、DNC 远程控制。数字化生产网络的综合管理，必须确保在网络和数据库的支持下各部门数据实现共享和互通，并完成产品设计、过程设计、零件加工、资源分配和管理等全过程的协调控制。因此，数字生产网络管理系统应满足如表 5 - 6 所示的要求。

表 5 - 6　生产数字化网络管理系统要求

要求	具体内容
开放性	随着新技术的发展，系统应具有可扩展性和可定制性，易于增强和更新系统功能，系统配置应具有良好的通用性、兼容性、可移植性和互操作性
先进性	尽可能采用先进的配置和技术，注意各个技术之间的协调，注重整个系统的先进合理，并强调系统的整体优势
灵活性	该系统支持多个操作系统和 ADAPTS，以提高数据的准确性，增加处理中心数量和完成任务
安全性	为了保证系统的安全性和机密性，需要管理系统用户的权限，并且以不同的身份登录系统具有不同的操作权限，以实现对系统数据的访问控制
实用性	从企业的实际情况和产品的设计生产任务来触发规划设计的需要，针对性强，真正解决了生产车间的瓶颈问题
可靠性	确保系统稳定可靠地连续运行，可以长时间保持低故障率。万一发生故障，应采取有效的紧急措施，并迅速恢复操作
渐进性	从方案设计开始，就要在实施中考虑系统技术逐步发展的情况，以实现新旧系统之间的平稳过渡，系统的完善不会造成生产效率的下降和生产过程停顿。要实现从地方到综合、从单位到系统的有序推进，有效达到整合的目的
时间特性	系统对用户操作的响应和处理、数据传输是瞬时的，但是某些工作需要操作员及时进行，以便可以及时更新系统以确保数据一致性并提高系统效率

四　生产数字化网络系统模块

1. 生产管理系统

车间生产管理系统在整个制造系统中处于中间管理层次，处于车间单元控制器的上层，与产品设计平台和制造集成分系统 FIS 之间均有集成/接口关系。按照 PMS 的目标和 PMS 所处的层次，完整的 PMS 生产管理流程如图 5 - 1 所示。

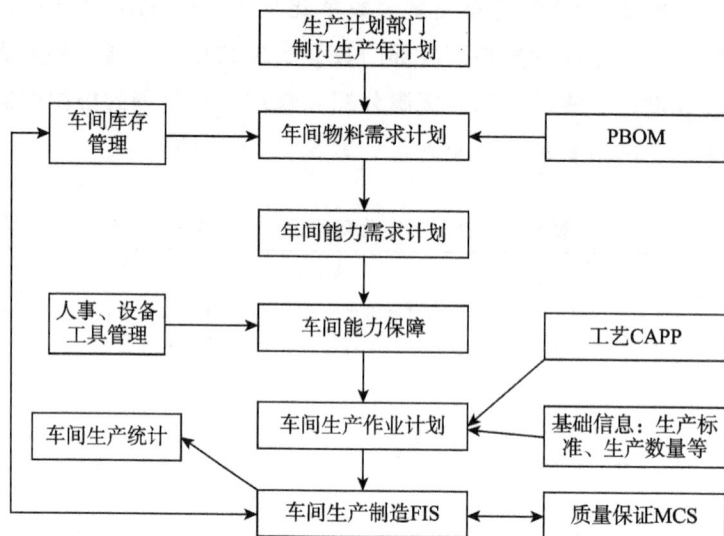

图 5-1 PMS 生产管理流程

2. 虚拟制造系统

基于互联网的虚拟制造系统是一种可以实现跨平台数据交互的虚拟制造系统。该系统由网络技术支持，并以虚拟制造技术为中心，由五个部分组成：PDM 数据访问模块、业务逻辑控制模块、实用程序类模块、用户界面模块和数控加工仿真模块。每个部分的主要功能见表 5-8。

表 5-7　虚拟制造系统简介

模块	具体内容
PDM 数据访问模块	主要用于获取零件信息和加工过程信息；设计管理以 PDM 为核心，形成产品开发平台，全面提高企业的设计和开发能力，建立企业的运营管理中心，形成以 ERP 为核心的管理平台。同时，将 ERP 和 PDM 紧密集成，实现产品设计与管理的集成
业务逻辑控制模块	定义系统的数据结构，包括零件、机床、固定装置和其他实体，并为下级用户界面提供接口
实用程序类模块	为其余模块提供常用方法及相关数据
用户界面模块	主要用于通过调用加工模拟模块来响应用户操作、过程输入和输出逻辑以及完成系统功能
数控加工仿真模块	加工仿真系统可以独立运行，并根据用户需求提供加工信息以实现数控加工仿真

五 生产数字化转型对国际经济格局的影响

生产方式的数字化转型将对全球创新、产业分工、价值链、贸易和投资产生全面而深刻的影响，这可能会改变国际经济格局中的力量平衡。

1. 创新实力快速增强

随着互联网的市场价值成为应用新技术的关键因素，数据和知识成为新的竞争力来源。在人口基数更大、交易数据更丰富的国家中，数字经济更容易发展。预计在未来的 10~15 年中，中美两国将凭借良好的网络市场基础、大规模的数据潜力和更具包容性的创新环境，引领数字经济发展。同时，数字技术革命带来的知识溢出和技术的快速迭代效应，为新兴经济体参与新一轮竞争提供了新的机遇，它们的创新实力有可能迅速增强。

2. 新兴制造业向资本、人才和技术密集的国家和地区集聚

制造业的数字化和智能化使生产过程更加趋向技术密集和资本密集。在产业分工的新趋势下，劳动密集型产业的发展空间和就业机会将大大缩小和减少，通过削减传统上劳动密集型企业在全球价值链中的联系点，发展模式将受到严峻挑战。发展中国家低成本优势将被削弱，基于人才和技术的创新优势将更加重要。未来的制造业将更有可能集中在人才、技术和资本密集的国家和地区。

3. 投资加速向知识、技术密集程度高的地区流动

在数字经济时代，依靠数字基础设施（例如互联网平台、电子商务和数字内容提供商）进行生产活动的"数字跨国公司"的数量将迅速增加。全球跨境投资的重点和目标将发生变化，从而加速知识和技术向密集程度高的国家和地区流动。

首先，跨国公司的投资重点更倾向于获取数据。对人才和技术等智力资源和数据等无形资产的投资将迅速增加。数字跨国公司寻求发展中

国家的市场和资源，以及发达国家或成熟公司的知识。

其次，传统利用廉价劳动力生产的方式将由机器人的投资生产取代，依靠廉价劳动力吸引投资的国家将面临更大的压力。数字化、智能化投资领域在高素质的劳动力国家和地区面临更多的机会。

4. 数字产业和网络发达的国家在国际贸易中拥有重要份额

除了降低贸易成本和减少进入壁垒，促进国际贸易规模的不断扩大外，信息通信技术还将促进国际贸易发生以下变化。

首先，服务和数字商品贸易规模正在扩大。国际贸易中的商品将从实物商品转变为数字商品和虚拟商品。数字技术的飞速发展极大地提高了服务的可交易性，并促进服务快速创新发展。由实物商品主导的全球贸易趋势正在逐渐变化，与数字经济有关的服务贸易迅速发展，数字商品越来越多。预计在未来的 10～15 年中，国际贸易将同时出现实物贸易和数字贸易，数字工业发达的国家将在全球贸易中占据重要位置。

其次，国际贸易格局也将由数字化的跨国企业主导，从大宗贸易格局向多元化、平台化模式发展。随着数字经济发展，跨境电子商务等新的商业模式应运而生。一些中小型和微型企业甚至个人都通过电子商务平台参与国际贸易。平台经济在国际贸易中扮演着越来越重要的角色，贸易方式的变化为联网国家参与国际贸易提供了机会。

5. 网络平台成为国家新的关键竞争载体

数字技术的应用和双边市场的规模效应将促进平台企业快速发展，网络平台也将成为国家竞争力的重要体现。2007～2017 年，按市值计算，我国互联网技术公司在全球十大公司中增加到 7 家。根据这一趋势，预计基于数字技术的平台将成为未来经济和社会发展的主导者，能够培育大型数字企业的国家将在未来的发展中占据优势。

总体而言，数字化转型塑造了更加开放和集成的全球生产系统，并为生产转型提供了大好的前景。在新技术革命的推动下，未来 10～15 年的行业将更趋知识密集、技术密集以及对数据依赖。具有知识和技术优势的国家更有可能从中受益，而依赖低劳动力成本和低附加值生产的经济体的后期优势可能会减少。在全球化背景下，发展中国家承接发达国家产业转移的趋势可能面临更多的变数，它们日后追赶的难度可能会更高。

第三节　部门数字化

一　企业部门数字化概述

1. 部门数字化管理系统

数字化管理系统规划（DMSP）是企业信息化建设的纲领和向导，是数字化管理系统设计和实施的前提和依据。数字化管理系统规划以整个企业的发展战略、发展目标、各部门的目标与功能为基础，结合行业信息化方面的实践和对信息技术发展趋势的掌握，制定企业信息化发展远景、目标及战略，从而达到全面系统地指导企业信息化进程和协调地进行信息技术应用的目标，充分有效地利用企业的信息资源，全面满足企业业务发展的需要，满足企业的战略需求。数字化管理系统规划以完成和实现企业愿景和战略目标为最终目标。

企业的数字化管理系统规划从组织的宗旨、目标和战略出发，对企业内外信息资源进行统一规划、管理与应用，最终为企业获取竞争优势，促进企业发展。

数字化管理系统规划是企业信息化的重要环节，工作范畴从以往简单的信息系统规划（ISP）发展到包含融合企业战略、管理规划、业务流程优化再造等内容的"管理＋技术"的规划活动，规划不仅涉及信息系统规划，同时也与企业战略规划、管理业务流程、信息战略、技术基础设施紧密联系。

2. 部门数字化信息系统模块数据词典

部门数字化信息系统模块数据词典如表 5-8 所示。

表 5-8　部门数字化信息系统模块数据词典

模块	具体含义
企业资源计划 （Enterprise Resource Planning，ERP）	ERP 作为企业管理工具，是一个新型的管理模式又是一套先进的计算机管理系统。它利用信息科学的最新成果，根据市场需求对制造企业内部的资源进行全面规划、统筹安排和严格控制，以保证人、财、物、信息等各类资源得到充分、合理的应用，从而达到提高生产效率、降低成本、增强企业竞争力的目的
管理信息系统 （Management Information Systems，MIS）	管理信息系统是一个集成的人机系统，它利用计算机的软件、硬件技术和各种分析、计划、控制和决策模型，为企业和组织内的管理人员提供各种信息和结构化决策支持，为企业更好的运行、管理和决策提供帮助
办公自动化系统 （Office Automation，OA）	办公自动化系统是一个多功能的、集成的基于计算机的系统，它使许多办公室的工作以电子方式完成
决策支持系统 （Decision Support Systems，DSS）	决策支持系统是一个交互式的计算机处理系统，它利用数据库、模型库、知识库以及很好的人机会话部件和图形部件，帮助决策者解决半结构化或非结构化的决策问题。决策支持系统的决策支持有如下特征：①帮助人们解决半结构或非结构化的决策问题；②支持而不是代替人们的判断力；③目的主要是提高决策的质量，而不是提高它的效率
计算机辅助设计 （Computer Aided Design，CAD）	主要是指计算机辅助产品设计工作，包括产品结构的设计、定型产品的变形设计及模块化机构的产品设计
计算机辅助工艺过程 （Computer Aided Process Planning，CAPP）	指计算机辅助工艺过程设计，它借助计算机完成从产品设计转换、按设计要求将原材料加工成产品所需要的一系列加工动作和对需求资源的描述。这一系列动作包括零件的冷热加工、加工设计选择、毛坯及工时的确定、产品的装配工艺设计等
计算机辅助制造 （Computer Aided Manufacturing，CAM）	根据 CAD 系统和 CAPP 系统的输出信息参数，用计算机辅助制造自动进行刀具路径的规划、刀位文件的生成、刀具轨迹信息和数控机床代码的生成等
制造自动化系统 （Manufacturing Automation System，MAS）	制造自动化系统可以由数控机床、加工中心、清洗机、测量机、运输小车、立体仓库、分级分布式控制计算机等设备及相应支持软件组成。它在计算机的控制和调度下，按照 NC 代码将一个毛坯加工成合格的零件并装配成部件乃至产品，完成设计及管理中指定的任务，并将制造现场的不同信息实时或经过初步处理后反馈到相应部门。该系统涉及加工制造的各个环节以及系统和设计的信息管理和物流管理

3. 部门数字化 DMS 架构

部门数字化管理系统架构见图 5-2。企业各部门使用的数字化管理系统见表 5-9。部门的信息系统模块结构，不仅为在下一步信息系统技术实施中为该部门配置相关的系统软件提供依据，而且能够采集和处理在数字化管理系统中与业务相关的信息。

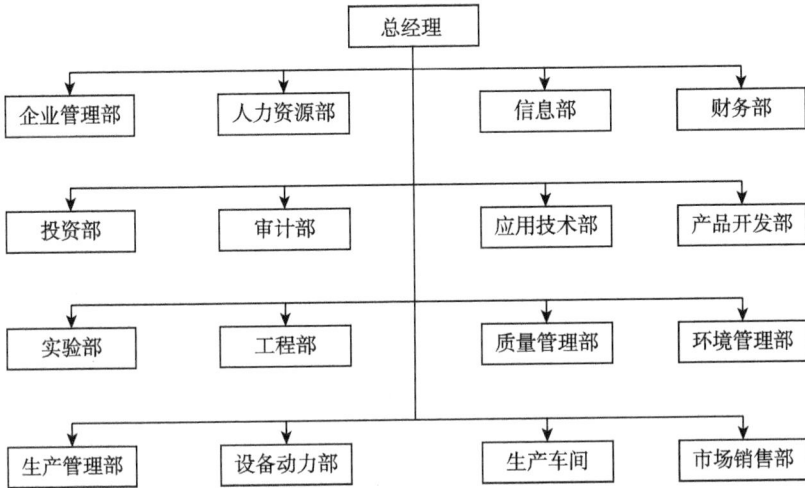

图 5-2　部门数字化管理系统架构

表 5-9　企业各部门使用的数字化管理系统

部门	企业管理部	人力资源部	信息部	财务部	投资部	审计部	应用技术部	产品开发部
管理系统	ERP MIS EIS DSS OA	ERP MIS EIS DSS OA	ERP MIS EIS DSS OA	ERP MIS EIS DSS OA	ERP MIS EIS DSS OA	ERP MIS	ERP PDM CAD CAE CAPP CNC CAM FMS MCS MES QAS	ERP PDM CAD CAE CAPP CNC CAM FMS MCES MES QAS
部门	实验部	工程部	质量管理部	环境管理部	生产管理部	设备动力部	生产车间	市场销售部
管理系统	ERP PDM CAD CAE CAPP CNC CAM FMS MCS MES QAS	ERP PDM CAD CAE CAPP CNC CAM FMS MCS MES QAS	ERP PDM CAD CAE CAPP CNC CAM FMS MCS MES QAS	MIS OA	ERP CAS PDM	ERP PDM CAD CAE CAPP CNC CAM FMS MCS MES QAS	ERP PDM CAD CAE CAPP CNC CAM FMS MCS MES QAS	ERP SCM MIS CRM EIS DSS PDM MC

二 部门数字化实例——电子商务企业物流部门数字化

1. 电子商务企业物流部门数字化的基本内涵

广义的电子商务是指企业利用互联网等计算机技术设备实现交易电子化和信息共享，从而使贸易双方能够更加方便、顺利地开展商务贸易活动，以提升企业交易、商品流通等各个环节的工作效率。从电子商务的基本特征来看，它与传统商业有着明显的差异。首先是交易模式的差异，传统的商务活动需要大量的人力、财力和物力进行商品的采办、登记、运输、核算，时间长，流通慢，一些时效性强的商品甚至无法进行长途运输。

电子商务则刚好相反，首先，通过数字化，我们可以及时在线上进行商品的浏览，以电子程序代替人工，能够降低商品成本，增加商品利润。其次，交易具有公开性，在以前的商务活动中，交易双方直接接触，渠道相对较少，但是电子商务可以进行商品信息公开，受众更多，甚至很多企业能够实现跨行业、跨区域的信息共享，能够实现社会资源的优化重组，转变社会经济结构布局。最后，电子商务模式节约了中间费用，传统商业活动一般会经过中间商、第三方介入，复杂的环节会使消费者产生额外的费用，电子商务通过线上平台直接面对消费者，以全新的社会经济运行方式减少了中间环节。

2. 电子商务企业物流部门数字化建设面临的问题

（1）业务流程的局限性

首先，在电子商务格局下，企业需要面对消费者日益增长背景下产生的外部环境压力，要积极探索市场形势的变化和新的交易渠道的产生情况。在科技发展速度越来越快的背景下，产品的生命周期和实效性越来越短和低，在市场中占据较强的优势，就一定要实现物流信息的快速对接。但是目前很多企业物流部门依然存在因低效流程而造成的信息滞后、断层，导致贸易双方不能进行及时有效的沟通，限制了双方良好关系的建立。其次，因为业务能力低，交流渠道少，物流数字化建设以公司内部网络为主，无法实现跨行业、跨公司的合作，会受到产品整合和企业联盟等众多压力。

（2）信息系统的局限性

信息系统不统一是造成企业物流数字化建设发展缓慢的主要问题之一。不同的企业根据自己的内部环境和服务需求，建立了以内部网络为主的信息管理系统，缺乏对公共平台的建设，使贸易双方不能实现信息的及时传播。同时，全球化竞争越发激烈，引发来自利益相关人员的主观压力；在环境问题和风险管控要求下，制造商、经销商和物流中心之间的物流信息与计划不能实现实时更新，造成物流供应链薄弱。信息系统的局限性使企业和相关部门成为信息孤岛，不能全面参与物流环节中的信息共享和数据交换，严重影响企业物流部门信息化的建设、发展。

3. 电子商务企业物流部门数字化建设的意义

物流信息化的搭建是现代企业建设的重要内容，作为国民经济发展的主要组成部分，物流活动贯穿企业生产、运输、采购、分配等各个环节。目前，我国企业物流部门数字化建设水平较低，管理体制分裂，统一规划缺失，尚且没有形成"大物流"体系，因此造成资源浪费。同时，庞大的市场容量也不可避免地带来了市场需求的易变性和多样性，加速了市场竞争趋势，让一些疏于管理的企业力不从心。面对"走出去"与"引进来"的开放性交易环境，促进企业物流部门的数字化建设势在必行。在电子商务环境下，加强企业物流部门数字化建设，是引导企业物流系统开放、体制创新、管理改革的首要条件，是增强企业市场竞争力的主要途径。

4. 电子商务企业物流部门数字化建设的对策

（1）统一标准，实现电子商务模式下的信息接轨

物流数字化系统的统一决定了企业信息来源和交易渠道范围的广泛。企业要寻求发展，必须依托大数据市场环境，建立有效的公共平台，实现商务信息和物流信息的在线交流、数据交换和业务共享。这需要发挥政府部门的宏观调节作用，以国际化的标准引导企业开展物流系统数字化建设工作，实现电子商务和物流数字化接轨，将相关标准要求

落到实处，指导企业物流部门进行数字化建设。

（2）加快企业基础物流数字化环境建设

使企业物流数字化建设与市场发展现状相适应，需要政府部门牵头，建立完善的促进电子商务物流数字化发展的相关法规政策，改善现有的信息管理体制，打破企业之间、行业之间的信息交流壁垒，消除地方封锁、行业垄断等问题，加强企业之间的协同沟通。以整体布局、全面统筹的方式实现产业资源的优化配置，为企业电子商务活动的开展提供更为广阔的平台和渠道。

（3）实施人才培养和人力资源开发战略

现代企业物流部门数字化工作已经脱离传统物流范畴，虽然节省了大量的人力、物力，却也对开展物流数字化工作的人才提出了更高的要求。企业物流数字化不仅包括计算机技术的应用和电子商务的相关信息，还需要工作人员掌握物流管理的现代化和业务活动的智能化、信息化、数字化管理方法。所以，企业一定要具有前瞻性，要积极进行专业人才的选拔和培养，提升从业人员的综合素质。

第四节　管理数字化

一　商业数字化管理概述

1. 数字化管理的概念

企业组织数字化管理是指通过计算机、通信和网络技术及统计手段，对研究开发、规划、组织、生产、协调、销售、服务和创新进行管理。监管经理需要分析日常库存数据、财务数据、销售网络、产品生产过程、质量数据、售后数据。其他问题如企业库存是否完善，财务是否完善，销售网络是否正常，生产过程是否顺畅，售后网络是否完善。企业必须重视对数据的管理，根据相关数据，做出正确的判断决策。

2. 数字化管理的理念

以人为本。注重实施数字化监理模式，在管理过程中，坚持以人为本的原则。数字化管理的主体是人。不能因为数字化而忘记以人为本的原则。数据的真实性对于收集信息企业的决策和分析具有重要意义，同时数据的真实性取决于人们的道德行为和商业原则。当人类的道德行为不能自觉地成为现实数据的道德保证时，我们不能忽视将数据置于信任和依赖中的道德保证。一个重要的方面是如何在适当的概率范围内验证数据的有效性。在数字化监管模式实施过程中，对企业进行数字化管理分析。现在数字化的管理不是为了完成数据采集的任务，数字化的管理需要进一步进行数字化分析，从而纠正我们在企业建设中"思路不清、大局不好"的不良绩效理念。同时，为企业的科学规划、合理建设、民主管理和防灾等提供合理、有价值和具有可操作性的咨询和指导。

数字化管理过程中，必须注重以人为本，了解人，尊重人，激发人的积极性和创造性，挖掘人的潜能，充分发挥人的才能，以达到最佳绩效。注重情感管理，塑造良好的人际关系；注重民主管理，增强企业职工的参与意识；注重独立管理，最大限度地调动人的主动性和积极性；注重进行人才管理，充分利用人力资源；增加人力资本，提高企业职工素质；注重进行文化管理，建设企业文化、培育企业精神等。

3. 企业数字化管理的意义

随着产品生命周期管理（PLM）和 ERP 系统的日益普及，企业的研发能力和成本控制能力不断提高。面对激烈的市场竞争和整体制造水平的提高，一些行业领导者越来越意识到产品和服务的质量已经成为下一轮竞争的焦点。

传统的质量监督管理方法存在质量信息采集与管理不规范、质量问题难以追溯、质量过程控制不到位、质量决策与分析信息不完整、质量管理体系不健全等问题。决策巡逻负责人制约了企业的进一步发展。随着研发、生产、采购、销售过程信息化水平的提高，质量管理部门越来越迫切地需要采用质量信息系统来辅助进行质量监督管理，实现与其他部门的信息交流。

（1）从企业角度来看，数字化管理可以带来好处

企业数字化管理可以充分利用信息资源，优化物流和资金流配置，降低生产经营成本，进行管理变革，为企业创造核心竞争优势；企业决策的依据是从推定到理解，提升管理的科学性和有效性；提供的价值理念与客户提供的错位转向的价值理念相匹配；公司信息流动的滞后性逐渐变为实时性。

客户服务模式从供应商服务转变为客户服务，缩短服务时间，提高客户满意度，及时获取客户需求，实现按客户需求生产；最大限度地利用最低的增值工作，充分利用人力资源；加快企业内部和企业之间的资本流动速度，实现资本的快速有效利用；业务过程从补救故障转换为预防错误；生产率可以在一定基础上提高。组织相互转化为统一的系统，在该系统中，信息、思想和解决方案可以彼此共享。可以有效地进行知识管理，在任何时间和地点，将所需的知识送到相应地方；可以减少企业库存，节约资金，节约生产材料，降低生产成本；大大提高管理效率；通过供应链的数字化管理创造供应链竞争优势，从而使整个供应链上的企业受益。

（2）从企业员工角度来看，企业数字化可以为使用人员带来好处

将员工从繁杂、重复的简单劳动中解放出来，降低业务人员和管理人员的劳动强度，节约劳动时间；为职工的工作创造一个良好的知识环境，增强其学习能力，使其快速适应工作；提高职工的创造力和自主性，最大限度地发挥其核心价值；提高员工工作质量和生活质量。

（3）准确性

数据是否完整、准确、及时，直接关系到数字化管理的成败。数据的收集不是非常困难，因为企业的内部和外部数据较多，但关键是如何收集和整理有效数据。如果收集到的数据不正确或过时，即使处理过程正确，那么输出的信息也是错误的，只会误导企业，这是许多企业信息系统建设失败的原因之一。从整体上看，我们必须系统地掌握企业的信息流方向，对信息的来源进行收集和整理，并对数据的来源进行分析。

企业与市场、客户紧密相连。在这个过程中，要注意不要盲目追求

100% 的数据准确性，否则，为了确定很少的销售数据，我们很可能要付出几百倍的努力，成本会急剧上升。可以遵循"二八定律"，有针对性地把握主要矛盾，借鉴 ABC 分类管理的思想，把握重点，把握企业前进的方向。

（4）重要性

企业管理活动的实现是基于网络的。企业的知识资源、信息资源和财富可以数字化，企业的管理具有可计算性，即采用定量管理技术解决企业的管理问题。

基于管理可计算性假设的数字化管理理论试图摆脱对组织的依赖，消除企业内外边界，实现经营管理一体化，整合各种生产力，为企业带来新的增长方式。DMM 根据 NDR 的规则和程序在 GNS 中流动，通过 MA 的刷新，将各种行为部署在 GNS 中，订单可以很容易地部署在制造中心并被管理，直到客户返回为止。管理与管理之间的障碍已经消失，对每一条信息和行为的控制和评估都是非常细致的，对绑定操作符的繁重管理将更少。为了拓展新的区域市场，甚至进入全球市场，我们不再需要花费十年甚至几十年来积累大量的资源。当企业成为 GNS 的数字插件时，就解决了资源的积累问题，如何确定企业的价值就显得尤为重要。规划和管理 GNS 以增加其价值成为企业更重要的业务。

企业不再依赖组织，不仅虚拟化成为现实，企业文化也会发生深刻的变化。智慧和创造力将是未来员工重要的贡献。工作会成为一种生活方式。在数字化管理理论中，知识的创建、处理和传播也将以集约化的方式完成，这是知识生产和应用的一个里程碑，知识经济将为人类带来更好的生活。无论是否完善，数字化管理理论都是一种新的重要理念。

二　企业数字化管理的基本模型

1. 企业数字化管理的传统模型

企业的经营管理总是以企业活动为基础，企业的各种活动过程伴随着数字化信息活动，这些信息活动包含企业信息结构的内容和信息流程。因此，要分析企业的信息结构和信息流程，必须首先分析企业的活动以及对活动的组织方法。企业活动的分析方法有许多种。在此，本书借鉴波特和米勒的价值链理论，完整地分析企业的活动，找出企业的重点增值活动，并解释它们相互之间的逻辑关系和协同效应。然后，根据企业价值目标实现过程中业务活动对信息的有效需求，构建企业的信息结构和信息流程。

（1）企业数字化活动内容及对其信息内容的分析

波特和米勒将企业的活动分解为一系列价值活动，即从事企业经营所必须完成的基本活动。价值活动分为两类：主要活动和辅助活动。主要活动包括产品或服务的实质性创造，以及向客户和售后服务的交付。辅助活动包括分配本组织的各种资源，以支持主要活动的发展和完成。

价值活动分类见表 5 - 10。

表 5 - 10　价值活动分类

活动		具体内容
主要活动	内部后勤	原材料处理、仓储、库存控制、退货等
	生产经营	加工、装配、包装、测试等
	外部物流	与向买方交付产品有关的活动，如成品库存管理、交货车辆调度、订单处理等
	市场销售	广告、促销手段、定价、销售渠道、店址选择等
	服务	组装、维护、培训、备件供应等
辅助活动	企业基础设施建设	全面管理、计划、财务、会计、法律、质量管理等
	人力资源管理	人员招聘、培训、绩效考核、工资等
	技术开发	努力改进产品和工艺，包括研究设计、工艺设计
	采购	购买原材料等活动

在企业以获取利润为目的的资源配置过程中，包括价值链分析中的主要活动和辅助支持活动，涵盖企业从市场需求的发现、产品和服务的设计与生产到产品和服务交到顾客手中以及为顾客提供售后服务的全过程。企业的信息活动包含在以上的所有活动中，并支持以上活动的进行。

企业的各种活动对企业价值的增值的贡献是不一样的。对企业的增值起决定性作用的是企业的主要增值活动，在资源的配置中，应当被优先和重点考虑；其他的辅助活动作为企业经营活动，是不可或缺的部分，为了完成企业的增值活动而必然存在，但其对企业的价值增值作用不直接，或者是企业的成本环节，应当在保持适度水平的前提下，尽可能减少活动的数量。

与此相对应，企业的信息内容也应当被区分为重点信息内容和辅助信息内容。

（2）企业数字化活动流程及对其信息流程的分析

各活动之间的流程。企业各业务活动不是孤立存在的，而是通过相互衔接完成业务流程，并且只有在流程中才能体现其价值。各个孤立的业务活动相互衔接，其业务流程形成的价值链的整体价值要大于所有单个活动价值之和，这就是协同效应产生的增值。

从单个企业的角度看，企业活动流程或者价值链如图5-3所示。

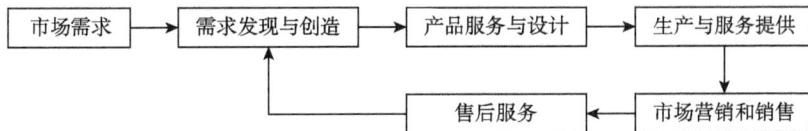

图5-3 企业活动流程

当前，随着经济全球化和一体化进程的加快，企业之间的竞争越来越激烈，客户的需求也越来越多样化。单个企业的活动早已突破企业的边界，逐渐形成了涉及企业活动各个环节的协作模式，企业商品或者服务由需求—生产—供应环节组成（如图5-4所示）。

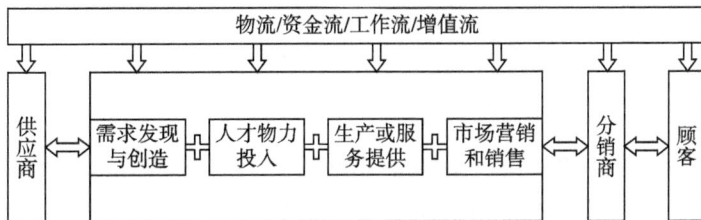

图5-4 企业商品或服务的需求—生产—供应

2. 企业数字化管理的革新模型

为了从整体上控制数字创新的进程和质量，本书根据数字创新的自主性、松散耦合性和兼容性的特点构建了一个框架（如图 5 - 5 所示），分析数字创新的监测和评价情况。该框架分别从产品、组织和网络三个层次，通过产品定位、价值传递、能力培养和机会捕捉对数字创新的效果进行评价，并展示数字创新的结构体系、关键活动和生成过程。

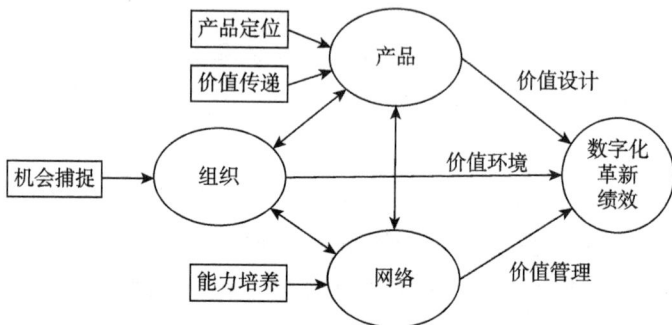

图 5 - 5　企业数字化管理的革新模型

（1）组织层面

数字化革新要求组织具备一系列相关能力，这是数字化革新的组织挑战。在评估企业组织方面的数字化革新效果时，应从如下两个方面考虑。首先，传统企业可以从数字化革新的酝酿与模仿过程中储备和寻求革新能力。此类企业在运营过程中需要采取支持和促进组织学习的方式，借助新的数字技术不断探索，创造专有的数字化革新能力。为了使组织整体获得数字化技能，企业应当建立员工聘用、选拔、培训和激励机制，为企业未来发展目标提供专业的数字技术人才，最终实现可持续的数字化革新管理。其次，数字化革新不仅是个别人员的问题，而且是整个企业组织的数字化再造，涉及多个部门，甚至是跨国企业所在的多个国家，需要进行企业整体的结构与机构、系统与流程、资源与技能的跨界重塑。针对专门的数字化革新项目，需要大规模地改进管理核心层及其团队，重新组织数字化管理层，给予相应资源，以确保快速高效进行数字化革新。

（2）产品层面

产品发挥数字化价值。对于企业数字创新而言，数字产品带给消费者的技术前沿和适用性至关重要。实现这两点，企业需要通过产品精确定位来寻找细分市场，通过增加客户体验来实现数字价值传递，进而确定数字产品定位。在大工业时代，优势企业提供产品标准，使产品标准化和统一定价成为可能。然而，在数字时代，产品的功能和定位越来越模糊、越界和多变。企业越来越倾向于创造更多的"塑料技术"资产，以便在发现新的客户需求时快速重新配置。具体而言，数字产品定位价值可以通过两种方式来评估。第一，满足客户细分需求。客户可以根据属性、行为、需求、偏好和价值进行分类，然后提供有针对性的产品。例如，新闻网站允许付费用户浏览网站的一些内容，智能手机用户可以通过付费跳过广告时间。客户细分使企业能够准确定位数字产品的价格和服务。第二，企业需要制定更复杂的投资组合策略。对于有不同需求的客户，企业需要确定产品的差异化和捆绑，进行免费产品和付费产品的具体组合，以及发挥广告在每种产品或服务中的作用。总体上，如何创建和获取数字产品的价值取向，积极融入数字生态系统是衡量企业在数字创新管理中成功的第一个关键方面。

数字价值传递。除了注意数字技术的前沿外，数字产品还需要注意产品价值的数字传递，即客户体验。自 20 世纪 90 年代末以来，消费者越来越多地接触到各种类型的数字产品，除了价格之外，他们还在"体验"层面考虑了三个重要因素：便利、参与和美学。第一，产品使用方便。由于信息过载或操作复杂，数字产品种类繁多、功能强大，容易使消费者产生困惑，因此，企业开发数字产品时，方便消费者通过有限的操作快速实现目标，从而对导航进行过滤。第二，参与使用过程，即通过互动参与体验。为此，大量的智能电话应用程序通过虚拟化和与物理产品的体验（例如食品搜索网站）交互，极大地改善了用户的渗透情况，要求客户在线评分并共享就餐体验。第三，用户体验的审美属性。用户会受到精美设计的影响，正式的美化会产生积极的情感反应。因此，为了激励和跟踪企业的数字创新，企业需要更多地关注与方便、渗透及数字产品和服务的美学相关的用户体验。

（3）网络拥有数字化机遇

数字技术的本质决定数字创新可以通过"网络重组"或"模块组合"来实现。因此，企业可以通过监控数字商业环境，抓住新的机遇，实现企业创新的目标。第一，由于数字创新以重组的形式层出不穷，企业应该继续利用现有的组件来创造新的数字产品和服务。因此，企业需要关注和分析最新的数字技术和相关的使用模式，收集市场上最新的硬件设备信息，包括内存、处理器、芯片和设备等部件，以及计算机、智能手机和平板电脑等设备。前者有助于企业找到传统产品的数字化升级模式，后者则不断提高新数字产品的处理能力。第二，数字商业环境的发展使销售和分销渠道多样化。公司应该使用越来越丰富的移动操作系统、社交媒体网站和应用商店来定位和集成其产品和服务。此外，与传统的商业环境相比，数字商业环境产生更多的合作方式和模式。企业应认真协调业务伙伴的利益，创造新的合作空间，增加数字业务网络中多方的收入。第三，在大数据业务网络环境下，企业可以通过分析各种消费者行为数据，实时预测消费者行为的变化趋势和消费趋势。

3. 企业数字化管理的商务模型

企业数字化管理的商务模型如图 5-6 所示，通过采用数字化技术，可以在网络环境下支持传统企业的各种商务活动，实现企业的数字化监管、数字化营销和数字化制造；在网络环境下实现信息流、物流和资金流的集成和量化管理；通过信息流间接实现对物流和资金流的有效管理。同时，可以有效地整合和优化各种企业的传统业务流程。

具体而言，客户的管理活动可以有针对性和互动性地以在线数字营销活动为用户服务。应该指出的是，数字营销不仅包括最终消费者的营销，还包括合作伙伴的营销。消费者通过客户的管理活动在线进行企业产品查询，并下单；在接受用户订单后，系统通过查询产品的销售记录、消费者的信誉、产品的资本状况和库存来确定是否接受用户的订单。如果订单被确认为成功，则订单记录在销售记录中，用户的消费记录在客户管理模块中更新，并通过第三方物流将产品移交给用户。

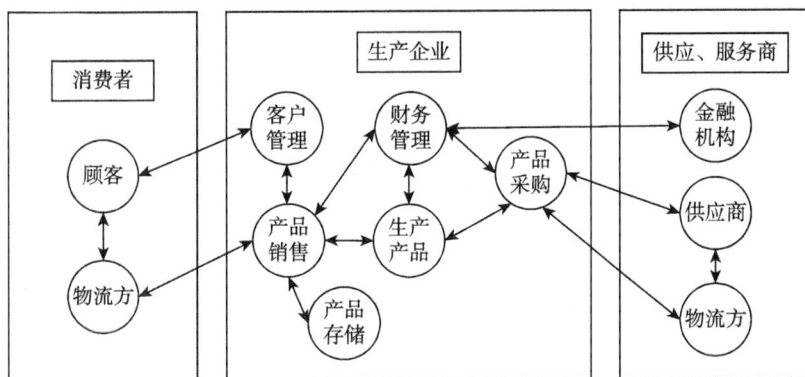

图 5 - 6 企业数字化管理的商务模型

对于企业来说，除了进行产品的数字化营销外，还需要进行数字化制造和数字化管理。在这种情况下，数字企业资源计划起着至关重要的作用，它对企业的整个生产过程、资源、资金、库存和采购进行在线管理，并与金融机构进行在线财务交易，同时企业的原材料采购活动也在网上进行。此外，数字化企业还需要对企业上游供应商进行数字化供应链管理，实现所有供应商之间的信息共享。这样，企业的数字化管理就可以实现传统企业在网上的各种经营活动，开展在线管理。总而言之，企业数字化可以整合整个业务活动的各种参与者，并通过信息流对整个业务活动进行定量管理。

三 企业数字化管理存在的风险和解决方案

1. 存在的风险

在引入电子商务模式和构建企业数字监督管理系统的过程中还存在一些问题，主要体现在以下几个方面。

（1）企业的监督管理模式和理念不符合数字监督管理的要求。由于企业长期受计划管理网络的影响，此外，企业领导和管理者对信息资源重要性认识不足，企业缺乏进行数字化监督管理的动力。

（2）企业人才资源的匮乏。企业中科技人员的数量占员工总数的10%，使企业数字化监督管理进程缓慢、成效低。

（3）数字化监督管理缺乏必要的硬件支持。过去，企业信息化还处于较低水平，网络化程度较低。网络资源的开发利用还没有得到足够的重视。企业信息化水平与数字化监督管理的要求还有很长的路要走。

（4）目前的监控管理应用软件已经不能满足数字化监控管理的要求。企业的硬件水平和管理水平存在明显的不对称性。企业数字化监督管理缺乏真正具有实用价值的信息管理工具，导致数字化管理过程缓慢，原因是片面追求硬件的先进性，忽视了硬件的性能。

2. 解决方案

数字监督管理的发展直接推动企业管理和运营模式转变。数字监督管理体系能否成功建立和运行，将直接影响企业的生存和发展。因此，要采取有效措施，加快企业数字化监督管理的进程。

（1）更新管理理念，将数字化监督管理作为企业管理策略。充分认识到信息资源已成为管理资源的独立组成部分，坚信数字化监督管理在企业的长远发展和竞争中起着重要作用，有效利用各种网络资源，最大限度地提高企业的竞争力。针对内外部信息，大力实施数字化监督管理战略规划，制定有效的监督管理决策，用政策创造条件。

（2）建立适应数字化监管的组织体系，强化首席信息执行官（CIO）的地位和作用。为了实现数字化管理，企业必须建立有效的组织体系。它的组织形式应该具有"扁平"的网络结构，而不是传统的"金字塔"结构。设立 CIO，负责企业信息的数字化工作，对有效实施数字化监管和管理具有重要意义。

（3）建立企业数字化监督管理功能中心，进行有效的目标管理。企业数字职能部门主管必须在员工就业、晋升、职业发展、教育等方面与人力资源部密切配合，使全体员工及时了解企业的发展目标，确保员工的个人目标与企业的总体目标一致，调动员工的积极性和创造性。

（4）实施虚拟业务集成联盟策略。虚拟业务集成是网络时代企业数字化监管的新策略。它是指通过资源的互补和整合，重组不同企业的业务，减少资源的重复投入，降低企业的数字化监督管理成本，加快企业数字化监督管理进程，提高成员的资源和核心能力。

（5）为了提高数字化监管的有效性，可以开展多种形式的研究合作。将高校和科研院所的人才、技术、信息和科研设施引进企业，与工业制造技术、市场信息和资本相结合，实现新生产要素的有效结合，大大加快操作企业数字化管理进程，提高数字化监督管理的有效性。

（6）构建全方位的投融资体系，选择合适的 MRP 技术。企业积极加大对数字监管的投入力度，贯彻投资主体多元化、投资方式多元化、资本运作市场化政策，建立健全数字监管投融资体系，加强对企业的透视与管理。数字化监管的关键是降低企业的交易成本，MRP 的核心思想是从时间和空间上降低交易成本，从而控制数字监管的成本。

（7）坚持数字化管理与系统创新、管理创新相结合。塑造企业创新文化。作为一个复杂的系统工程，企业数字监督与管理依靠科学的组织和管理，倡导"以人为本"的管理文化，引导员工树立积极的个人理想，实现个人发展和自我价值；培养员工的企业荣誉和团队精神，倡导共同参与、广泛沟通和信息共享。人性化的数字化监管需要充分发挥企业员工的主动性和创造性，依靠集体智慧和团队精神获得竞争优势。

第六章　企业外部数字化

第一节　品牌数字化

一　数字化经济时代背景下，现代企业品牌形象发展转变

随着数字经济时代的发展、互联网信息技术以及数字技术的迅速发展，信息传播方式经历一场巨大的变革。信息的传播呈现虚拟性、交互性、开放性和全球性等特征，企业品牌形象的传播也发生了根本的变化，甚至影响到企业的生产方式、产品结构以及管理方式。在数字化环境下，品牌作为企业文化理念和产品信息的载体，被社会大众和设计界关注。面对传媒方式的多样化、信息传播的即时性、信息内容的透明化及用户体验的交互性等传播特征，传统意义上的品牌设计方式已无法满足当前数字化媒体环境下的需要。企业应该密切围绕数字化技术的特点来进行品牌形象的传播与设计，以适应信息时代数字化技术的要求。

踏入 21 世纪，科学技术的发展越发迅速，以计算机和互联网为代表的信息科技给人类生活带来了极大的变革。"互联网＋"是知识社会创新 2.0 推动下的互联网形态演进及其催生的经济社会发展新形态，"互联网＋"各个传统行业深度融合，从而创造新的发展生态。"互联网＋"时代下数字化媒体不断发展、壮大，数字化技术正在以一种势

不可挡的力量渗入大众生活的各个方面，而我们也迎来了一个科学技术与设计相互交融的新时代。

伴随着数字技术的不断发展，各种媒体也进行不断创新和升级迭代，其中数字化媒体逐渐融入人们的日常生活中，逐步占领主导地位，相比人们以前简单的娱乐方式，现在智能手机、平板电脑等移动终端成为人们手中难以割舍的娱乐产品。随着数字化媒体和"互联网＋"表现出来的全民流行趋势，消费者和企业品牌之间将产生更多互动和交流。然而广大消费者被繁杂的、同类化的品牌信息包围，小众品牌不像一些名牌那样广为人知，在信息传播途径上受到了阻碍，难以准确地被大众所知，不仅造成大量信息被遗漏，而且更得不到受众的认同。在这种形势下，企业怎样建立消费者与品牌之间的沟通桥梁，让消费者对品牌传播的信息能有效地进行深入了解，这是各大企业迫切需要解决的问题。如今不断涌现的新媒介类型和改革创新的数字技术，原本单一的消费和阅读方式呈现多元化状态，开放性、互动性等数字化网络时代的特征让视觉设计形式发生了很大的转变，可以说视觉设计打破了二维形式，呈现三维立体化形态，实现了由静态图像到动态图像的转变。品牌的设计和诉求因为设计形式的转变从而提供更多理念和思维。企业常常在知名媒体上给品牌打广告，企图把品牌推荐给更多的消费者，从而达到预期的传播效果。但是，这种消耗如此多广告费的传播方式容易导致媒体信息被搁置。因此，让媒体优化组合且高效并合理地运用媒介资源，才能让品牌信息得到有效果、高质量的传播。

数字化媒体环境下企业品牌形象的传播与设计必定要对企业品牌进行准确定位，了解市场消费者的需求，再选择准确的数字化媒体应对目标消费群，然后进行准确并有针对性的推广，最终在消费者心目中树立良好的品牌形象。所以企业品牌形象数字化设计不仅是为了跟上数字化媒体时代的步伐，还是为了能通过数字化技术所促成的数字化设计来展示品牌形象，扩大品牌在传统媒体中的传播范围。

二 数字经济时代对企业品牌带来的影响

随着数字技术不断进步和更新，企业的品牌形象和设计将迎来巨大的革新。数字经济时代对企业来说是一个巨大机遇与挑战并存的时代。企业可以进行个性化设计，将自己的风格和企业文化融入品牌设计中。加快数字化进程，企业能够增加品牌形象的曝光度，使越来越多的人知道，提高企业品牌的辨识度，使顾客能够深刻记住，从而占领更大的市场份额。在同行业中可能有很多不同的品牌，在数字经济时代让品牌更有价值、更吸引人、从众多品牌中脱颖而出是非常关键和重要的。数字技术对企业品牌建设和设计产生了非常大的影响。

1. 品牌形象数字化传播

品牌形象传播，是指企业以品牌的核心价值为原则，在品牌识别的整体框架下通过广告传播、公共关系、营销推广等手段将企业设计的品牌形象传递给目标消费者，以获得消费者的认同，并在其心中确定一个企业刻意营造的形象的过程（卿曼菲，2017）。而数字经济时代下品牌形象的数字化传播，是基于数字技术，通过多种媒体组合与多种网络传播的方式的整合传播。数字化传播把各种数据和品牌信息组合在一起，集合了图像、文字、语音等新的传播途径，实现了品牌与消费者之间最大范围、最大深度的沟通和交流。

2. 品牌形象数字化设计

品牌形象是数字商业里备受关注和研究的对象，发展至今仍是如此。随着同行之间各大品牌强劲争夺市场份额，品牌形象发挥越来越重要的作用。作为品牌设计的核心系统——VI设计，其是视觉信息传达的各种形式的统一，是具体化的传递形式。品牌视觉形象数字化设计是将传统的品牌形象融入具有开放性、虚拟性和交互性的数字经济时代中，从而满足品牌用户对数字化物质文化生活的美好需求。品牌视觉形象系统（包括图形、字体、色彩以及视听交互相结合）的数字化设计表达和设计推广，在满足消费者对品牌形象数字化要求的同时也顺应了数字时代背景下提升品牌形象的发展趋势。

3. 品牌形象传播与设计的关系

品牌设计是一个企业在进行宣传自己品牌时的核心部分。品牌设计融合了企业的经营理念、项目种类、发展方向、文化氛围等，是企业品牌宣传的核心。客户通过品牌了解这个企业的每个方面，品牌设计是企业的无声"代言人"，在客户接触企业的时候，品牌给了他们最直观的感受，这也是客户对品牌的第一印象。如果这个企业品牌设计得非常好，那么无论是品牌的 LOGO 让人印象深刻，还是品牌广告语让人记忆犹新，都能让广大消费者记住它，其能在消费者心中树立良好的口碑，然后慢慢扩大影响范围，从而被大家熟悉。在品牌设计中，图标、颜色、文字等给人直观感受的内容是最为重要的。在品牌设计时，必须注重品牌名称这一方面。巧妙的名字让人耳目一新，人们能够简单快速地记住它，人们在谈论到相关产品的时候，马上联想到这个品牌，那么可以说这个企业的品牌建设和设计达到了良好的效果。品牌名称一般是通过文字形式表现出来的，这种方式方便读取，同时也有利于人们记忆。一个具有好寓意、易记忆、个性化的名称更容易让品牌出名。品牌名称不仅是一个宣传的要素，同时还包含企业的经营理念、品牌文化等，用文字形式体现的品牌名称，除了内容上值得探究外，字体、颜色等方面同样需要重视，因为这些图形、色彩具有的直观印象非常重要。良好的视觉效果可以给人好的印象，在获得好的第一印象之后，人们便会了解其中的内涵和深意。品牌颜色给客户的感觉是持久的，如珠宝品牌蒂凡尼，就采用独特的蓝色将珠宝进行包装，这种特殊的蓝色被人们称为"蒂凡尼蓝"。品牌设计好以后，要进行大规模的宣传，这样就能在广大消费者中树立形象。

品牌的传播方式有很多种，这些都被称为品牌活动。品牌活动具体来说与某个主题相结合，并通过一些方式将图片、文字等内容和品牌相互连接，将这些内容一起传递出去。在传递中，媒介的选择也是至关重要的。当选好主题和媒介之后，还要考虑媒介和品牌活动的有机融合情况，要对活动进行策划，将媒体因素考虑在内，将信息传递开来。数字技术在全面发展，而数字化媒体种类也逐渐丰富起来，这既是品牌宣传的机遇也是挑战，通过媒介，品牌宣传会更深、更远。品牌设计结束以后，需要依赖媒介进行宣传、传播。客户通过不同的媒介接触品牌设计的文字、图片等内容才能接触这个品牌。品牌设计需要有针对性，不同媒介设计后所呈现的效果是不同的。当前，很多企业只把大量资金投入单一媒介，比如有些企业主打电视广告，有些则重视网络宣传，其实，这些媒介综合起来的效果远远大于"1+1"。现在的媒介数量众多，企业开始对媒介予以重视。一些企业首先发现在多种媒介上进行宣传，能达到指数倍增长的传播效果，综合的力量是只采用其中一两种媒介达到传播效果的指数倍。但是这种综合并不是说把所有媒介都用起来，而是从媒介中进行挑选、组合，达到事半功倍的效果。这种组合是有选择性的，通过组合，让不同媒介的客户集中进行信息传播。另外，不同媒介可以起到重复宣传的作用。同时，多种媒介的组合可以弥补只采用单一媒介情况下出现的缺陷，可以起到加强信息宣传以及渠道互补作用。数字化媒体已经融入人们日常生活的方方面面，在这个数字化时代，利用好数字化媒体，品牌设计和宣传能够达到更好的效果，让媒体成为企业和客户之间信息互通的渠道。

三　数字经济时代下品牌形象传播的四大特征

1. 高效性

在数字化媒体背景下，企业发布信息的流程简单，传播以及转载速度快，突破了时空限制，可以保证信息传播的高效性。从时间维度看，数字化媒体传播时间极短。在数字化媒体环境下，企业品牌形象信息的发送与接收都能在极短的时间内完成，大幅提高了媒介传播效率。避免了传统媒体经常出现的由于接收反馈不及时而造成损失的情况，使信息的时效性得以提高。从空间角度看，数字化媒体进一步突破了信息传播的地域性，品牌形象通过网络媒介传播至全世界，使市场的介入更加快捷及时。

2. 精准性

在数字化媒体时代，企业通过数字技术和网络统一管理相关事务，使企业品牌形象在各个环节的传播不会出现任何损失或者差错，保证传播的精准性。因为对于任何需要企业传达给受众的信息，决策者和设计者在最开始设计的环节就已经进行了数字化的约束，并且已经制作、管理和储存好了，在需要的时候直接通过网络技术传递到各个媒介以进行统一的、准确的发布，最终直接被受众接收。

3. 渗透性

伴随着移动互联网、无线移动技术的发展，通过接入网络，智能手机便成了人们参与数字化媒体传播的主要渠道。接收设备的便携化与功能多样化为数字化媒体发展提供了一个非常广阔的空间。基于这种数字化的传播手段，企业品牌形象已经渗透到网络电视、企业网站、App、微博、微信公众号等各种各样的媒体平台及终端设备上，人们可以随时随地接触到。

4. 互动性

网络传播以全面性传播信息源为特点，加强与消费者的互动和交流，实现消费者积极参与品牌信息传播的目的，并对消费者形成一定影响，且逐渐深入人心，在用户心中树立起品牌的立体形象。品牌依托数字化媒体能够让更多的消费者参与和接触品牌，常见的网络形式有贴吧、社区、部落联盟、网站等社区媒介，微博、公众号等营销工具。移动互联网模式下的互动行为具有高互动性，品牌从消费者的习惯、爱好、兴趣等大数据出发，积极培养消费者的参与习惯并及时反馈信息，以多维度和多频次的互动活动在品牌和用户之间建立密切的关系。为此，网络模式下的高互动性对品牌的推广和传播有着积极的作用和深远的影响。

四 数字化时代品牌形象设计的三大特征

1. 识别的标准化

品牌设计必须具有良好的通用性，要将企业的基本视觉要素进行有效控制，制定明确的规范形式。品牌形象识别的标准化设计有利于提高传达信息的频率和强度，给大众留下深刻印象和影响力。

第一，设计的简化。对设计内容进行提炼，使组织系统在满足推广需要的前提下尽可能条理清晰、层次简明，优化系统结构，如在 VI 设计系统中，构成元素的组合结构必须化繁为简，有利于标准施行。第二，设计的通用。设计上必须具有良好的适合性，如标志不会因缩小、放大产生视觉上的偏差，线条之间的比例必须适度，如果太密，缩小后就会并为一片，要保证大到户外广告、小到名片均有良好的识别效果。第三，设计的组合。设计基本要素组合成通用性较强的单元，如在 VI 设计基础系统中将标志、标准字或象征图形、企业造型等组合成不同的形式单元，并可灵活运用于不同应用系统，也可以规定一些禁止组合规范，以保证传播的同一性。第四，设计的统一。为了使信息传递具有一致性和便于社会大众接受，应该把品牌和企业形象不统一的因素加以调整。品牌、企业名称、商标名称应尽可能地统一，给人以唯一的视听印象。第五，系列化的处理。对设计对象组合要素的参数、形式、尺寸、结构进行合理的安排与规划，如对企业形象战略中的广告、包装系统等进行系统化的处理，使其具有家族式的特征、鲜明的识别感。要达成同一性，实现 VI 设计的标准化导向，必须采用简化、统一、系列、组合、通用等手法对企业形象进行综合调整。

2. 开发的系统化

在企业品牌形象设计、开发的过程中，我们需要联系每一个设计决策，因为设计开发过程在系统中非常重要。要想使设计变得很清晰，就必须把系统运用到设计中。越到后面的阶段就越会发现设计项目都离不开系统，因为系统思维使零零散散的部件变成结构化的完整作品。在企业品牌形象设计中，设计者和企业会做出一些决定并在计划实行的过程中宣布，以方便未来对其进行改变和添加，这些决定彼此有关联，最终产生的结果被开发与规划阶段所涉及的每一个步骤持续影响着。

不管在设计开发的哪个阶段，如果设计系统中的各个部分，或者品牌元素没有任何关联，那么企业品牌所试图传递的想法和信息就会变得分散，使大众找不到焦点。如果在设计的开发过程中缺乏系统性，那么品牌将无法协调统一了，会产生相互间孤立品牌的设计标准、关键信息、价值的现象。在数字化时代，媒介让企业品牌形象的传播方式朝着多元化的方向发展。在此环境下，企业没有系统化的做法不仅会造成品牌视觉识别系统的混乱，还容易给消费者带来信息上的误导，使其品牌形象有所混淆。品牌视觉识别代表企业、企业内涵等所表现出来的外在形象，也是和消费者之间交流与沟通的介质，能够有效传达品牌信息与企业文化。

品牌识别要求在视觉设计、开发的过程中能够实现传播媒介系统化的整合，从而让品牌视觉识别进行系统性的表现与传达，做到从始至终向消费者传达统一的品牌信息，在数字化媒体环境的视觉传达过程中完善品牌的整体印象，在消费者心中建立一个稳重且完整的品牌形象。

3. 设计的数字化

充分利用计算机或者其他数字化高新技术设备对品牌形象进行艺术化设计，一般我们称之为设计的数字化（卿曼菲，2017）。不同于计算机辅助设计，设计数字化模式坚持以数字化工具为手段，坚持以数字化设备为传媒平台和输出展示平台，达到进行数字化应用的目的。而就设计者来看，数字化设计既要基于传统的设计理念、表现形式和手法，也要充分考量数字化的外在体现和价值。这一过程凸显了感性向理性的转变，而不是非逻辑和逻辑之间的转变。区别于传统的设计创作，数字化设计不再受制于外部物质的影响，如笔、墨、纸、颜料等，合理利用各类设计软件和色彩搭配以呈现不同效果。只有坚持将数字化技术与艺术设计相结合，才能表现出新的设计语言以及开创一个新的设计领域。

数字化技术应用于企业品牌设计过程，摒弃了传统的单一、静态的设计方式，从视觉效果和感官效果来看，动态与立体相结合的画面更加具有冲击感，企业品牌形象充满活力，引起用户的关注。数字化设计改变了传统企业进行品牌设计的习惯和思维方式，优化了设计对象和技能，进一步提高了设计的便利性，设计的效率等级提高。

总而言之，就像是在企业处于商业战争中，品牌形象作为它的"战旗"。在这样的情境下，向广大群众传播企业文化和理念。数字化经济时代是建立我国企业品牌数字化视觉形象系统的关键时期，企业品牌形象的传播及其数字化的设计已然成为一个重要的研究领域，我们要注重探索和研究其表现方式、表现特点和传播渠道、传播特点。现代企业已经开始朝着跨地域、跨民族的国际化方向发展，这就要求我们对品牌视觉形象识别系统的数字化设计进行推广。

第二节　营销数字化

自互联网开始被商业使用以来，已经过去 20 多年。在这段时间里，商业格局以疯狂的速度变化着。20 多年前闻所未闻的大型跨国公司，例如 Google、Facebook、亚马逊、阿里巴巴、eBay 和 Uber，已经成为现代经济中的关键角色。2015 年，在线销售额占美国总体零售额的 7.4%，是自 1999 年以来的最高比例（Phillips，2015）。通过移动设备进行的销售迅速发展，销售额占所有在线销售额的 22%～27%。公司现在强调与客户建立"数字关系"的重要性（Phillips，2015）。此外，智能手机、智能产品、物联网、人工智能和深度学习等数字技术和设备都有望在不久的将来显著改变消费者的生活。正是在这种数字时代背景下，我们需要了解数字技术的发展如何革新营销的过程和发展策略，以及这种转变对数字营销有何重大意义。

首先，本节将介绍数字营销的整体框架，该框架突出了数字技术正在产生或将产生重大影响的营销过程以及营销策略过程中的接触点。其次，本节将围绕构成该框架的要素和接触点在数字营销空间中展开详细论述。

一　定义和框架

"营销数字化"一词已经随着时间的推移从描述使用数字渠道进行

产品和服务营销的特定术语演变为用于描述使用数字技术来获取客户，建立客户偏好、提升品牌知名度、留住客户以及增加销售额。根据美国营销协会对公司的中心定义，数字营销可以被视为由数字技术所促进的活动、机构和流程，以与客户和其他利益相关者交流，并交付价值。本书采用更具包容性的观点，并将数字营销定义为"一种适应性技术驱动的过程，公司通过该过程与客户和合作伙伴协作，共同为所有利益相关者创造，交流，交付和维持价值"。

数字技术支持的自适应过程在新的数字环境中以新的方式创造了价值。数字技术推动机构提高基础能力，可以共同为其客户和自己创造价值。数字技术支持的流程可通过新的客户体验以及客户之间的互动来创造价值。数字营销本身是通过一系列自适应数字接触点实现的，这些接触点包括营销活动、机构、流程和客户。值得注意的是，随着越来越多的线下客户转向采用数字技术，并且"面向数字技术的年轻消费者进入了购买者的行列"，接触点的数量每年以20%的速度增长（Bughin，2015）。

有鉴于此，我们确定了受数字技术影响的关键接触点，并提出了一个受市场营销过程以及市场营销战略过程启发的研究框架。常规的营销策略过程始于对环境的分析，包括五个 C，即客户（Customers）、合作者（Collaborator）、竞争者（Competitor）、环境（Context）和公司（Company）。这些元素是在我们的框架中提出的，客户在这里成为其他要素（如背景、竞争对手和合作者）的中心焦点（在图 6 – 1 左框中），这些要素构成了公司所处的环境。我们的主要目标是了解数字技术的发展方式与五个 C 以及这些元素之间的接口。我们专门确定了从这些互动中产生的概念：机构、结构—平台、双边市场、搜索引擎、社交媒体和用户生成的内容、新兴的消费者行为和上下文交互。这种分析构成了企业行为的输入，涵盖营销组合的所有要素——产品、服务、价格、促销地点以及通过营销研究和分析收集的信息，这些信息为企业的营销策略提供了依据。我们关注数字技术如何塑造这些行动、信息获取和分析方式以及营销策略。最后，作为营销活动和策略的结果，我们研究数字技术在价值创造中的总体影响——为客户创造价值（通过价值资产、品牌价值、关系价值和客户满意度）、创造客户权益（通过获取、保留和提高利润的策略）并创造公司价值（作为销售、利润和增长率的函数）。因此，我们的框架确定了营销过程和策略中的关键接触点，在这些接触点上，数字技术可能产生或已产生重大影响。它不仅包含这些元素，还包含这些元素之间的接口，从该框架中我们还可以知道哪些直接或间接影响公司的数字营销。接下来，本书将详细概述框架中突出显示的这些概念和元素。

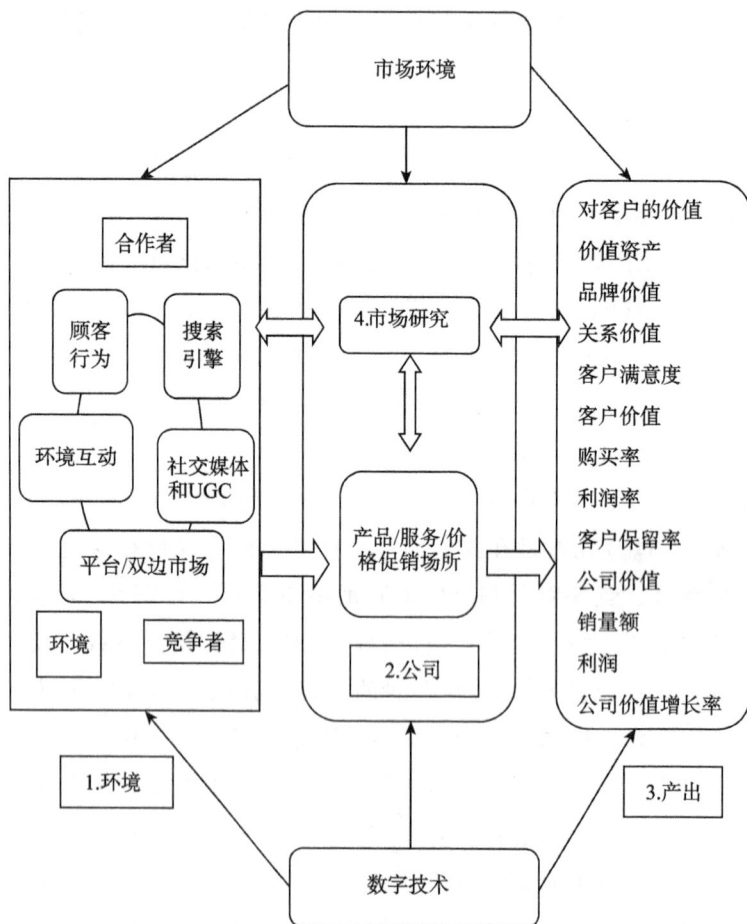

图 6-1　营销策略研究框架

数字技术正在迅速改变环境。公司在其中开展业务。数字技术正在以显著方式减少客户和卖方之间的信息不对称情况。在分析数字技术与环境要素之间的相互作用时，首先要研究由于在线和在移动环境中访问各种技术和设备而导致的消费者行为正在发生的变化。我们专注于质量和价格、搜索过程、客户期望以及公司等方面对信息获取的影响。接下来，我们研究数字技术通过在线媒体（口碑、在线评论和评分以及社交媒体互动）对客户与客户互动的促进作用。平台的出现通过数字创新创建相关机构，该机构促进客户与客户之间交互，以在新产品和服务开发中进行构想，那些将基于平台的市场中的客户和卖方联系起来的机构，以及利用双边市场来产生收入的机构还被视为使用数字技术将公司连接到市场的协作促成因素。同样，公司必须与搜索引擎竞争，既要作为合作者，又要与平台竞争，以与其他公司竞争来获取客户。

在公司内部，数字技术正在以三种方式改变产品的概念，以便为客户提供新的价值主张——利用数字服务增强核心产品功能，使用数字技术将产品联网以释放产品固有的潜在价值，将产品转变为数字服务。不仅通过更改核心产品和服务，而且还通过提供数字服务来检查这些趋势及定制和个性化客户服务所创造的机会。数字产品生产线的发展和为客户量身定制的产品给企业带来了价格挑战。与数字技术相关的菜单成本的降低也为动态定价和传统上以标价出售的产品和服务类别的收益管理提供了机会。此外，随着越来越多的公司采用在线和移动渠道来定位和与客户进行交易，定价和渠道（线下和在线）之间的接口正变得越来越重要。

除了印刷、广播和电视等传统通信手段外，数字环境还提供了通过电子邮件、展示广告和社交媒体（促销）吸引客户并推广产品和服务的新手段。针对这种新媒体的效果及其在建立品牌和影响目标结果变量方面对传统媒体的增量贡献，越来越多的新型促销工具，例如基于位置的移动促销和个性化促销，将对公司和客户产生一定影响。同时，还应着眼于与新兴客户沟通和关注促销渠道兴起，不仅包括在线和移动设备，还包括这些环境中的子渠道，例如社交渠道、搜索引擎和电子邮件，这些渠道可以帮助公司并为客户提供可观的价值以及获得合适的客户并增加客户价值。

数字技术对成果的影响可以跨越不同的维度，为客户和公司提供价值。结果反映了公司如何能够从数字技术提供的机会中受益，从而为客户创造价值并为自己创造价值。公司可以利用数字技术与环境以及其自身的战略和战术行动的相互作用来产生结果。应专注于在各种结果维度为这种关系建模，关注品牌价值和关系价值（Rust et al.，2004）、客户满意度，根据购买率、客户保留率和利润率确定客户价值。总体而言，根据销售额、利润和增长率确定公司价值，讨论有关了解不同渠道和媒体对这些结果度量做出的贡献以及这种理解如何影响营销活动。

市场研究专注于获取和处理由于使用数字技术而了解的环境、因行为和结果的特定要素所产生的信息，这些要素为企业的营销策略提供了信息。可以通过研究网站和移动站点上客户的浏览行为，将在线环境中的搜索行为与移动环境中的搜索行为进行比较，检查在线评论、社交互动和社交标签以了解市场对公司或品牌的看法。

二　数字技术和营销环境

"数字技术和营销环境：研究问题和最新技术"见表6－1。

表6－1　数字技术和营销环境：研究问题和最新技术

重要领域	研究发展
消费者行为	1. 购买流程、购买渠道的阶段以及数字环境和数字设备的影响
	2. 数字环境中的信息获取、搜索、信息处理和决策辅助
	3. 跨数字和非数字环境的买方行为
	4. 数字环境中的客户信任和风险感知

续表

重要领域	研究发展
社交媒体和 UGC（口碑）	1. 电子口碑（eWOM）和动机
	2. eWOM 帖子动态及其对销售的影响
	3. eWOM 帖子如何影响其他帖子
	4. 社交网络、识别和确定影响者
	5. eWOM 和虚假评论
平台和双边市场	1. 在线平台中的网络效应、信息不对称及其对销售的影响
	2. 竞争对双边内容平台的影响
	3. 众包和使用创新平台的问题
搜索引擎	1. 搜索引擎应如何对关键字进行选择和排名
	2. 广告客户应如何选择特定的关键字并对其出价
	3. 排名、点击率和转化率之间的关系以及最佳出价的决策支持
	4. 自然搜索和付费搜索之间的协同作用
情境互动	1. 地理/位置与数字环境之间的相互作用
	2. 监管环境的影响——隐私问题和数字营销的有效性
	3. 内容盗版的影响

1. 消费者行为

了解数字技术的影响，重要的是要了解消费者的购买过程（购买前、购买完善和购买后阶段）如何随着新环境和设备的变化而变化。消费者的信息获取、搜索和信息处理也受到影响，因此，决策辅助可以在新环境中发挥重要作用。

众所周知，消费者在购买过程中会经历不同的阶段，从认识、熟悉、考虑、评估和购买开始。如果消费者通过购买品牌持续获得价值，那么他们更有可能成为忠实的顾客。在传统的离线环境中，消费者的旅程相当漫长，尤其是在考虑和评估阶段，而在数字环境中，这些阶段可以被压缩甚至消除。客户可以通过搜索引擎集中研究、收集信息，并在零售商网站或不受卖方控制的第三方论坛上阅读其他客户的评论，而且通过在社交网络上看到帖子即可创建最初的购买需求。因此，在数字环境中，客户可以从根本上以新的方式进行决策。

从业人员领域的研究为数字购买之旅提供了新的视角，其中交互式社交媒体和易于访问的信息可能会扩大而不是缩小客户选择范围。此外，在购买前和购买后的阶段，客户都可以通过在线评论、社交媒体等方式影响其他潜在购买者（Court et al.，2009）。客户决策之旅通常跨越数字环境以及传统的脱机环境。例如，在两种环境中购物的顾客是否比仅使用一种渠道的顾客花费更多的钱？Kushwaha 和 Shankar（2013）在 4 年的时间里，通过汇总的数据库解决这个问题，该数据库包含大约 100 万名顾客，他们在 22 个产品类别中购物。在他们的分析中，印刷目录是唯一的离线渠道，并且将其客户与使用在线渠道的客户（或两者）进行了比较。他们开发了一个概念框架，其中客户的货币价值取决于产品类别的两个特征——产品是功利性的还是享乐性的，以及产品具有低感知风险还是高感知风险。他们发现，多渠道客户不一定比单渠道客户更有价值。例如，在低风险功利产品类别中，仅离线客户比多渠道客户具有更高的货币价值，而在线客户在高风险功利产品类别上的消费要多于多渠道购物者。Neslin 等（2006）在多渠道购物者的搜索、购买和售后阶段对客户行为进行了全面的回顾。他们确定了未来研究的五个关键挑战，包括数据集成、了解客户行为、渠道评估、资源分配和渠道协调。另外，大量的个人级接触点数据为这些挑战增加了更多的复杂元素。

信息搜索在客户的决策过程中起着重要作用。早期研究者 Ratchford、Lee 和 Talukdar（2003）考察了数字环境如何影响汽车购买，并发现互联网缩短了客户旅程的考虑和评估阶段，如果没有互联网，那么客户的搜索时间会更长。后来的研究在相同的汽车环境中进行，发现互联网代替了在经销商处花费的时间、在预购买阶段中来自第三方的印刷内容以及在购买完善阶段中用于协商价格所花费的时间。这些结果凸显了降低搜索成本以及因此在数字环境中提高购买流程效率的重要性。

在不断变化的数字环境中，消费者进行数字搜索的具体方式以及搜索和决策助手如何影响和调节该过程本身就是一个重要的话题。常规搜索领域中的许多研究发现可以被应用于特定的数字设置方面。例如，

Seiler（2013）开发了一种结构模型，将搜索决策与购买决策共同建模。客户通过权衡感知的购买工具和搜索成本来决定需要收集多少信息。利用传统实体商店中客户的购物数据进行研究，结果表明，由于搜索成本高，客户不会在购物行程的 70% 中进行搜索。如果将搜索成本降低一半，如他进行的反事实分析所示，则需求弹性可以增加三倍以上。在在线环境中，当搜索成本显著降低时，研究人员发现各种产品类别的需求弹性都更高（Degeratu，Rangaswamy，Wu，2000）。

Kim，Albuquerque 和 Bronnenberg（2010）将顺序搜索过程集成到选择模型中。他们使用网络抓取的所有摄像机产品的观看和排名数据（网址为 http://Amazon.com）。对于一个一年半的数据窗口，假定这些数据是各个级别的最佳搜索序列的集合。他们的研究结果表明，消费者通常在 10～15 种产品替代物中搜索。零售商提供的排名和筛选工具可以帮助客户降低搜索成本，但这些工具也将需求集中在畅销的产品上。Bronnenberg，Kim 和 Mela（2016）检查了客户在线搜索行为，以发现多属性、差异化的耐用品（例如相机）的搜索情况，他们发现，平均而言，客户在 2 周内对多个品牌、型号和在线零售商进行了 14 次在线搜索。但是，广泛地搜索仅限于少数属性，并且 70% 的客户在同一在线零售商中进行搜索和购买。他们还发现，客户首先搜索通用关键字，然后缩小到特定关键字，从而进行回溯（Rutz，Bucklin，2011）。

信任是影响数字环境中客户选择性信息收集和搜索行为的重要因素。Shankar，Urban 和 Sultan（2002）引入了使用利益相关者理论建立在线信任的概念框架，该框架从不同利益相关者（例如客户、供应商和分销商）的角度着手建立信任。从客户的角度来看，他们希望零售站点值得信赖，并希望交易信息和个人信息得到保护。但是，此类客户需求可能与供应商的效率观点不太吻合。在有关在线购物中涉及客户隐私问题的最早的经验研究中，Goldfarb 和 Tucker（2011）进行了现场实验，发现定位可能会破坏展示广告的效果。根据他们的研究，可能是出于客户的隐私考虑，相比仅是具有强迫性或针对性的广告，基于内容的有针对性的广告对购买的影响较小。

了解新兴数字技术如何影响消费者行为是一个重要的研究领域。这是理解各种接触点在确定客户购买旅程、扩展客户服务工作方面的作用的关键。

2. 社交媒体和 UGC（口碑）

使数字环境与传统营销环境区分开的一个重要特征是，客户可以轻松共享口碑信息，不仅可以与几个密友，而且可以与社交网络上的陌生人共享口碑信息。在数字环境中，客户可以在公司的网站以及第三方网站和社交网络上发布有关产品、服务、品牌和公司的评论，这些评论可以覆盖更多潜在客户。

识别社交网络中有影响力的个人很重要。Watts 和 Dodds（2007）提出了一个假设，即有一小群有影响力的人，其影响力可以传递给其他人。Trusov，Bodapati 和 Bucrlin（2010）开发了一种潜在的影响度量，并通过社交网络数据以经验方式检查对个人登录行为的影响。Katona 等（2010）在研究了影响的扩散情况后，发现个人在网络中的位置以及特定的人口统计信息有助于对建议采用率进行预测。如果一个人与更多的采用者建立联系，或者该组中采用者的连接密度较高，则该人更容易利用网络。

广泛研究的一种在线客户互动形式是在线评论（例如，用户生成的内容和电子口碑，或 eWOM）。就像传统的脱机口口相传一样，eWOM 涵盖了客户对产品、使用、经验、推荐和投诉的情况，并且通常被认为是值得信赖和可靠的。此外，eWOM 的内容可能比脱机的口口相传更丰富，容量也更大，并且更易于访问，可以在数字环境中广泛共享。鉴于 eWOM 的重要性，在过去 10 年中，它一直是广泛研究的主题，解决的问题包括：eWOM 职位的动机、eWOM 职位对销售的影响以及此类职位的动态、eWOM 帖子如何影响其他帖子和评论，以及识别网络中最有影响力的人（称为"影响者"）。最近，研究也集中在欺骗性评论及其动机上。

Godes 和 Mayzlin（2004）是最早进行在线评论影响研究的人员。他们检查了音量在线评论的分散性，发现分散性可以很好地预测电视节目的收视率。Chevalier 和 Mayzlin（2006）使用在线书评研究了在线评论与销售之间的重要关系。他们发现，在线评论通常是正面的，这些评论可以提高图书的销售排名，但是负面评论的影响要大于正面评论。Moe 和 Trusov（2011）确定了在线评论的两个维度——产品评估和社会动态，并发现两者都影响销售。除了 eWOM 与销售排名之间的关系外，研究人员还用开发指标衡量社交媒体的投资回报率（ROI）。Kumar 等（2013）引入了衡量 eWOM 的影响及相关货币价值的指标。Wu 等（2015）开发了一种用于评估货币价值的学习模型，发现从上下文评论中获得的价值要高于数字评论。除了客户创建的有机 eWOM 之外，公司是否可以通过生成自己的 eWOM 来推动销售？根据 Godes 和 Mayzlin（2009）的研究，答案是肯定的。在大规模的现场实验中，他们从客户和非客户那里收集数据，他们发现忠诚度较低的客户可能会对 eWOM 广告产生更大的影响。

　　Chen 等（2011）比较了 eWOM 和观察性学习（Amazon 功能）的影响，其中 eWOM 由客户创建，而观察信息则由 Amazon 功能提供，该功能向客户显示，在查看同一产品后，哪些其他客户购买了（以占比为总指标）。这项观察性学习功能于 2005 年末被亚马逊终止，并于 2006 年底恢复。研究人员在亚马逊收集了涵盖这两个功能变化的一年半的数据，并使用第一个差异模型来衡量 eWOM，进行观察性学习及互动。结果显示，负面 eWOM 比正面 eWOM 更有影响力，而对于观察性学习则相反。这些发现表明，零售商提供观测信息是有利可图的，并且通过 eWOM 数量可以增强此类信息的影响力。

　　需要考虑的一个选择问题是，并非每个客户都对在线评论做出贡献，并且需要对客户撰写评论的决策进行建模。Ying，Feinberg 和 We-del（2006）开发了一个选择模型来捕获此决策过程，并检查价位、数量和方差。他们发现，活跃的评论者发布的评分低于不活跃的评论者，并且随着时间的流逝，这些活跃的评论者成为评论者群体的大多数，这说明良好评分的比例具有随时间下降的趋势。对积极的在线评论下降趋势的另一种解释来自 Li 和 Hitt（2008）的研究。他们确定了一个选择过程，在该过程中，以后购买并因此进行评论的客户使用该产品的效用较低，并且随着时间的流逝，较低的评级表示这些后来客户的估价较低。此外，Godes 和 Silva（2012）通过解释时间动态，为 eWOM 的动态研究做出了贡献。Moe 和 Schweidel（2012）着重研究了消费者为何发布评分，并为提供产品评分的个人决策建模，以及影响该决策的因素。研究人员表明，消费者对先前发布的评分的反应方式存在显著的个体差异，频率较低的海报表现出时髦行为，而频率较高的海报则倾向于与其他海报区分开。

在过去 10 年中，在线评论的研究激增。根据 51 项研究，You，Vadakkepatt 和 Joshi（2015）对在线评论的数量和价格弹性进行了分析。他们发现价格弹性（0.417）高于体积弹性（0.236），而对于私人产品和低试用产品，这些弹性较高。在对有关在线欺骗的有趣研究中，Anderson 和 Simester（2014）发现大型零售商网站上的评论中约有 5% 是针对审阅者从未购买过的产品的。这些评论往往比一般评论更为负面，并且研究人员得出结论，所有评论都是由竞争对手或其代理商撰写的，因为这些评论者似乎已经在零售商处购买了许多其他产品。Rosario 等（2016）发现 eWOM 对市场上新的有形商品的销售产生了更大的影响，而对服务则没有。他们还发现，eWOM 数量对销售的影响要比 eWOM 价格大，而 eWOM 负值并不总是会影响销量，但评论中的高可变性确实会影响销量。

Lamberton 和 Stephen（2016）提供了 2000～2015 年的涵盖数据，对社交媒体和移动营销主题实质性领域的最新研究进展进行详细调查。他们专注于数字技术作为个人表达的促进者、决策支持工具和市场情报来源，通过提供有关社交媒体和 UGC 研究的更多详细信息来补充上述治疗方法。

当前对 UGC 的研究主要集中在对结构化数据的研究上——很喜欢或喜欢的数目及其统计均值和方差。但是，评论和帖子的内容本身包含客户表达的宝贵且直接的信息。虽然情感分析已被用于捕获信息，但只有少数经验论文被用到在线评论的非结构化文本内容中（例如，Tirunillai，

Tellis，2014）。未来的研究需要更多地关注 UGC 的语义分析。

3. 平台和双边市场

双边市场是两个互相提供网络收益的独立用户群体的经济网络。在线平台市场上的现有研究已从经验上考察了网络效应，也就是说，更多的用户/购买者将增加双边市场的广告商/卖方。Tucker 和 Zhang（2010）进行了现场实验，并研究了信息披露对交换网络的用户基础和卖方基础的影响。他们的结果表明，卖方喜欢与更多卖方建立交易网络，因为这对更多买家具有吸引力。研究者应用矢量自回归模型分析来研究买卖双方对平台广告收入的直接影响，以及点击率和每次点击费用（CPC）的间接影响。他们的结果显示出强大的网络效应——更多买家增加了卖家的每次点击费用，更多卖家提高了买家的点击率。他们研究的双向平台在数据窗口内启动了搜索广告服务，使他们可以在搜索广告服务启动和成熟阶段捕获不同的影响。有趣的是，他们发现成熟阶段的 ROI 是启动阶段的 ROI 的 2 倍。在发布阶段，他们发现现有卖家的出价高于新卖家，并且对点击率的影响更大。在成熟阶段则相反。对于购买者，新购买者在发布阶段对点击率和价格产生更大的影响，在成熟阶段，这种影响甚至更加明显。此外，新买家的影响持续时间是现有买家的 3 倍。

4. 搜索引擎

搜索引擎使客户可以获取有关产品和服务的免费信息，并确定符合其搜索条件的公司和品牌。搜索引擎根据用户键入的关键词提供网站的自然列表以及付费搜索列表。

一些实证研究证明了搜索引擎的有效性。学者发现通过付费搜索获得的客户购买的产品比从其他在线或离线渠道获得的客户购买的产品更多，并产生更高的客户生命周期价值，这表明搜索引擎是识别高价值客户的有效选择机制。Dinner，Van Heerde 和 Neslin（2014）发现付费搜索广告比离线广告更有效，并且 Wiesel，Pauwels 和 Arts（2011）还发现，付费搜索的影响比电子邮件更持久。

搜索引擎营销涉及三个参与者：搜索引擎、广告客户/公司和客户。

我们已经讨论了搜索引擎在客户决策过程中的作用。在本部分中，我们将从搜索引擎和广告商的角度关注特定问题：（1）搜索引擎应如何对关键字定价和排名；（2）广告商应如何选择特定关键字并为这些关键字出价以被最有效的客户获取。广义第二价格拍卖被搜索引擎广泛采用，以确定每个关键字的价格和排名。在经济学中，众所周知，广义第二价格拍卖优于第一价格拍卖，但是在搜索引擎上的实施可能并不总是最优的。Amaldoss，Desai 和 Shin（2015）比较了通用第二价格出价和Google 实施的首页出价估算机制（估算提供了出现的最低出价在特定关键字和广告客户组合的搜索结果首页上）。他们的研究结果强调后者在应对广告商的隐藏估值和预算限制方面的优势，从而为搜索引擎带来了更高的收入，而这并不一定以广告客户为代价。Chen，Liu 和 Whin-ston（2009）开发了一种具有最佳份额结构的分析模型，以将印象份额分配给投标人，并帮助搜索引擎获得最大的收益。后来，Zhu 和 Wilbur（2011）进一步讨论一种混合出价方案，在该方案中，广告商可以按展示次数付费或按效果付费（即点击次数）。他们建议搜索引擎为广告商提供不同的出价选项。

从定义上说，搜索引擎基于拍卖的市场可以在广告商之间引起激烈竞争。许多公司雇用广告代理商来管理它们的搜索引擎营销，并根据转化次数授予该代理商。Skiera 和 Nabout（2013）提出了一种自动出价决策支持系统，以最大化广告商的利润。在现场实验中，该算法可将投资回报率提高 21 个百分点，并增加广告商和公司的收入。Desai，Shin 和Staelin（2014）调查了购买公司自有品牌名称与竞争对手的品牌名称之间的权衡情况。此类购买受品牌所有者及其竞争对手的质量的影响。当品牌所有者期望其竞争对手购买其品牌关键字时，最佳措施是购买自己的品牌以排除竞争对手。此外，他们发现竞争对手的品牌名称会增加搜索引擎的利润，但可能导致品牌所有者及其竞争对手陷入囚徒困境中，而这两家公司的利润都损失了。

搜索引擎向公司提供关键字效果报告，以帮助公司了解其付费搜索广告的有效性。例如，Google 提供每日统计信息，包括展示次数、点击

次数、点击率（CTR）、转化率、平均每次点击费用、总费用、平均排名和质量得分等。在这些指标中，排名、点击率和转化率对购置成本影响最大。在有关搜索引擎的最早的经验研究之一中，Ghose 和 Yang（2009）同时为客户的点击和转化、每次点击费用和搜索广告的位置建模。他们发现，随着搜索广告移至结果页面顶部，点击率会更高。他们的结果表明，在搜索关键字中包含零售商名称会产生较高的点击率，而包含品牌名称或较长的搜索短语会产生较低的点击率。经过这项研究，Agarwal，Hosanagar 和 Smith（2011）表示点击率随着广告位置的下降而降低，但是转化率与广告排名并不单调相关。Rutz，Bucklin 和 Sonnier（2012）通过显示关键字广告的转化率受品牌名称和位置信息的影响，扩展了这一研究范围。一些研究更多地关注广告位置，例如，Rutz，Bucklin 和 Sonnier（2012）检查了竞争对手的广告排名，并模拟了广告客户的战略行为。Narayanan 和 Kalyanam（2015）使用回归非连续性方法来研究排名对搜索广告效果的影响。他们发现位置对较小的广告客户而言更为重要，他们还发现，品牌名称或特定产品信息的存在可能会破坏广告效果。Li，Kannan，Viswanathan 和 Pani（2016）重点关注归因策略在搜索广告中的作用。他们对公司的关键字出价及其投资回报率、搜索引擎的排名决策以及客户的点击率和转化率进行了建模，并表明归因策略可能对使用关键字定位的客户产生重大影响。Berman 和 Katona（2013）研究了搜索引擎优化（SEO）对广告客户之间的自然搜索结果和赞助搜索结果竞争的影响，并确定了 SEO 在哪些条件下提高了客户对搜索引擎结果的满意度。除了研究搜索广告的效果指标之间的关系外，Rutz 和 Bucklin（2011）还研究了自然搜索和赞助搜索广告之间的协同作用。Rutz 和 Bucklin（2011）开发了动态线性模型来捕获从通用搜索到品牌付费搜索广告的价格溢出。Joo 等（2013）还在多渠道多点触摸归因文献中研究从搜索引擎营销到其他在线营销渠道的溢出现象。搜索引擎领域的未来研究将利用商业模式和技术—生物学。例如，谷歌一直将搜索产品的价格直接嵌入其自然搜索结果中，这为客户提供了绕过价格更高的网站的选择。当前，企业可以选择直接在自然搜索结果中显示其一定价格的程序。对于这些公司而言，一个重要的问题是它们是否应该选择加入。从客户的角度来看，这些选择是否会减少它们的搜索时间和网站访问量？这些是有趣的问题。从技术发展的角度来看，像美国 DARPA 的 Memex 这样的新型搜索引擎可以搜索"黑暗"网络，而使用图像和音频进行搜索的引擎则可能使这一领域的研究处于前沿。

5. 情境互动

在本部分中，我们研究数字技术与公司环境中相关元素之间的关系。具体来说，我们关注三个元素，这些元素已对现存的营销文献产生极大的兴趣，因为它们可能会对数字营销的有效性产生重大影响：（1）地理位置；（2）隐私法规；（3）针对隐私法规的内容盗版。

尽管数字环境跨越了地理界限，但在线客户的偏好和选择仍然在很大程度上取决于地理位置。通过使用在线现场实验和空间模型公式，研究结果表明，客户在出版商提供的不同书的格式之间进行选择时，会表现出地域差异，这可能会捕获由于位置差异和价格敏感性而引起的无法观察到的影响。一些学者在检查客户试用 Netgrocer.com 情况时发现，客户采纳的决策影响了地理上最接近的采纳决策，但尚未尝试该服务的居民，发现邻里效应为显著阳性，其在经济上也显著。他们还发现移动环境中的位置影响非常重要。Danaher 等（2015）对移动优惠券的有效性进行研究后发现，有效性取决于移动优惠券在何时何地交付，交付的地点和时间显著影响兑换。Andrews，Luo，Fang 和 Ghose（2015）审查了在人群中移动广告的定向效果，发现拥挤的地铁中的通勤者对移动产品做出响应的可能性大约是不拥挤的火车中的通勤者的 2 倍。他们建议，随着人群拥挤的侵扰，人们适应性地向内转移，变得更容易受到移动广告影响。随着数字技术变得更加个人化，地理位置的影响可能成为消费者行为的重要预测指标。

在线公司越来越多地努力利用有价值的个人级别信息来了解客户的搜索行为，了解在线评论、社交媒体活动以及客户进行在线互动的任何其他内容。在美国，只要公司在其隐私权政策中表明意图，就可以在公司之间共享客户的个人信息。公司收集的详细数据可帮助营销人员更好地了解何时、何地以及如何满足客户的需求。但是，客户对其隐私的关注水平正在上升。JDPower 的最新报告（Pingitore et al.，2013）表明，消费者对隐私的关注程度仍然很高，他们对在线数据收集器的不信任感也在持续上升。大多数接受调查的客户不相信公司应该通过跟踪 Cookie 或社交媒体活动来获取个人数据。有 81% 的消费者认为他们无法控制如何收集和使用个人信息。在欧盟中，隐私法更加严格，这可能对目标客户产生重大影响。通过对接触展示广告的客户进行大规模调查，Goldfarb 和 Tucker（2011）发现，相对于其他国家或地区而言，"在欧盟法律颁布后，展示广告在改变既定购买意图上的效力远不如前者"。对于没有互动元素的小尺寸展示广告以及具有新闻等一般内容的网站，效果尤其明显。

Rust，Kannan 和 Peng（2002）假设隐私市场不受政府监管或干预，并开发了一种分析模型，以简化的方式与垄断公司和代表客户一起检查隐私的均衡水平。他们的发现与公认的信念一致，即总体隐私水平会随着时间的流逝而下降，而维护隐私的费用对于消费者而言将更多。他们预计将出现一个隐私市场，其中消费者可以在该市场上购买一定级别的隐私。

最后，对于盗版和数字版权管理（DRM）问题，学者已经进行了许多分析和实证研究，并重点研究了盗版和 DRM 对信息产品的销售情况和利润的影响。进而减少价格竞争。因此，较弱的版权保护可以作为减少价格竞争的协调手段。同样，即使存在强大的网络效应，一家公司也可以把加强版权保护充当减少价格竞争的协调手段。

Vernik 等（2011）研究了存在和不存在 DRM 的影响。通过内化盗版水平，他们发现，当公司允许免费的无 DRM 合法下载时，下载盗版文件的行为实际上可能会减少，而且版权所有者并不总是会因为难以打击盗版行为而受益。在经验支持下，Sinha，Machado 和 Sellman（2010）进行了两项大型的实证研究和验证工作，发现音乐行业可以从删除 DRM 中受益，因为这种策略有可能将一些盗版者转变为付费用户。无 DRM 的环境还通过增加对合法产品的需求以及提高消费者购买这些产品的意愿水平，增加消费者和生产者的福利。在相关研究中，Danaher 等（2010）在一项自然实验中发现，如果以前无法在网上合法下载的内容，现在无法在线分发，那么盗版行为就会增加。恢复分发后，盗版水平下降了。

地理位置对消费者行为（尤其是在搜索和购买行为方面）的影响使数字技术变得越来越个人化，可穿戴性成为研究的重要内容。随着虚拟现实（VR）和增强现实（AR）的出现，上下文交互变得越来越重要。这些技术在实体环境中的影响与在数字环境中是否有所不同？对于产品还是服务，它们会有所不同吗？在线销售客户体验（旅行、款待、度假套餐）的公司如何从这种技术中受益，又如何将技术整合到在线决策辅助工具中？

随着隐私问题对客户的重要性日益凸显，公司可能被迫在细粒度级别上限制数据收集（无论是借助政府法规还是通过自我方式）。在这种情况下，开发使用更多聚合级别数据或利用部分数据的个性化和定制技术将变得至关重要。

三　营销行动

1. 产品

在数字时代，产品的概念正在经历快速变化。第一，通过服务扩展核心产品使其变得越来越数字化，其中产品的核心价值随着数字功能增强（例如具有 GPS 系统的汽车、基于传感器的自动驾驶技术）而增加。第二，产品联网使用在线和移动技术催生了租赁经济，其中自有产品（例如住房和汽车）的休眠价值通过数字网络释放以提供租赁选择（例如 Airbnb 和 Uber）。这种网络技术也推动以互联网发展物联网（IoT），其中产品融合了智能技术，可实现彼此之间以及与用户之间的通信。第三，产品/服务本身正在演变为数字服务，尤其是在信息产品（例如软件）和内容（例如音乐、视频和文字）领域，而在线和移动技术起着关键作用。这为创建各种数字和传统非数字格式的产品线提供了机会，这些产品线对定价和营销产生了一定影响。数字服务的产品线还支持"免费增值"之类的模型，其中免费提供基本版本、收费提供增强版本（例如，数字存储和在线内容）。所有这些发展还通过改变核心产品或服务以及增强型数字服务，为定制和个性化客户服务提供机会。

为了理解数字营销及其影响，必须重点关注数字技术如何扩展和转变核心产品。扩充和转型的核心是努力为消费者提供新价值，从而促进新商业模式创建（如图6-4所示）。

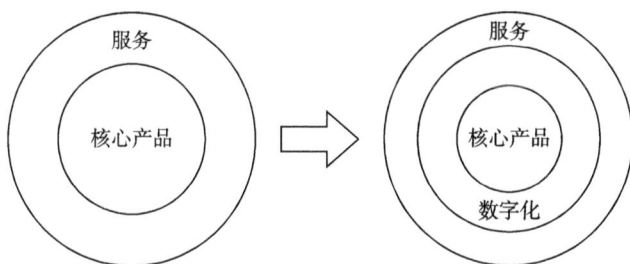

图6-2　数字技术扩展和转变

具有增强服务的核心产品数字化的早期趋势是，将产品和相关服务转换为信息产品领域的数字服务，例如软件、音频、视频、文本、游戏等。产品的本质是数字化的，这很容易理解，而创新只是简单地将物理形式转变为完全数字化——书变成了电子书，音频/视频发行从CD/DVD变为流媒体，在线迁移了视频游戏等。这种转变大大降低了生产和发行数字内容的边际成本。Bakos和Brynjolfsson通过研究表明，所谓的"聚合经济"可能导致内容的大规模捆绑。特别是，由于内容的边际成本低，即使没有网络外部性或规模经济或范围经济，捆绑也成为一种产品策略。如果对无关信息没有任何用处，那么将内容捆绑成为最佳策略。另外，向数字版本的转换也使内容（音乐单曲、书的章节）打包成为可能。取消捆绑和数字下载会通过替换捆绑内容而大大减少收入。但是，如果捆绑销售的商品具有同等的吸引力，并且/或者画家的声誉很高，则其对收入的影响较小。

总体而言，数字化产品或服务以及其传统形式的产品（特别是具有不同格式的同一产品线）的可用性引发了一些有趣的研究。虽然产品线中的产品趋向于替代，但是传统格式和数字格式可以根据使用场合相互补充，并且可以捆绑在一起。

Koukova，Kannan 和 Ratchford（2008）表明，当广告强调各种格式的常见使用情况时，消费者将格式视为替代品，而当广告强调每种格式的独特使用情况时，消费者则认为格式更具互补性。Koukova，Kannan 和 Kirmani（2012）运用这个想法来说明如何将格式设计得更加互补，从而鼓励消费者购买。

一个相关的研究问题是设计诸如电影、歌曲和书之类的产品的数字样本的问题，该样本使消费者能够以鼓励销售为目标来更多地了解该产品。Halbheer 等（2014）检查了样本数量的问题，即应提供多少样本以最大化销售水平。Li，Jain 和 Kannan（2016）使用分析和经验模型研究样品质量如何影响销售。两项研究的目的都是确定不同条件下的最佳采样水平。抽样问题与上述产品线问题类似，对于某些消费者而言，样本可以替代数字产品。但是，公司的目标是使样品和产品具有互补性，以便更多的消费者在采样后购买产品。在免费增值模式中，这一想法是相同的，在这种模式中，消费者使用一段时间的免费访问权或免费样品，然后以一定价格升级到高级产品。也可以将其视为以时间补充的产品（Berry et al.，2014）。

数字环境对产品战略的重大影响是实现大规模定制的便利目标。数字接口使客户可以轻松地根据自己的规格选择选项和配置产品。关键的研究问题之一是设计各种功能和选项的"黑板"（或选项菜单），以配置产品和服务。Wind 和 Rangaswamy（2001）创造了术语"定制"来描述公司的产品策略，该策略将大规模定制与使用在线菜单定制模块相结合。早期研究者 Liechty，Ramaswamy 和 Cohen（2001）研究了使用实验性选择菜单评估客户的具有不同功能和选项的产品和服务的偏好和价格敏感性。Dellaert 和 Stremersch（2005）研究了大规模定制实用程序和菜单设计复杂性之间的权衡情况，发现对于具有专业知识的客户来说，大规模定制配置具有更高的实用性，而对于产品专业知识和复杂性较低的客户而言，其对客户的实用性较低。专家通过为客户提供启动解决方案，同时保持定制的所有优势，致力于降低大规模定制的复杂性。在这种情况下，有关决策辅助的研究（在"消费者行为"下讨论）也很重要。

在数字格式的情况下，产品的概念已经发生彻底的转变，但在最近的商业模式中，核心产品保持不变，通过数字服务实现了扩展。此类业务模型的示例包括 Airbnb，Uber 和 Lyft，它们利用数字技术和网络释放出租产品的内在价值（Sundararajan，2016）。虽然这些业务模型也可以看作平台，但是从产品设计的角度来看，共享或租用它们可能具有特殊的意义。通过数字服务发展核心产品的其他示例包括创新，例如无人驾驶汽车、使用应用程序提供补充服务的联网汽车等。这涉及物联网领域，其中包括家用产品、家用电器、家用设备等，提高了传感器、GPS、电子设备、软件和网络的连接能力，以便它们可以交换数据以提高效率、效益。在这个领域，一个有趣的问题是如何设计产品以优化生态系统，从而使客户获得更高的价值并采用它们。

随着产品与数字技术的日益集成和联网，了解产品的使用情况和连接上下文以及这些上下文元素对衍生自产品的效用的影响非常重要。这样的理解可以提供使用扩展产品的数字服务来确定个性化产品的基础。例如，福特（Ford）等汽车制造商越来越注重针对客户体验设计产品。在共享经济中，客户可能会越来越多地关注影响其驾驶体验的功能，而不是获得汽车所具有的显著功能。新的研究还应解决以下问题：（1）在交互式数字环境下，确定客户在产品设计中的角色；（2）移动设备如何改变产品和服务。

2. 价格

数字产品和服务的生产和分销边际成本非常低或为零。这对定价和收入模型具有重要意义，尤其是在包含传统格式和数字格式的产品线的情况下。Venkatesh 和 Chatterjee（2006）研究了在线和离线内容（如期刊）的最佳定价，并显示在线格式可以产生更高的利润，这成为价格歧视的手段。当他们假设消费者购买一种或另一种格式时，研究表明，消费者对格式的可替代性和互补性的看法不一，通过捆绑格式可以实现

143

更高的利润。在存在广告收入的情况下，专注于报纸和杂志背景下的免费增值模式。在类似的报纸平台，我们构建了一个内容订阅包菜单，该菜单可以使来自消费者和广告发布者的总利润最大化，并且可以洞察各种业务模式和格式策略下的利润最大化菜单。专注于内容平台，Lambrecht 和 Misra 研究了免费提供多少内容以及公司何时收取费用的问题。他们发现，企业可以通过根据收费方式灵活地调整其提供的内容数量来增加收入，而不必像许多内容提供商那样设置静态的付费专区。灵活性取决于消费者需求的异质性，因此可以是动态的。

Lee，Kumar 和 Gupta（2013）专注于 Dropbox 等免费广告的免费增值产品，并使用结构模型开发最佳定价策略。随着公司创建新型的数字商品和格式，学术研究也开始了，并提供了可概括的建议。最新研究的其他示例涉及在线音乐等数字商品的创新（Chung，Rust，Wedel，2009）、视频游戏和云计算。Lambrecht 等（2014）对数字商品基于内容、基于信息和基于广告的收入模型进行回顾，在基于内容的收入模型中，公司可以出售内容和服务。当公司通过销售其客户信息（例如，Cookie 级别的浏览行为）获得收入时，应将其应用于基于信息的模型。基于广告的收入模式适用于拥有展示广告库存的网站，分配给广告的空间可能是公司获得收入的重要驱动力。

由于以下原因，在线产品和服务的定价比实体商店的定价更具动态性：（1）消费者的搜索成本低；（2）零售商的菜单成本低；（3）购物环境的变化迅速；（4）零售商可以更快地响应客户的搜索。此外，越来越多的拍卖活动（通过搜索引擎、重新定位等）获取客户，从而将更多的选择性客户带到零售商的站点。一方面，由于较低的搜索成本，客户正在进行更多的价格比较。Degeratu 等（2000）发现在线购物者比离线购物者对价格更敏感。利用航空旅行业的数据发现，在线需求更具弹性，部分是由于自我选择的问题，与商务旅行者相比，休闲旅行者在网上为航空旅行提供的服务更多。另一方面，由于菜单成本较低，在线零售商能够测量需求，跟踪竞争对手的价格并更快地调整价格。Kannan 和 Kopalle（2001）分析基于信息的虚拟价值链与基于产品的实物价值链，并讨论了 Internet 上出现的一些新定价策略，包括拍卖模型、需求汇总、动态过账价格、Priceline 的反向拍卖模型等。

大量研究集中在数字环境支持的新定价模型以及在线市场定价的特征方面，如价格渠道、在线拍卖，以及在线市场上的价格分散。

在移动和个人技术方面的定价是未来研究的成熟领域。这些技术以及基于语音和图像的搜索可能使搜索成本降低，这对于定价和价格匹配有何意义？价格竞争意味着什么？许多公司正在 Internet 上采用动态定价方式，价格会根据一天中的时间、一周中的一天的情况以及其他环境而变化。这种定价方式将如何影响客户的期望？个人技术如何使公司建立客户忠诚度并提高定价能力？

3. 晋升

许多在线零售商使用协作过滤或自适应个性化向客户推荐产品。这些可被视为围绕核心产品的增强服务（例如，Netflix 的推荐系统）或个性化促销。Ansari，Essegaier 和 Kohli（2000）开发了一个考虑客户偏好异质性和产品异质性的贝叶斯偏好模型。在他们的研究中，可以通过从观察到的评级数据中进行数据扩充来估算未观察到的属性。Ying，Feinberg 和 Wedel（2006）分析在线推荐评级中的内生选择。他们发现，通过共同检查选择以对产品进行评分以及通过相应的评分可以提高推荐质量。Bodapati（2008）区分了自发购买和推荐响应情况，并建模了公司推荐对客户购买行为的影响。他发现，基于客户对推荐的预期响应的模型比传统的模型的效果更好。仅根据过去的偏好来推荐客户极有可能是购买商品的好方法。

电子邮件和显示是用于吸引客户的两个公司发起的工具。具有定制化设计和内容的电子邮件可以增加网站流量。使用它们提出的内容定位方法，电子邮件的点击率增加了 62 个百分点。但是，公司不应过度使用电子邮件通信。Ansari，Mela 和 Neslin（2008）发现过度使用电子邮件定位可能会带来负面影响。

随着展示广告支出不断增加，研究人员已经进行了广泛的研究来确定展示广告的效果。在线广告可以带来更多的网站访问量，但可能不会提高品牌知名度，而展示广告可以提高品牌知名度和广告召回率。展示广告效果的关键指标是点击率。客户对横幅广告的反应取决于自上次点击以来的频率、累计展示次数和经过的时间。他们模拟了客户点击横幅广告的倾向，并发现非线性的递减关系。由于相同的横幅广告反复向客户显示，因此客户不太可能点击广告。在较长时间范围内重新访问的客户比那些具有较短重新访问间隔的客户更有可能点击横幅广告。也就是说，对于展示广告不熟悉的客户或不常接触该广告的客户更有可能点击。除点击率外，他们还研究了展示广告曝光率对购买率的影响。横幅广告的展示次数加快了购买速度。当访问者浏览更多站点时，这种影响会更大。此外，他们发现，曝光次数的增加和展示广告的网站数量的增加，提高了重复购买的可能性。

就购买和浏览行为的路径而言，横幅广告会影响某些客户随后的浏览行为。最近一项实验研究了展示广告在购买渠道不同阶段的影响。研究发现展示广告的曝光量对随后访问该公司网站有积极影响。通过现场和实验室的实验表明，客户对广告的信息性和干扰性的感知会影响其效果。具体而言，尽管个性化可以大大提高横幅广告的有效性，但影响取决于其与时间和展示位置因素的相互作用。

展示广告的最新趋势是重新定位技术，在该技术中，客户可以看到对以前查看过的产品的印象。既具有吸引力又具有针对性的广告对购买的影响要小于这种广告。这种影响还取决于产品类别。在更多私人类别中，例如金融或保健产品，这种影响最为明显。在行为定向受到法规的限制时，广告效果就会受到损害。在 Lambrecht 和 Tucker（2013）进行的一项有关在线促销的早期研究中，定制促销与传统的离线方法相比，单个客户级别的方法可以更好地利用数字环境的功能。Zhang 和 Wedel（2009）正式比较了在线和线下商店中按质量细分市场、细分受众群和个体受众三个层次的定制促销的有效性。他们的主要发现是，在线商店的忠诚度促销比线下商店更高，而竞争性促销则相反。他们还发现，在在线环境中，对于促销敏感的类别，个人级别的定制促销使相对于细分市场和大众市场级别的定制促销的利润大幅增长。这些结果是未来任何在线促销活动的重要起点，特别是对于展示广告和优惠券。

在线上有许多第三方促销和优惠券网站（例如 Groupon、Living Social），它们可以帮助公司通过优惠券和按日促销来获取客户。Eisenbeiss 等（2015）研究了当日促销活动，发现不同促销产品的类型（功利主义与享乐主义）的促销效果各不相同。此外，他们发现消费者相对于每日交易时间限制在折扣水平上的关注度有所不同。在此类团购环境中存在两个阈值效应的经验证据：在达到团购交易的阈值时，新签约人数显著增加，新签约人数之间的正相关性更强以及在达到阈值之前的累计注册数量更多。迫切需要研究对公司收购成本的影响以及通过此类促销挽留客户的可能性。

基于我们当前在多个渠道中的个性化和促销知识，需要开展更多研究来确定促销与转化之间的因果关系，以便能够准确评估促销的影响。许多公司面临的主要挑战之一是如何从大量数据（所谓的"大数据"）中提取相关的、有用的信息。另一个挑战是"实时"执行，这需要在自动化的帮助下使用大数据集。未来的市场研究需要可扩展的建模方法。

4. 地点

研究人员对于在线渠道中的消费者行为、在线渠道的有效性以及在线渠道上的互动形式，已经进行了广泛的研究，这些研究都包含在"数字环境"的讨论中以及"市场研究"中。我们将在本部分重点介绍较新的渠道以及多渠道、全渠道的问题。

随着诸如智能电话和平板电脑之类的新移动设备的出现，设备属性和消费者对这些设备的使用对营销产生重大影响。利用微博用户的数据，Ghose，Goldfarb 和 Han（2012）比较用户在手机上的 Internet 浏览行为与在个人计算机上的浏览行为。该研究发现，手机的排名效应更强：职位上移一个位置时，点击率提高了 37 个百分点；PC 上移一个位置时，点击率提高了 12 个百分点。他们将这种差异归因于较小的屏幕尺寸和相应较高的手机搜索成本。此外，他们发现地理上最接近的品牌帖子的点击率更高——手机上相距 1 英里（1 英里相当于 1.609344 千米）的品牌帖子的点击率提高了 23 个百分点，而 PC 上的帖子的点击率提高了 12 个百分点。这两个发现都凸显了在手机和 PC 上浏览行为的显著差异。他们在大规模的野外实验中分析了移动定位策略及时间定位和地理定位的有效性。本书中的时间目标包括三个操作（同一天、一天之前或两天之前），而地理目标也包括三个操作（近、中或远）。他们发现，按时间定位和按地理位置定位都可以分别增加销售额。但是，同时使用这两种策略并没有显示协同的销售增长情况。例如，对于地理位置定位更远的消费者来说，时间定位和销售之间的关系呈倒 U 形。

移动设备为现有的数字营销渠道［例如电子邮件、展示广告（在移动应用中）、搜索等］提供了一个新平台。移动设备的普遍使用扩展了广告商的覆盖范围。随着客户逐渐发展出对移动设备的依赖，这种转变为广告商提供了更多机会。研究人员已经检查了手机上的优惠券兑换情况和对地理位置定位进行了大规模的现场实验，以检验移动购物行为以及移动广告与离线购物之间的协同作用。

随着移动设备对客户的购买途径变得越来越重要，越来越多的研究项目集中在把移动设备作为渠道的各个方面。进行研究以了解移动设备对营销的贡献成果和设计媒体以优化其效果将是未来几年的重点关注领域。特别是随着移动应用程序的流行，应用程序对移动渠道客户使用率、支出和客户忠诚度的影响正在日益显现。另外，其还涉及重要的查询领域。

可以从两个角度看待数字环境中的多渠道问题。一个角度是从在线渠道如何与传统的离线渠道互动并产生协同效应出发。另一个角度是查看在线环境中的"渠道"，例如显示、搜索、电子邮件、会员等，以及它们如何相互作用以为客户创造价值、获得客户并提高客户忠诚度。大量文献从第一个角度出发并着眼于多渠道问题，这可以为在线渠道如何在为客户创造和提取价值中发挥作用提供有用的见解。例如，Verhoef、Neslin 和 Vroomen（2007）研究客户如何通过调查数据选择搜索或购买渠道。他们确定了解释购物现象的三个原因，在这种购物现象中，购物者使用 Internet 来收集信息，但最终还是从实体商店购物。他们发现基于属性的决策、缺乏渠道锁定和跨渠道协同作用是研究购物流行情况的三个视角。与其说详细讨论该领域的所有其他研究，不如说是 Neslin 等（2006），Neslin 和 Shanker（2009）以及 Verhoef 等（2015）对该领域的发展进行了全面的回顾。

从公司的角度来看，数字环境的优势之一是，与公司一起获取有关特定客户接触点的数据要容易得多。此数据对于衡量各种在线营销活动的效率和有效性，从而优化各种营销工具的支出方案非常有用。公司不仅可以更准确地衡量在线获得客户的成本，还可以将保留成本和其他营销活动分配给单个客户和细分级别。当客户在购买路径上与许多营销工具/渠道互动时，如何评估每个渠道对销售的贡献就变得很重要。这种将转化、获取和保留归因于各个渠道的"归因"问题，以及对各个渠道/营销接触点的结转和溢出效应的衡量，一直是积极研究的重点。

关注归因问题，研究人员开发了一种分层模型，以检查客户在在线多渠道环境中使用营销渠道、在渠道中访问和购买的考虑。他们使用个人印象访问和购买数据，将转化功劳归功于各个营销渠道，例如，搜索、展示、电子邮件、引荐和直接网站访问。根据他们提出的归因方法，经常使用的最终点击归因或线性加权归因高估了搜索渠道，而低估了引荐、电子邮件和展示渠道。

研究显示了在线营销渠道之间以及在线和离线渠道之间的溢出效应，例如，从付费搜索到后续直接访问的溢出效应和跨渠道的强大溢出效应。跨渠道效应与自己的渠道效应一样强。特别是对于展示广告和付费搜索广告而言，交叉效应很强。但是，离线广告对付费搜索点击率的影响是负面的。

四　营销成果

公司根据经营环境所采取的行动的结果可以分为客户价值，包括价值资产（它们产生的目标价值）、品牌价值和关系价值、客户满意度、客户价值及其要素以及公司价值及其要素。在客户价值方面，基于来自

23 个国家/地区的大规模数据，研究人员研究了国家或地区特性如何系统地缓解了消费者在访问品牌网站时所获得的感知价值的个体驱动因素受到的影响。主要发现之一是，与集体主义国家或地区的客户相比，生活在具有更多个人主义特色的国家或地区的客户在其感知的价值判断中更加重视娱乐、隐私/安全保护和自定义。Shankar，Smith 和 Rangaswamy（2003）着重关注数字环境对结果的影响，研究当客户选择在线与离线服务时，同一服务的客户满意度和忠诚度水平是否不同。他们发现，在线选择服务的客户满意度与选择离线服务时的客户满意度相同，但在线选择服务时，客户对服务提供商的忠诚度更高。在相关研究中，比较在线和传统购物环境中 19 个杂货产品类别中 100 多个品牌的消费者忠诚度，人们发现，对在线购买的高市场份额品牌的忠诚度明显高于预期，而对小份额消费者而言则相反，在离线环境中没有这种差异。研究这种效果的机制并理解为什么消费者会发现这种行为是很有趣的。

关于环境因素，直接与结果变量相关的研究结果如下。Sonnier 等（2011）专注研究积极、消极和中立的在线客户互动量的销售效果。他们建立了关于公司及其产品的在线口碑的日常度量，以作为对潜在需求产生的库存变量的贡献，并发现正、负和中性的 eWOM 对每日销售业绩具有显著影响。McAlister，Sonnier 和 Shively（2012）将分析扩展到公司价值，发现在线聊天对公司价值有重大影响，并排除了所有可能的替代解释。Stephen 和 Toubia（2010）在卖家是个人的在线社交网络中，研究了社交商务对经济价值的影响。他们发现，允许卖方与客户建立联系以在销售方面产生可观的经济价值，而网络的价值主要来自顾客对市场的访问，从而凸显网络对于顾客和卖方的内在价值。最后，Kumar 等（2016）研究了社交媒体网站中公司生成的内容对产品类别以及跨产品类别的单个客户购买的影响，发现公司生成的内容增强了电视和电子邮件营销对销售的影响。上述将数字环境与公司行动联系起来的研究的重要特点之一是确保排除其他解释的严格性。

五　市场调研

数字环境产生大量数据，包括点击流数据、客户评论和评分、博客、标签和社交互动数据、客户对营销活动的响应以及合作者和竞争对手的信息。这些数据对于公司了解在线客户行为、制定营销策略以及衡量行为和策略对营销结果的有效性很有帮助。在本部分中，我们将重点放在以理解数字环境为中心并将数字环境与营销活动的结果联系起来的实证研究上。

早期对数字环境的研究提出了一种在数字环境中结合流量概念的消费者导航行为的结构模型。后来，研究人员通过定量分析使模型形式化，从而将该模型与特定的在线消费者行为相关联。基于实际行为数据，对客户点击流的分析开始流行。Bucklin 和 Sismeiro（2009）对访问者在网站上的浏览行为进行建模，并检查访问者继续浏览更多页面（或退出）的决定以及在网站上花费的时间。浏览的动态与网站的锁定性和黏性与访问者在重复访问中的学习一致。使用类似的数据，Sismeiro 和 Bucklin（2004）模拟客户的在线购买行为，主要调查结果涉及重复访问的次数（不表示购买倾向）、复杂的决策辅助工具的可用性（不能保证交易的成功）。Moe（2003）使用点击流数据经验性地测试商店访问的类型，该类型随购物者的潜在目标（购买、浏览、搜索或知识积累）而变化，并且能够使用行为数据对访问进行分类。这种分类有助于识别和定位潜在买家，并设计更有效和定制的促销信息。点击流分析被广泛用于市场研究，例如，Moe 和 Fader（2004）为了研究目的以及如何最好地利用它们，对这些数据的优缺点进行了综述。另一个丰富的数据来源为社交网络中的互动。Trusov，Bodapati 和 Bucklin（2010）专注于识别社交网络中的有影响力的成员——有影响力的人，然后可以将其作为传播信息的目标。研究人员开发了一种使用成员登录活动的纵向记录来确定其对其他人的活动有重大影响的涉及特定用户的方法。

Moe 和 Trusov（2011）检查了消费者的产品评分，并开发了一个模型来区分个人产品体验所产生的评分变化与社会影响所产生的变化，从而使他们能够量化社会动态的影响。Tirunillai 和 Tellis（2012）表明融资与公司股票的市场表现有关。他们还发现，UGC 交易量对异常收益和交易量具有很强的积极影响，而 UGC 的负价和正价效应是不对称的。他们还发现，离线广告的增加显著增加了聊天的数量，并减少了负面的聊天。Nam 和 Kannan（2014）使用社交标签数据开发基于标签的指标，这些指标可作为基于客户的品牌价值的代理指标并解释异常收益。这些研究表明，数字环境数据可以包含非常有用的信息，以跟踪公司的绩效。使用此类数据还有很多值得探索的地方，例如，Lee 和 Bradlow（2011）。从方法论的角度看，Wedel 和 Kannan（2016）从营销研究和分析角度分析相关具体信息。

六　市场策略

公司要保持可持续的竞争优势的两个核心营销要素是品牌和客户。在本部分中，我们重点关注与营销策略这些要素有关的最新研究，公司如何在瞬息万变的数字环境中战略性地管理其品牌和客户。新渠道、新购物设备和新客户互动的引入要求对客户管理和品牌管理有更新的了解，并要求公司重新定义营销组合指标和 CRM 指标。例如，Haenlein（2013）考察了社交互动对客户流失的影响，并报告说，与以前受过培训的个人有联系的客户流失率更高。Malthouse 等（2013）讨论了社交媒体如何重塑"社交 CRM"策略，并强调客户价值不仅包括基于购买的价值，还包括其社会影响力的价值。鉴于数字技术对客户价值的某些要素产生的重大影响，此类研究要求对客户价值进行更全面的定义。

品牌管理的重点是了解如何在数字环境中以及如何通过数字景观来创建、修改和发展品牌。Hewett 等（2016）描述了社交媒体网站如何为品牌传播创建回响的"回响"，在公司传播、新闻媒体和用户生成的社交媒体之间形成复杂的反馈循环。他们发现，尽管公司受益于使用社交媒体进行个性化的客户响应和在线品牌传播,但传统品牌传播仍然在塑造品牌方面发挥关键作用。Batra 和 Keller 已在品牌传播背景下概述了这些协同作用。公司的品牌定位策略可能会受到搜索引擎营销(SEM)和搜索引擎优化(SEO)策略的影响。由于 SEM 和 SEO 已适应并被应用于移动搜索、语音搜索、应用内搜索和聊天室业务,因此在制定品牌战略时需要考虑更多因素和指标。

随着新的数字设备和技术的发展,未来的研究需要集中于公司如何利用这些发展来创造可持续的竞争优势、获得市场份额以及增加客户权益和品牌权益。

第三节 业务数字化

数字化转型是"改变所有工作和创造收入的战略,应用一种灵活的管理模型来应对竞争,迅速满足不断变化的需求,重塑企业以数字化运营并制定扩展的供应链关系的过程;涉及设计、制造、营销、销售、展示以及基于数据的管理模型"。数字化转型不应被视为技术飞跃。操作管理不应只专注于进行软件和硬件更新。它是根据新业务和思维方法对任何实体的机构和运营生态系统的一种适应,以试图通过受益于数字因素来跟上数字化的步伐。提到数字化转型时,不仅要想到数字化,其还应该是一种灵活的对业务模型的应用。一些成功的数字化转换示例可以是:太阳能电池板代替了用作原料的瓷砖,电动汽车开始代替汽油动力汽车,再生玻璃被用于制造新的玻璃容器。重要的是,运营必须符合不断变化的竞争规则和要求。

麦肯锡认为,数字化转型是对技术、业务模型和流程的重新安排,以确保客户和员工在不断变化和发展的数字经济中获得新价值。数字化转型的速度实际上取决于消费者的需求。缩短从产品设计到制造的周期,缩短进入市场的时间,通过基于数据的最佳效应、更快的决策流程,可以快速满足消费者对产品在制造的每个步骤的要求。此过程可提高运营效率并降低成本。经典的商业模式已经消失，取而代之的是灵活、可即时更改、对消费者习惯进行实时响应并基于知识的商业模式。在回顾因工业4.0而产生的商业世界变化时，应引起注意的是，制造过程变得可行，供应链更完善，能源和基础设施成本降低，所需人力资源减少，合格的人力资源增加，收入增加，利润水平上升。如今，能够在快速发展的数字时代中生存的人开始与时俱进。

创新加速器推动了数字化转型支柱产生更重要的用途，其中包括物联网、机器人、3D打印、人工智能、增强和虚拟现实、仿真、横向/横向软件等创新解决方案集成。

一　推动数字化转型的驱动因素

创新对于经济增长至关重要，它使技术更便宜。技术和创新方面的成就促进了各国的经济发展。在数字平台上从事编码工作的企业家开始增加。数字技术使中小企业可以获得市场情报，并以相对较低的成本进入全球市场和知识网络。

随着互联网经济、电子商务、社交媒体的商业惯例的变化：互联网为数百万的每日在线交易和通信提供了一个平台，为单个经济体做出了重大贡献。根据WTO的说法，电子商务被定义为"通过电信方式制造、分销、销售和交付货物和服务"。根据经济合作与发展组织（OECD）的说法，"与商业活动有关的所有形式的交易，包括两种组织和基于文本、声音和视觉图像的数字化数据处理和传输的个人"。数字化转型促进了"天生的全球性"小型企业的出现，并为企业提供了新的机会来增强其在本地和全球范围内的竞争力，通过产品或服务创新以及改进的生产流程进入市场。

全球化：由于商品、服务和资本的高度流动性，它们是相互依存的，并且在跨界互惠经济一体化和国民经济参与的过程中，社会与世界各地存在的政府之间的交流与互动在世界市场上增加。

工业4.0：信息技术和工业聚集在一起。可以预见，在第四次工业革命中，数字化了制造过程，将机器直接相互连接，并且可以进行个性化制造，此外，由于生产率提高，环境受到的污染也减少了，避免了能源和水的过度使用。随着数字工厂使制造变得灵活，制造满足更少的需求和个人产品需求成为可能，还节省了大量能源。

人工智能：人工智能研究人脑如何思考以及人们在尝试解决问题时如何学习和做出决定，并使用智能软件模仿这项研究的结果。人工智能不会影响程序员的思想，它会自我学习、理解和判断。制造是通过具有人工智能的机器人进行的，无须人工干预，可以执行任务并不断学习和改进智能软件系统。

物联网（IoT）：物联网是一项基于 Internet 设备之间的数据传输技术。它包括从简单传感器到智能手机和可穿戴设备的互联设备。通过将那些设备与自动系统结合起来，可以帮助承担特定职责的人收集信息、分析或创建一项活动以开始学习过程。物联网提供了与工作有关的更多可操作性，节省了时间和金钱，主要是减少了排放。物联网是指具有 IP 地址以用于 Internet 连接的日常对象，允许它们发送和接收数据，因此这些对象与其他网络设备和系统之间进行通信（进行实时数据收集、监视、决策和流程优化）。

作为新消费者，新的期望影响了市场：他们出生于 1996～2001 年，数量占世界人口数量的 25%。可以确定，出生于数字设备（例如移动设备）世界的这一代人喜欢扮演另一个人的角色，喜欢在线交流，而不是口头交流，订阅创建娱乐视频的频道，跟随视频博客的趋势，关注病毒式营销，希望在产品的设计过程中发挥积极作用。

区块链：区块链定义为分散式加密记录簿。支持比特币的区块链自 2012 年以来一直不受任何人控制，这是一种分布式数据库技术，提供了加密的流程跟踪。

智能手机的使用增加：全世界每年售出约 10 亿部手机。新一代智能手机可提供计算机技能。全球 1/4 的手机是智能手机。在土耳其，2018 年，手机使用率为 98%，智能手机使用率为 77%，计算机使用率为 48%，移动电话用户总数为 5900 万户，占人口的 73%。

3D 打印机：这是一种可以快速生成模型的设备，模型可以在计算机中设计，也可以使用各种材料以 3D 形式制作，而无须任何模具或固定装置。产品设计和制造的成本降低了。它使制造更快。借助 3D 打印机，中国每天可以建立 10 个房屋。它可用于产品设计，降低模具成本，医疗行业，制造假肢、塑料灰泥，定制个性化礼品，进行模型制作和机器人设计。3DP 也称为增材制造，是指用于合成三维物体的各种过程。

聊天机器人：它们是一种软件应用程序，旨在备份服务领域中的用户信息并模仿书面或口头的"人类"说话，诸如 Siri、Alexa 或 Google 助手之类的人工智能都是高级聊天机器人的示例。

大数据：这是一个不断发展的术语，用于描述可能挖掘信息的任何大量结构化、半结构化或非结构化数据。大数据可帮助设计师从现有数据中得出决定性的客户需求，以改进开发设计流程。大数据和数据分析为中小企业提供了广泛的机会，使它们能够更好地了解公司内的流程、客户和合作伙伴的需求以及整体商业环境。

增强现实（AR）：增强现实被描述为通过将计算机生成的信息层添加到真实环境中来扩展物理现实。在这种情况下，信息可以是任何类型的虚拟对象或内容，包括文本、图形、视频、声音、触觉反馈、全球定位系统数据甚至气味。通过在生产过程中使用它，可确保提高生产率并降低成本。AR 用于改善自然环境或状况，并提供丰富的感官体验。借助先进的 AR 技术（例如，添加计算机视觉和对象识别），有关用户周围真实世界的信息将变得交互。有关环境及其对象的信息覆盖在现实世界中。增强现实技术可以应用于房地产市场，以访问完全数字化的财产，而在医疗领域，可以使用相同的资源来提供虚拟的手术培训和生物研究。

共享经济的发展：共享经济、合作经济、数字经济、循环经济、点对点经济只是经济文献和媒体中经常使用的一些例子。共享经济借助数字技术，通过中介将需求与未充分利用的资产或技能的供给相匹配，并做到了这一点。它还使消费者成为生产者。共享经济为我们提供了期望中无法使用的东西。

纳米技术："纳米"一词是表示十亿分之一米的单位。关于纳米的定义尚无共识。纳米技术处理的是至少具有一维范围从 1 纳米到 100 纳米的纳米材料。当我们考虑到人类的发束大约为 100.000 纳米时，可以很容易地理解纳米。纳米技术可以定义为对纳米材料的应用。科学知识主要在纳米级（长度范围从 1 纳米到 100 纳米）中进行操纵和控制，以利用与尺寸和结构相关的特性和现象，这些特性和现象不同于与单个原子或分子相关的特性和现象，或者较大尺寸的原子或分子外推材料。

数字供应链（DSC）：其由支持全球分布的组织之间的交互并协调供应链中合作伙伴的活动的那些系统（例如软件、硬件、通信网络）组成。这些活动包括购买、制造、存储、移动和销售产品。DSC 旨在实现一定目标，涉及速度、灵活性、全球连接性、实时库存、透明性、智能性、可伸缩性、创新性、主动性、生态友好性。

机器人技术：每代机器人都具有更出色的能力和智能，可以自动执行任务，从而降低了人工成本。产品进入市场的灵活性更高，交货时间更短。减少无须人工干预的车辆，进行界面和传感器的改进，采用更好的材料和进行人体工程学设计。机器人在管理社会期望的同时转移了劳动力/资本组合。最终，用户行业迅速将机器人用于工业目的，以提高产品质量并降低制造成本。

先进的制造技术：可以将在制造业中使用的先进制造技术表示为网络物理系统、自主机器人、非智能和非柔性自动化系统、智能传感器、制造系统、计算机数控（CNC）。

二　企业业务的数字化转型过程

企业应该从制造技术到管理观念转变组织结构和商业文化，以获得高效的数字化转型成果。可以参考下列六个步骤进行数字转换。

第一，要求管理层进行基于数据的数字转换，以确定谁负责。转型必须由所有者或经理领导。需要分析企业的现状，以识别挑战、风险或改变的客户期望。企业具有需求，可以进行需求分析，使它们能够巧妙地定义可衡量的目标。管理层可以审查数字化主题以及哪些新技术可以做出贡献并探索新的业务模型，且提供基准和进行培训以支持企业。

第二，企业采用"学习文化"对于运营的数字化转型至关重要。世界和社会正在以前所未有的速度变化。需要有熟练的员工，对现有员工进行教育，创建所需能力和技能的清单，并发现差距。与新市场竞争至关重要，例如 Google、Amozon、Facebook 和 Apple 之间的竞争。应考虑雇用具有数字技能的人员（IT 专家和社会经济支持专业人员）。

第三，定义业务目标或数字转换的简单路线图：基于数字转换，定义与 DT 相关的目标。这些目标涉及时间、财务、空间和质量（设计 SME 新的数字化战略，分析 SME 现有的业务模型、客户需求、数字化评估和期望、设定目标、能力发展、数字化转型最佳实践的收集、设计数字化、对商业模式选项信息技术的使用和理解、评估、数字价值网络的设计、客户的反馈）。

第四，建立数字意识和支持性环境。"使用 IT 来发展我的企业"："衡量 IT 工具的影响（例如，ROI、销售额、性能）"、"将我的期望与明显的用户友好型 IT 交钥匙平台的现实联系起来"、"更好地了解可用的 IT 培训"和"在企业家和 IT 专家之间建立关于期望和可交付成果的透明沟通，以避免被欺骗"。

第五，与 SME 助手、创新实验室、研究机构进行合作。为了实现数字化转型，向具有该领域专业知识的公司进行咨询并获得咨询服务。根据实际趋势指导中小企业，并根据实际示例（最佳实践、现实示例）展示其重要性。

第六，支持企业进行需求分析，实现可行的目标。要求数字化转型的企业必须得到政府的支持。在政府机构和其他利益相关者（例如贸易协会和商会）的帮助下，中小企业可以更好地在其数字化转型过程中获得更多的帮助。此外，诸如能力中心或研究机构之类的外部支持者也可以帮助企业理解和实施数字化转型计划。

企业在数字化转型过程中的需求可能会有所不同。要求通过调整企业、部门的规模来私有化相关内容。电子运营是一种运营方式，它采用其他业务技术，例如供应、制造、营销、销售、财务、会计、人力资源等技术。数字化不仅需要进行战略上的变革，还需要进行公司内部文化的变革。数字化转型的模型涉及数字化的八个维度，即战略、领导力、产品、运营、文化、人员、治理和技术。第一层是"不了解"，描述了没有数字化转型战略，也没有任何数字能力的公司。这些公司尚未提供任何数字产品或服务，并且缺少对数字化转型的总体组织意识。按"概念"级别分类的公司是指提供一些数字产品但仍没有数字策略的公司。拥有"定义的"数字化水平的公司是能够将试点实施过程中获得的经验整合为部分策略的公司。在此阶段，数字思维文化正在公司中扎根。这些部分策略的盈利能力和试点实施的效果将得到评估，并用于制定整体数字策略。在这一点上，在制定了清晰的数字策略后，该公司将进入"集成"成熟度级别。只有在所有产品和业务流程实施了该策略后，公司才能被归类为"已转型"。现在定义的数字策略将改变公司的业务和运营模式。虽然成熟度模型为公司提供了将自己分类为数字成熟度类别的好方法，但它并没有为提高成熟度提供任何指导。例如，电子商务需要一些特定的更改，涉及业务流程和市场营销、技术结构、产品和服务（报价）、市场（买方和供应商）、关系（供应商和分销商、客户、员工、业务合作伙伴）。电子商务模式极大地改变了订单拣选等领域，涉及订单履行、仓储、客户关系售后的传统管理；在速度、质量、成本优势、客户满意度方面带来创新。可以与消费者和工业市场进行直接通信，诸如个人制造、直接营销、电子客户关系管理等应用正在开发中。部分研究人员对技术进行了总体研究，并发现许多因素会影响组织中信息和通信技术（ICT）的采用决策。这些因素包括公司特征（包括规模、pf 型企业）、过去的经验、隐私和安全性〔对 Internet 安全性的关注，对法律问题的关注，对变更的抵制，缺乏资金，计算机和网络的高成本，缺乏合格人员，对所需技术、基础设施的了解有限，缺乏营销、竞争，寻找可靠的技术管理顾问和技术供应商，提供适当的硬件和软件，ICT 和电子商务采用（数字化转型支持计划）提供指南，缺乏技术路线图和数字化转型的生态系统（涉及技术供应商、投资者、公众等利益相关者，用户、教育机构），缺乏信息共享程序，数字化转型带来的法律需求，从而创造了可靠的环境。企业可以访问支持多种业务功能的 IT 应用程序（例如用于营销的 Google Analytics）；亚马逊、PayPal 等用于电子商务或其他社交媒体解决方案，如 Facebook 为企业提供一系列功能；通过 Skype、Teamviewer 和 Messenger 进行协作等]。

企业可用于执行数字转换并从中受益的程序和软件见表 6 - 2。

表 6 - 2 企业可用于执行数字转换并从中受益的程序和软件

运作职能	用于数字化转换的程序和软件转型
新产品开发设计	可以通过大数据分析对社交媒体的评论和投诉，通过在搜索引擎中搜索的主题以及观看的视频来推断客户的需求。可以通过满足相关运营要求来开发客户需要的产品
	使用 3D 打印机
	可以通过竞争和调查来检测客户的设计偏好
	PLM（产品生命周期管理）程序
	计算机辅助制造（CAM）
	计算机辅助设计（CAD）
需求预测	可以使用大数据和高级分析
	可以接受个性化产品订单
	Fairsupport 软件
	B2B 网站的会员资格
供应和物流	使用集成系统可确保与供应商进行数据共享，对存储进行自发的库存跟进，为包装提供自动机器
	采购和支付系统软件、跨境运输使用机器人系统
	（制造执行系统）软件、PLC（可编程逻辑控制器）、ERP（企业资源计划）
	大数据和分析系统

续表

运作职能	用于数字化转换的程序和软件转型
制造业	工业机器人
	全面质量管理（TQM）、即时制造（JIT）、精益制造（LM）
	质量控制自动化
	自动化
	全面质量管理、即时制造、精益制造
	IT培训、不断增加人才、适应不断调整工作习惯、提高新员工的数字技能、进行持续的教育和培训、创立协作文化
人力资源	人力资源管理软件
	具有多学科信息、知识和经验的要求
	机器人在制造业中的应用
	员工可以选择工作方式、地点和时间
营销和客户管理	使用客户关系管理计划
	沟通中的在线语音和视频呼叫平台，如电话、语音、视频、博客和其他网站等社交媒体平台
	使用包含人工智能的虚拟助手，如大数据、高级分析、聊天机器人、语音助手
	掌握客户信息，进行需求预测，快速听取和回答客户的意见和投诉
	对客户实时采购活动予以跟进
	提供产品虚拟指南和远程维护服务，为客户提供数字培训
	进行个人促销和提供折扣
	使用集成营销方法，例如互联网营销、移动营销、全渠道营销、病毒式营销、社交媒体营销、博客营销、YouTube营销、直接营销、品牌大使营销、网红营销，参加博览会
付款	提供付款方式，例如在网站上使用信用卡付款，在商店付款时使用应用程序（将移动设备插入智能手机信用卡阅读器），使用银行卡、移动钱包、网上银行、数字货币（例如比特币）、汇款、虚拟卡，在门口付款

数字化转型的主要目的是通过引入数字技术来重新设计组织业务，从而获得诸如生产率提高、成本降低和创新之类的收益。数字转换是互联网在设计、制造、营销、销售、演示中的功能性使用。数字化转型面临的障碍是企业的预算不足，面对高昂的投资和运营成本，企业无法进行投资，无法理解互联网技术，这涉及行业不便、数据安全性、隐私问

题、技术发展、有关数字标准的信息不足、不了解数字化的好处、存在连接问题、缺乏合格的就业机会。尽管许多企业逐渐意识到互联网是成功的关键，但在许多情况下，它们仍然没有可以在智能手机上查看的网站。企业将互联网用于各种目的。大多数中小型企业使用它来查找有关业务：客户电子邮件、在线银行、支付账单、订购物料和在线纳税的一般信息。经典业务模型已经消失，并已由灵活、多变的业务模型代替。

下 篇

数字生态建设与创新

第七章　数字化平台

第一节　数字平台

一　重要概念界定

如今的时代是信息化时代，信息已成为一项不可或缺的重要资源，信息的数字化也正在越来越被研究人员重视。随着数字化技术的不断发展，数字平台在几乎所有行业都存在。在这样的背景下，了解数字化平台的定义是必要的。

简单来说，数字平台就是基于数字化的平台。具体而言，通过总结多名学者的研究，我们将数字化平台定义为："基于软件的外部平台，由基于软件的系统的可扩展代码库组成，其提供与之进行互操作的模块以及通过其进行互操作的接口所共享的核心功能。"一个数字平台包含各种模块。这些模块扩展了软件产品的功能。这些模块可以看作"附加软件子系统"。

二　数字平台的类别

近几年，随着数字化应用更为普遍，数字平台已经成长为世界经济重要的组成部分，同时它也通过不断的模式创新，发展出了多种形式。我们主要根据商业性质以及平台所涉及的交易双方不同，将其分成B2C、B2B、O2O 等几种类型。B2C（Business to Consumer），即企业对个人的商业模式，主要的表现形式是零售类的电商平台，我国的淘宝、天猫就属于这一类。B2C 是电子商务的主流形式，已经相对成熟。B2B（Business to Business），即企业对企业的商业模式，是一种双方都具有商家性质的模式，卖家可以通过直接向生产商拿货，从而减少中间商差价。O2O（Online to Offline），即线下的商务机会与互联网结合，这是一种近年来刚出现的全新的平台模式，使互联网成为线下交易的平台。通过这种模式，可以实现消费者直接在线上购买或预定，然后再到线下实体店去消费，同时商家又可以从平台获得大量的客源，美团、口碑都属于这一类。

数字平台还可以根据其他性质的不同进行分类。下面我们简单地介绍几种数字平台的分类。根据平台应用途径划分，我们可以将数字平台分为 PC 端平台和移动端平台。PC 端平台就是通过电脑实现电子商务，移动端平台就是通过手机等移动设备实现电子商务。可以根据平台运营方式以及所有权进行分类，将数字平台大致分为自营平台以及第三方平台，自营平台简单来说就是通过自己构建平台来进行销售，而第三方平台就是通过引入第三方卖家来实现平台运作。

三 数字平台的用途

数字平台可以通过各种分布式边界资源来支持涉及组织间关系的新的灵活方法，从而促进独立的活动高度分布和自动协调（Mark et al.，2018）。

在日常生活方面，数字平台从传统单一的帮助消除运营效率低下的问题，发展至可以提取和分析数据，通过监视提供新的合同形式、个性化和定制其服务以满足不断变化的用户需求。

在技术和工业发展方面，平台化可能会起到用新公司和传统公司取代某些传统公司和部门的作用，并对某些工作类别发起挑战。例如，在某种程度上，平台提供了一种机制，即通过直接进行的业务提供自助服务。

第二节　双边市场理论

传统微观经济学中所研究的市场是简单地分析买卖双方之间的交易行为的单边市场。但随着互联网及相关技术的发展，越来越多的商业模式，比如媒体市场、支付卡市场、在线中介以及电子商务等不断颠覆人们的传统观念，作为产业组织理论研究新领域之一的双边市场理论为解释这些新现象提供了新视角。双边市场有一些非常重要的特性，使其与传统的单边市场相区别，平台企业需要密切关注这些特性以便为平台制定合适的策略。

一　重要概念界定

双边市场理论将供应商、平台企业、消费者三方同时纳入统一的分析框架中。相对于仅考虑消费者一边需求的单边市场理论，双边市场理论更能给出贴合经济运行现实的解释。随着在线消费环境日益成熟、平台经济模式日益普及，双边市场理论拓展了消费机理、供应商以及平台企业策略的分析视角。

从双边市场的演进历史来看，大多数双边市场是从单边市场演进而来的。对相关概念的明晰和界定对于研究问题的把握至关重要。因此，我们选择相关文献对其进行分析。

二　从单边市场到双边市场

单边市场是指传统微观经济学中研究的市场形态，只是简单地分析买卖双方之间的交易行为。而关于双边市场，目前尚无统一公认的标准定义。

Rochet 和 Tirole 于 2002 年紧扣倾斜式定价这一特征形成了定义双边市场的价格结构非中性说，他们首先将双边市场定义为，"在某交易市场中，当平台企业向用户双方索取的价格总水平 $P = PB + PS$ 不变时（PB 为买方的价格，PS 为卖方的价格），任一边用户价格的变化都会对平台的总需求和交易量产生直接的影响，那么这个平台市场被称为双边市场（Two-Sided Markets）"。Armstrong 于 2006 年在界定双边市场三个条件的基础上运用交叉网络外部性刻画双边市场的本质属性，对双边市场做了进一步的定义，即双边用户需要通过平台参与交易，而且一边用户的收益取决于另一边用户的数量。比较可知，Armstrong 更注重的是价格结构的合理分配，而 Rochet 和 Tirole 更强调交叉网络外部性的作用。

根据现有文献，我们将双边市场进行分类。根据交易平台的功能和规模进行分类，分为市场制造型、受众制造型和需求协调型平台。其中市场制造型平台主要起中介作用，它会引起平台两边的需求，促使双方在平台中搜寻交易机会，并降低双方交易的成本以促成交易。而受众制造型平台要吸引一方的产品或服务，这样才能吸引另一方到平台中参加交易。需求协调型平台指平台能够使一方的效益随着另一方数量的增加而增加，满足平台两边用户的相互需求。根据用户选择平台的数量，分为单归属平台与多归属平台，单归属平台指用户只能选择一个平台，多归属平台中的用户则可以选择任意多个平台。

从平台竞争的角度进行分类，分为垄断者平台、用户单归属平台和多归属"竞争性瓶颈"平台。根据平台所有权结构进行分类，分为垂直一体化平台和独立拥有平台两大类。所谓垂直一体化平台，是指销售商和消费者可以不受中间层的影响和限制，根据自身需求建立平台来促成交易并达到降低交易成本的目的，而独立拥有平台是指仅由中间层组织的参与者拥有的平台。

根据所有权形式和技术兼容情况进行分类，分为私有平台和联合赞助平台两种。根据市场功能进行分类，分为目录服务市场、配对市场、媒体市场和交易站点四类。根据平台功能进行分类，分为中介市场、听众制造市场、共享投入市场和基于交易的市场四类。

三　双边市场中的市场定义

对于双边市场中的市场定义，最为重要的是多名学者提出的双边交易和双边非交易市场之间的区别。双边非交易市场，如大多数媒体市场，以市场双方之间没有交易为特点。尽管存在交互，但通常是不可观测的，因此不可能按次交易（或每次交互）收取费用或收取两部分费用。双边交易市场（如支付卡）的特点是两组平台用户之间存在交互并可观测。因此，该平台不仅可以收取加入其中的费用，而且可以收取使用平台的费用，即可以收取两部分费用。

双边交易市场具有成员外部性（或间接网络效应）和使用外部性。成员外部性也存在于双边非交易市场中，产生于加入该平台（购买报纸、在报纸上投放广告、持有支付卡、拥有销售点终端、在拍卖会上列出产品或参加拍卖会）的过程中，而使用外部性则来源于使用平台（例如，用卡支付或接受支付、在拍卖会上出售或购买产品）。由于加入平台的价值取决于另一方客户的数量（或更普遍的需求），因此使用平台的好处同样取决于另一方的需求。例如，假设一个顾客持有一张卡，而一家商店有相应的销售点终端，即使这个顾客想用卡支付，商家也必须愿意接受该卡进行特定交易，反之亦然。这些外部性并没有被平台用户（即持卡人和商户）内部化。例如，假设一个特定的商人会从用卡支付中获益，因为其不需要去银行存现金，也不必面对被抢劫的风险。持卡人在提供现金或刷卡购物时不会考虑到这一点，其只会考虑自己的方便情况。

四　双边市场的主要特征

双边市场理论的研究主要分为两个阶段。第一阶段，2006 年以前，对双边市场理论系统研究始于 2000 年欧美各国对信用卡的反垄断调查。第二阶段，2006 年至今，伴随着互联网经济迅速发展，涌现出大批不同性质的平台企业，对双边市场平台定价、平台竞争、平台合作的研究有助于解释诸多经济现象。通过两个阶段的研究，学者认为，双边市场有两个特征。

其一，交叉网络外部性（Cross-Network Externalities）特征。双边市场中网络外部性的概念最早是由 Parker 和 Van Alstyne 提出的，他们在 2000 年和 2002 年在研究微软、Netscape 和 Adobe 等公司的产品定价策略的文献中，先后提出"跨市场外部性"（Cross-market Externalities）和"网络间外部性"（Inter-network Externalities）的概念，以表示企业所面对的两个不同的消费者群组之间具有的正外部性。平台一边用户规模的变化与另一边用户接入平台的意愿或效用呈正相关关系。

Evance 指出，双边市场具有三个必要条件：存在不同类别的消费者群组；一个群组的成员从与另一个群组中的一个或多个成员的需求协同中获得益处；某中间人能比群组成员通过双边关系更有效地促进协同。其中第二点便指出了双边市场这一极其重要的特征，交叉网络外部性越强意味着一边用户的规模越大，从而越能吸引另一边用户进入，反之亦然。

Armstrong 于 2006 年提出交叉网络外部性，其也叫组间网络外部性、间接网络外部性，是指两个不同的消费者群组之间的外部性，一个消费者群组的数量增加或者质量提高对于另一个消费者群组会带来正面效用，例如网络招聘平台，其中发布招聘企业的职位越多或者职位的层次越高，对于上网求职者的效用就越大，反过来，上网求职者的数量越多或者人员素质越高，企业就越愿意到招聘平台上发布招聘职位信息。交叉网络外部性的作用是形成正反馈机制，促使用户规模不断扩大。

近年来，随着双边市场理论研究的深入，交叉网络外部性的概念得到不断完善。一些学者从"用户迁移"和"单边锁定"两个方面入手，其中"单边锁定"便是对交叉网络外部性发挥的正反馈作用的肯定。部分研究还将网络外部性与平台质量等因素相结合，考察市场份额的演化情况，以及交叉网络外部性和平台质量在市场份额演化中的作用。

其二，价格结构非中性（Price Structure Non-netural）特征。在单边市场中，一笔交易只涉及一个买方和卖方，因此不存在一项产品和服务的价格结构的问题。但是，在双边市场形态下，平台企业因向双边用户提供促成交易的服务而具有向双边用户收取费用的权力。因此价格结构很重要，平台必须进行设计，以保障双方都能参与进来。根据 Rochet 和 Tirole 的观点，对于一个双边市场来说，价格结构是非中性的。虽然平台企业收取的价格总水平 $P = PB + PS$ 对平台交易量和总收益很重要，但是更重要的是价格水平在市场双边用户之间的合理分配，平台对双方受到的相对许可进行完美的控制。这就解释了现实生活中，电子商务平台对商家收费，而对消费者采取零价格甚至负价格的方式。

供需匹配性。由于平台双边用户的需求具有相互依赖性，即"鸡蛋相生"，因此只有双边用户同时参与到平台交易中来，并同时对平台服务产生需求，平台服务才有意义，双边市场才得以运行。

第三节　O2O 平台

随着几十年来移动设备和社交媒体的迅猛发展，社交媒体和移动设备逐渐改变了人们之间的交流方式，传统的面对面交流已不再是主流，同时供应商与消费者交流的方式也已经改变。无论我们是使用计算机在线冲浪还是使用移动设备进行购物，我们都始终在各处发布和阅读信息。人们无处不在的联系极大地改变了电子商务时代的格局：近年来创建了移动商务、社交商务和邻近商务。人们已经可以通过移动设备从相关网站上搜索商品价格以及附近实体店的相关信息，其中"在线到离线"和"离线到在线"的商务模型也随之热门起来，并出现了多种创意服务模型。

一 重要概念界定

随着电子商务的发展，出现了一种新的电子商务模式——O2O（在线到离线）。其中"在线到离线"是指离线业务和在线商务的结合。

这种模式将线下商机与互联网联系起来，使互联网成为线下交易的最前沿。离线服务可以吸引在线用户，用户也可以获得在线筛选服务。O2O 电子商务模式操作流程如图 7-1 所示。O2O 模式的特点是其在线上的信息流和现金流，以及线下的物流和商业流，极大地扩展了电子商务的业务范围。该模式的核心是通过提供信息、服务，提供折扣和其他方式，通过 O2O 平台将离线消息传送给在线用户，这将使它们成为商店的现实——这使消费者购买商品和服务的过程在线，然后他们去商店享受服务。在国外，Groupon 就是较为成功的 O2O 应用的经典案例。

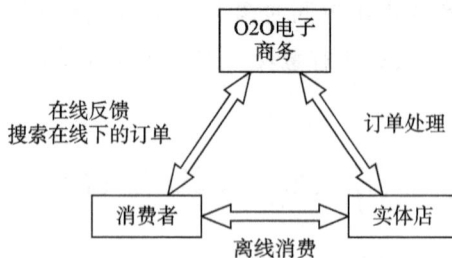

图 7-1 O2O 电子商务模式操作流程

二　O2O 电子商务的业务流程和基本特征

O2O 电子商务是一种新型的消费模式,业务流程主要包括在线和离线两个部分。在线流程包括商务服务信息推荐和搜索、在线支付、消费者反馈。离线过程主要是指消费线(Du,Tang,2014)。其具体内容如下。

(1)商户服务信息推荐和搜索。在市场发展时期,一方面,O2O 电子商务平台运营商经常与企业合作,提供一定的折扣、赠品和其他促销活动,以吸引用户并了解用户的消费习惯。另一方面,O2O 电子商务平台运营商根据用户的地理位置并设置搜索范围以推荐适当的业务服务信息,用户可以在其中搜索想要获取的服务类别(例如餐饮、娱乐、住宿等)。信息显示包括两种方式:分类显示支持查看信息的分类(例如餐饮、娱乐、住宿等),而地图则在用户端口显示通往服务业务实际位置的方式,人们可以单击地图上的图标以查看业务详细信息。

(2)在线支付。用户选择购买商务服务的决定,即将在线支付转换为链接,然后自动访问第三方支付平台。用户完成支付后,第三方支付平台向 O2O 电子商务平台发送支付信息,然后 O2O 电子商务平台向移动终端用户发送支付凭证。

(3)离线消费。用户可以依靠付款证明来获得实体店的位置,以享受服务。

(4)消费者反馈。离线消费完成后,消费者可以选择在 O2O 电子商务平台上对经销商的服务进行评论。O2O 电子商务平台会在用户反馈时提供某些积分以作为奖励,这些积分可用于相关活动。

O2O 实现了线上线下虚拟经济与实体经济的结合,其核心特征是让在线消费者通过在线支付获得购物的机会,然后离线享受服务。接下来,本书分别从客户、相关企业以及 O2O 平台自身三个方面探讨 O2O 的基本特征。

从客户的角度来说，首先，他们可以获得更丰富、更全面的业务信息和服务内容。其次，他们可以得到更为方便的、直接的在线咨询和售前服务。最后，相比线下，他们可以更加低廉的价格获得服务。

从相关企业的角度来说，第一，调查影响并跟踪每笔交易。第二，通过与用户沟通了解用户的心理。第三，可以通过有效的在线预订方式合理安排节省的运营成本。第四，创新产品，促进消费。第五，减少离线商店对主要位置的依赖，可以大大减少租金。

从 O2O 平台自身的角度来说，首先，平台与用户的日常生活息息相关，可以为用户带来便利、优惠，保护用户。其次，对商人有很强的促进作用，可以吸引大量的服务业企业加入这种模式。而且，现金流量是 C2C、B2C 的几倍。最后，获取巨大的广告收入空间以及产生更多的盈利模式（Du，Tang，2014）。

三　O2O 商务服务模型

在互联网发展的数十年中，相关公司尝试将实体交易和在线交易相结合，以自己的特定市场调整策略。另外，有很多进行相关研究的论文。随着商业环境的变化，公司很难知道如何通过在线/离线将移动商务、社交商务和邻近商务应用于传统商务中。

在不断变化的商业环境下，与传统的实体店和电子商务不同的是，存在大量在线到离线以及离线到在线的交互。本书调整了先前研究中的服务模型，并重点研究移动商务、社交商务和邻近商务，在图 7 - 2 中提出 O2O 商务服务模型。

顶部区域代表实际的营销服务模型。制造商生产产品并将其发送到渠道或实体店。根据基于位置的服务和邻近商务营销策略，零售商可以吸引用户使用他们的移动设备以与户外数字标牌或信息亭进行交互，获取在线优惠券，然后在附近的实体店购物。此外，一些零售商建议他们下载移动应用程序以提供移动服务、售后服务从而保持目标受众的忠诚度。

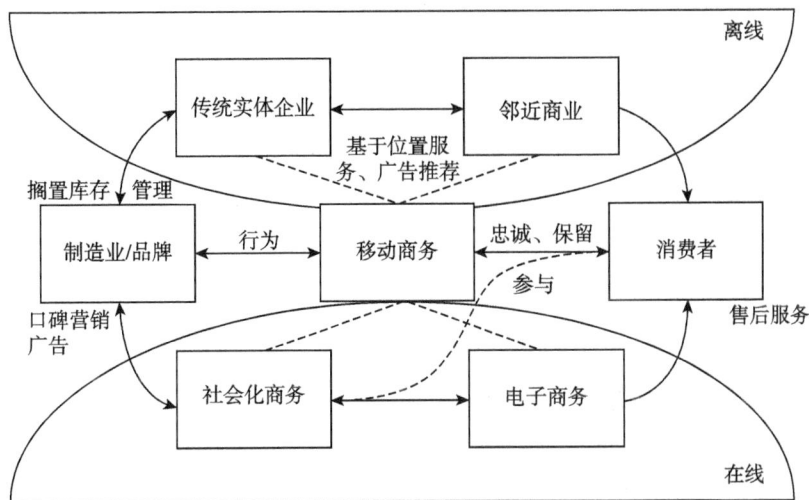

图 7 - 2 O2O 商务服务模型

底部区域表示在线营销服务模型。用户倾向于在做出决定之前先在线了解他人的意见。用户非常愿意参加社交网络上的品牌活动，例如Facebook 粉丝团。他们将在任何社交活动中点击喜欢、分享并发表评论。因此，零售商可以监控在线口碑，以调整营销策略并直接、即时维持与客户的关系。此外，零售商可以应用社交事件来影响和吸引消费者的社交网络朋友参与并提供推荐奖或团购折扣（Tsai et al.，2015）。

四 O2O 电子商务客户忠诚度的影响因素

在 O2O 电子商务中，经常出现"一次性客户"，即他们不进行注册，仅希望在 O2O 电子商务中方便购物。因此，在 O2O 电子商务中提高客户忠诚度是非常必要的。那么什么是客户忠诚度？

自客户忠诚度首次被提出以来，学术界对其进行了广泛而深入的研究。学者的观点可以大致分为一维学派、二维学派和混合学派。客户忠诚度一维学派专注于客户行为，即研究客户是否重复购买产品。客户忠诚度二维学派主要关注客户行为和客户忠诚度。客户忠诚度混合学派侧重于研究不同方面，例如，认知忠诚度、情感忠诚度、意图忠诚度和行为忠诚度。在先前的研究基础上，我们将客户忠诚度定义为重复访问 O2O 商务网站并重复购买企业产品或服务以及高度信任和依赖企业的客户倾向和行为，从而主动维护和增加企业利益。

O2O 电子商务中形成客户忠诚度的原因有两个。一是客户对在线和离线消费体验以及产品和服务的质量高度满意，并愿意继续保持两者之间的关系。二是高度的经济、技术和心理障碍。这可能会导致转型困难，并增加客户建立忠诚度的成本。因此，影响 O2O 电子商务中客户忠诚度的因素包括四个维度：客户感知价值、客户满意度、客户信任度和客户转换成本（Zhang，2014）。

1. 客户感知价值

客户感知价值是影响客户忠诚度的最主要因素，其使消费者行为发生，而价值则表明选择和忠诚度。当客户决定消费时，他们将选择某些种类的产品进行比较，然后决定购买价值最高的产品。本书结合 O2O 电子商务的特点、整个业务流程和客户的消费心理，从功能、经验、成本价值三个方面对产品或服务进行综合评价。功能价值和属性密切相关，例如产品价格、质量、品牌形象、网站设计等。在整个业务流程（包括信息收集）中，涉及客户体验价值、在线支付过程的复杂性和离线商店的服务质量。成本价值是指在整个消费过程中支付的各种成本，例如时间、能源、价格等。

2. 客户满意度

客户满意度通常被认为是客户重复购买和忠诚度的重要决定因素，因为它被认为可以通过阻止客户的背叛从而增加企业的利润。大量研究表明，客户满意度是影响客户忠诚度的重要因素，并且直接影响客户忠诚度形成。客户的高满意度将直接负责为客户创造积极的态度、情感。同时，积极的态度和情感会产生重复购买行为，使他们成为真正的忠实客户。

3. 客户信任度

信任是客户忠诚度的前提。由于信任，企业可以获取客户数据以建立良好的关系。当企业经营者拥有客户的信任时，他们将彼此告知信息并愿意表达自己的真实感受。因此，公司可以与客户建立紧密的关系，并根据客户的个性偏好制定准确的策略，以提高客户的信任度和忠诚度。如果企业没有获得客户的信任，那么企业将无法维持客户忠诚度。它主要体现在以下几个方面。首先，客户信息安全。在线客户最担心的是信用卡的安全，如担心被盗取，从而造成财产损失。其次，是否及时、准确地履行合同。实物商品质量、线下消费者服务体验情况是关键。最后，由于在线交易容易发生欺诈，交易双方难以维持信任关系。因此，应通过商人声誉、网络安全性和交互性进一步提升客户信任水平以及通过这些次要因素间接影响客户忠诚度形成和维持。

4. 客户转换成本

客户转换成本是指付费客户选择新产品和服务。如果服务提供者和客户之间存在社会纽带，个人善意和消费习惯就将保持一段时间，即使客户对服务质量不满意，那么他们也可能产生一种心理障碍。换句话说，尽管客户对这种关系不满意，但是客户仍然会保持这种关系，因为他们认为心理和经济的转换成本（搜索成本，评估、监控企业风险的成本）过高。简而言之，客户转换成本越高，客户忠诚度越高。

五　O2O 的短板——离线服务质量

O2O 电子商务作为一种将离线业务与 Internet 结合起来的新模式，解决了如何使传统行业电子化的问题。但是，O2O 不是简单的 Internet 模式。这种模式的实施对 O2O 平台的离线功能构成了巨大挑战。可以说，脱机能力的高低决定了模式是否会成功。但是，大多数 O2O 企业无法控制离线服务质量。它只是第三方中介，在这种模式下起协调作用。因此，O2O 模式下长期存在离线服务质量问题。在这里，我们以当地的生活服务 O2O 为例，离线服务质量问题非常突出。我们从餐饮业、房租和汽车出租三个方面来研究离线服务质量存在的问题。首先，餐饮业方面存在离线餐饮服务水平不均衡、额外收费现象等；其次，房租方面存在离线建筑质量与在线信息不符等问题；最后，汽车出租方面存在离线汽车规模无法满足用户需求等问题。

O2O 是一种商业模式，强调离线体验，因此，最重要的是提高离线商家的服务质量，确保在线信息与离线服务相同，这将成为决定 O2O 模式开发成功的关键。那么如何提高离线服务质量？我们从五个方面进行探讨，具体内容如下（Du，Tang，2014）。

有形物品。有形物品主要体现在服务人员和线下实体店的设施上。由于信息的不对称性，当客户在线搜索服务时，他们几乎无法从 Internet 看到线下实体店的特定信息，而他们所能获得的只是线下实体店在 Internet 上提供的有限信息。当客户进入线下实体店并看到其期望与实际设施之间的差距时，其印象将产生很大的折扣。这样，客户的满意度会立即降低，同时 O2O 平台也会受到质疑。因此，O2O 平台应敦促线下实体店将更多信息发布到 Internet 上，以便客户浏览。信息应包括店的位置、周围的交通状况、店里的设施等。Internet 上的信息越详细，顾客的心理差距就越小，就将提高 O2O 平台的客户满意度。

可靠性。可靠性主要体现在线下实体店是否可以在线提供承诺的服务。如果客户认为自己没有获得在线购买的所有服务，就会怀疑在线信息的真实性。这样，客户对 O2O 平台的信任度将大幅降低。当然，线下实体店是否拥有提供服务的资格和能力也体现了可靠性。如果其没有资格，那么一旦顾客在消费过程中遇到障碍，维权就会成为一个大问题。首先，在进入在线平台之前，O2O 平台应对商家的服务质量进行检测。其次，在服务内容方面，O2O 平台应监控线下实体店，并确保线下实体店的一致性。最后，O2O 平台还应惩处不诚实的商家，并对客户进行合理的解释和补偿。

响应度。响应度意味着服务人员愿意帮助客户并为客户提供实时服务。服务人员在整个消费过程中扮演非常重要的角色。他们能否及时提供服务将直接影响客户满意度。虽然 O2O 平台无法控制离线服务的流程，但仍需要对客户负责。O2O 平台可以做的就是分析线下实体店的运营能力。如果线下实体店无法承受一定的客流量，那么 O2O 平台应控制客流量，以免客户无法及时接受服务。

保证。保证是指服务人员具有专业知识，可以得到客户的信任。O2O对服务人员的素质具有很高的要求，因为既要实现客户在线购买服务，又要满足客户从线下实体店获得专业服务的意愿。如果服务人员对业务不是很熟悉，则会在消费过程中压抑客户。毫无疑问，这难免会引起客户怀疑O2O平台的审核系统，并且降低客户对O2O平台的忠诚度。O2O平台作为在线服务贸易的前沿柜台，应为客户的权益负责。但是如今，大多数O2O平台本末倒置，只关注平台的流量，忽视商家的质量，将商家的质量放在第二位。这可能导致离线服务质量不均。为此，O2O平台必须完善审核机制。对于无法在线识别的服务，平台应进行现场调查，以确保客户可以享受专业服务。

移情。移情强调线下实体店照顾客户并提供其他一些特别服务。这意味着线下实体店可以提供客户在线购买服务以外的服务。对于客户来说，如果在使用过程中感到"该商品的价值超出其价格"，则无疑会提高满意度。如果客户多次体验这种愉快的消费，则无疑将提高他们对O2O平台的忠诚度。这种实体店通常会向客户展示移情的作用。当然，这些也是O2O平台想要看到的。因此，对于提供移情作用的线下实体店来说，O2O平台应鼓励并让更多的客户体验这种消费。对于线下实体店和O2O平台而言，这是"双赢"的事情。

六 中国O2O电子商务的发展

追溯中国的O2O模式，携程最早采用O2O模式。团购模式的出现使信息流和现金流在线实现。它还使商业流程和服务流程脱机实现。这标志着中国的O2O进入了一个新阶段。团购模式只是O2O市场的一个缩影，但这种模式体现了O2O概念。

为了了解中国O2O电子商务的发展情况，我们从中国O2O模式的发展潜力和中国O2O电子商务的发展规模两个方面进行分析（Du，Tang，2014）。

从中国O2O模式的发展潜力来看，根据Forrester Reasearch发布的数据，2013年，美国直接在线销售额占零售总额的比重达到8%，线下消费率为92%，而在中国，这一比例分别为3%和97%。因此，在线销售市场发展前景非常广阔。非在线发展的传统服务业在O2O模式中的发展具有巨大的潜力。此外，近年来，中国的移动互联网发展迅速，截至2013年6月，手机网民达到4.64亿人，手机数量超过台式机数量，手机成为最大的网络终端。移动互联时代促使移动终端成为O2O最重要的发展方向。O2O模式关注的生活服务与地理位置相关。因此，移动设备的位置特性决定了移动终端更适合O2O发展。同时，移动设备的便携性可以满足用户的实时需求。无论如何，O2O电子商务模式的发展潜力是巨大的，它将是中国电子商务模式的未来发展方向。

从中国O2O电子商务的发展规模来看，根据艾媒咨询（iiMedia Research）发布的数据，2012年，中国O2O市场规模达到986.8亿元，增长75.5%。到2015年，中国O2O市场规模将达到4188.5亿元。O2O电子商务主要面向第三产业——服务业。本地生活O2O模式正在迅速发展，渗透到餐饮、健身、电影、表演、美容院等方方面面。根据艾媒咨询的数据，近年来，生命服务型O2O市场价值为数千亿美元。O2O电子商务使信息流与物质流、线上与线下关系靠近。这也拓展了电子商务的发展方向，使电子商务进入一个新的阶段。这将帮助传统的电子商务企业走出红海，看到新的蓝海。这就是近年来O2O电子商务可以在中国快速发展的原因。

第四节　B2B平台

一　重要概念界定

近年来，电子商务热潮席卷中国。B2B经历了发展、消弭到再复苏的坎坷历程。目前，B2B已日趋成熟，加之以中国适宜的大环境为依托、政府的大力支持以及行业优势，这更加使中国电子商务进入"井喷式"发展时期。

B2B 是指进行电子商务交易的供需双方都是商家（或企业、公司），通过借助互联网技术以及各种商务网络平台，来完成商务交易的过程。电子商务是现代 B2B 市场的一种具体的主要表现形式。

B2B 主要由买卖、合作、服务三个要素组成，其具体内容如下，买卖是指 B2B 网站为消费者推荐、提供物美价廉的商品，吸引消费者访问网站，再通过庞大的客流量吸引更多的商家。合作是指与物流等相关公司建立合作关系，保障消费者购买的服务，这是 B2B 平台硬性条件之一。服务则是指物流主要是为消费者提供购买服务，从而实现再一次的交易。

二　B2B 的模式

B2B 的模式主要有垂直模式、综合模式、自建模式和关联模式四种，下面我们进行具体的阐述。

垂直模式。面向制造业或面向商业的垂直 B2B（Direct Industry Vertical B2B）大体可以分为两个部分，即上游和下游，涉及生产商或零售商与供应商之间所形成的供货关系、生产商与下游的经销商所形成的销货关系。类似于在线商店，企业在网上直接设立虚拟商店从而进行宣传、推广自己的产品，使用更快捷、更全面的手段让更多的客户了解自己的产品，促进交易。或者也可以是商家开设的网站，这些商家在自己的网站上宣传自己经营的商品，其目的都是通过更加便捷的手段来促进商业交易。

综合模式。面向中间交易市场的水平 B2B 将各行业中相近的交易过程集中到一个共同场所，为企业的采购方和供应方提供一个交易的机会，这一类网站自身既不是拥有产品的企业，也不是销售商品的商家，它只提供一个交易平台，在网上将销售商和采购商集聚在一起，采购商可以在网上查到销售商的有关信息和其销售的商品的有关信息。

自建模式。行业龙头企业自建 B2B 模式是大型行业龙头企业基于自身的信息化建设程度，搭建以自身产品供应链为核心的行业化电子商务平台。行业龙头企业通过自身建立的电子商务平台，贯穿自身行业的产业链，供应链上下游企业通过该平台实现获取资讯、沟通、交易。但此类电子商务平台存在一个共同问题，就是过于封闭，缺少对产业链的深度整合。

关联模式。关联模式是一种将综合模式与垂直模式相结合所产生的提高电子商务交易平台信息准确性的程度的模式。

三　B2B 价值创造的方式——价值共同创造

随着网络经济比以往更加普及，价值共同创造正成为一个突出主题。同样，在 B2B 环境中，新服务产品的协同开发以及价值主张的共同产生正在变得越来越普遍。价值共同创造和价值主张共同产生的概念提供了一个有利的视角，从中可以理解组织间、动态和面向系统的价值创造观。

我们根据先前的研究知道（Vargo et al.，2008），价值共同创造是通过商业生态系统中的参与者之间的互利互动而发生的。为了掌握这种网络化的价值创造，企业中的管理人员需要了解业务生态系统所带来的合作价值创造的机会。创造价值的参与者协作可以影响生态系统层面的实践，从而影响竞争、战略形成和创新。

随着 B2B 模式日益成熟，关于价值共同创造的文献已有很多，利用丰富的概念，例如，主张共同发展、联合组织学习和关系学习以及包括共同创新在内的协作。在所有这些概念中，前缀“co”表示二元关系，多边网络和生态系统内的参与者之间共同工作。在传统 B2B 合作中，供应商和客户可以紧密合作，捆绑产品和服务。例如，在“知识密集型业务服务”（KIBS）中，需要对隐性知识进行说明和合并，以及支持共同提供服务的协作实践，以作为共同创造使用价值的实践，这具有特别重要的意义（Kohtamäki，Partanen，2016）。

　　B2B 研究人员注重对服务产品的共同生产和价值的共同创造，提出了无数的概念，运用各种理论，并为相关活动赋予一系列含义。因此，为研究 B2B 系统中的共同生产和价值共创理论，我们首先讨论共同生产和价值共同创造的定义。在 B2B 环境中，参与者的价值主观体验被认为是价值共同创造过程的结果，其中价值主张（例如产品、"服务"或解决方案）充当交换中潜在价值的传递者（供应商），涉及服务提供商和客户之间的互动。虽然文献对价值创造持有许多观点，但经济价值仅被视为从与 B2B 交易相关的牺牲中减去的收益，这些收益在进行交易时由供应商承担。

　　其次，一些研究人员将价值定义为"客户愿意支付的价格"。然而，在早期著作的基础上，营销文献强调使用价值的作用，从而客户在将产品与使用所需的其他资源和能力集成在一起时创造价值。营销观点基于以下内容：价值是通过使用产生的，涉及使用价值与用户体验。营销文献在很大程度上认可这种体验是由客户和供应商共同创造的观点。

　　下面我们来阐述 B2B 价值共创文献中应用的理论。在 B2B 环境中，关于价值共同创造和价值主张共同产生的文献大多建立在 SD 逻辑的基础上。SD 逻辑描述了在思考价值创造时从由商品主导的范式向由服务主导的范式的转变情况。这样，SD 逻辑为有关价值创造的学术论述提供了词典参考，镜头和范式观点使用 SD 逻辑将市场概念化为网络系统，其中所有参与者（例如公司和客户）都参与价值创造，这与所有参与者都是资源集成者的想法是一致的，这种类型的系统性、网络化和生态系统级的观点似乎非常有价值，但很少在联合创建研究中被应用。商业生态系统中价值共创的概念化是当前和未来研究的重要领域。在 B2B 设置中，SD 逻辑与工业营销和采购（IMP）组的互动方法有着明显的联系。自 20 世纪 70 年代末 IMP 组成立以来，IMP 组就一直研究 B2B 关系。IMP 组专注于研究供应商和客户之间的互动情况，而与 SD 逻辑的不同之处在于 SD 逻辑强调共同创造客户体验。基于资源的视图（RBV）也已被用于价值联合创作和联合制作研究之中。RBV 似乎是一种有前途的方法，至少可以部分告知研究人员研究价值共同创造所需的资源和能力，例如 Partanen 使用关系学习来研究供应商—客户关系中的联合生产情况。其他研究则采用交易成本分析（TCA）和关系治理的观点来分析关系中的共同生产情况（Athaide，Zhang，2011）。

四　B2B 价值共创的消极面

由于价值是由多个参与者共同创造的，涉及商业网络中的复杂互动，因此，在 B2B 环境下，价值共同创造（VCC）对于相关企业的持续生存至关重要。价值共同创造被定义为一个资源整合活动的过程，当公司与其业务网络中的不同参与者互动时，由此为所涉及的业务参与者实现利益（Ford，2011；Grönroos，Voima，2013；Jaakkola，Hakanen，2013；Vargo，Maglio，Akaka，2008）。下面我们通过介绍角色冲突和模糊性、机会主义、权力行使对价值共同创造的影响来讨论 B2B 服务网络中"阴暗"的一面。

角色冲突和模糊性对价值共同创造的影响。大多数角色经历了冲突阶段，这在 VCC 期间造成了紧张局面。在管理过程中可能会遇到这种角色冲突，涉及客户与机构、客户与第三方、机构与第三方之间的互动。管理者在 VCC 过程中扮演多个角色，例如，他们必须履行自己的职责和实现绩效目标，他们必须作为其他职能部门管理者的同事，他们需要作为供应商/客户工作。管理者认为他们可能有与他们互动的管理者的任务相冲突的目标。

客户与经理在与机构和第三方互动时经常面临角色冲突。一些管理者表示，由于他们相信供应商可能在未来与竞争对手合作，因此他们无法提供有关品牌的信息（例如，他们的营销计划）。尽管需要在互动参与者之间进行详细的沟通、汇报和知识共享，以促进 VCC，但客户可能不愿意共享敏感信息。客户与经理希望与供应商密切合作，讨论他们的品牌策划和执行活动。这样，VCC 的参与者之间可能出现信息不对称现象。

在一些情况下，客户与经理还面临与满足内部创新卓越指导原则和允许客户推动选择进程的冲突，例如，客户似乎在选择不太有效的替代方案，这表明，对客户进行风险投资可能会导致其出现沮丧情绪。供应商在实现任务目标的同时，也试图满足客户的偏好。此外，管理者可能会面临矛盾，因为他们需要满足客户的要求，但他们的内部创意团队可能不愿意对建议进行修改，例如，通常，创意团队非常敏感，很难说服他们，但同时又必须说服他们按照客户要求的方式去做。

对大量数据的分析还表明，在 VCC 中，各方责任的不确定性可能导致角色模糊。在 VCC 过程中，客户角色和代理角色之间的界限可能会变得模糊，在相关管理者之间造成混乱，并导致出现分歧。这表明，在 VCC 期间，明确每个参与者的角色是非常重要的。此外，对大量数据的分析还提供了进一步的证据，说明为什么不同的参与者可能会认为不同的价值来自 VCC，经理认为，如果客户没有对指导者的选择"专横"，则这项活动将更有效。

第三方公司的经理在与代理商合作时面临角色冲突。在一些案例研究中，第三方是这些机构的直接竞争对手（它们专门从事类似的服务，如媒体策划服务或提供创作材料）。然而，通常情况下，第三方参与者和机构在特定的活动中有义务与"它们的竞争对手"合作。因此，第三方往往不愿与代理商分享有关品牌的详细信息，反之亦然。知识产权（IPR）也是 VCC 过程中可能存在信息不对称的原因。代理商对任何创意设计和品牌标识材料拥有知识产权，因此只能以有限的方式与第三方共享此类信息（除非放弃知识产权）。各机构和客户对应的分配给第三方的任务类型也存在分歧。在 VCC 过程中，参与者可能经常需要共享角色，例如，代理商和第三方参与者都在为客户设计创意材料时扮演相关角色。然而，由于他们不同的角色所产生的紧张关系，他们可能不愿意分享这个角色，这会在他们之间产生怨恨。

当第三方参与者对多个参与者进行风险投资时，他们可能会发现自己服务于两个主供应商，并在其扮演的双重供应商角色（对客户和代理商）中面临冲突。如果第三方只向客户报告，而不让代理商处于循环之中，则将导致难以顺利开展活动。

　　然后，我们来讨论机会主义对价值共同创造的影响。角色冲突可能会导致产生机会主义行为。成员可能只是试图符合不同的 VCC 角色。例如，当机构和第三方各自在竞争期间努力实现自己的任务目标时，尽管这些目标可能相互矛盾，但它们的行动似乎并非"故意狡猾"。另外，在一些案例研究中，有明显的证据表明管理层存在"欺骗"，表明存在机会主义行为。有趣的是，供应商有时会考虑弱形式机会主义行为，客户也常常因为与供应商的长期关系而忽视这种行为（表明关系规范存在）。同样，供应商似乎也忽视了客户的某些机会主义行为。

　　代理商可能会利用与客户有长期关系的事实，试图进行计划变更。例如，机构突然抱怨媒体成本上升，（电视台的）其他客户没有能力处理这些电视台，以及提高价格。有时，代理商似乎希望客户在某些情况下帮助它们摆脱困境，但这种行为可能不符合客户的最佳利益。

　　更有趣的是，客户往往认为这种行为是理所当然的，而且由于长期关系，他们经常容忍这种行为。研究结果表明，长期的紧密关系甚至会助长机会主义的冲动，而不是减少机会主义行为。拥有良好的长期关系可能会产生问题，例如中介公司不会总是按时交货，因为它们的关系比较宽松。同时，客户不能给它们太大的压力。因此，与该机构保持良好的关系甚至可能削弱客户对活动进度的控制权，以及他们让该机构对延误负责的能力。另外，代理商和客户之间缺乏融洽的关系，可能导致缺乏动力，并导致代理商影响客户的工作。

　　其他机会主义行为也非常明显。例如，一个代理经理故意推迟创意设计的修改进度，从而迫使客户使用现有的创意材料，直至截止日期。为确保活动进度，客户需要专注地完成工作，在与供应商进行风险投资讨论时，可能需要忽略这种薄弱形式的机会主义行为。

　　另外，他们会利用客户对他们的依赖，让客户批准他们可能不需要的活动。参与者表现出弱形式的机会主义行为，因为他们理所当然地认为客户会忽视这种行为，事实上，由于他们之间的关系，客户批准了他们的计划。

　　最后，我们来讨论权力行使对价值共同创造的影响。在所有参与者之间的关系中，权力失衡是常见的。权力失衡不一定被视为消极的东西。与权力行使相关的负面含义似乎与客户权力的行使导致供应商不满或情绪低落，这或许与未对其提出的建议给予适当的考虑有关。换言之，权力行使所伴随的沟通方式决定了其是否会对 VCC 产生负面影响。

一些客户认为，在客户—供应商关系中经常存在权力失衡，而客户当然在相关活动中发挥更大的作用，因为他们正在付出代价。参与者相信压力不应以负面影响 VCC 的方式施加。客户表示，不恰当的沟通，例如试图左右管理代理机构，会导致出现负面结果，代理机构将其活动限制在仅执行客户指示层面，不会试图"跳出框框"。客户指出，展示客户的权力可能会降低代理机构的积极性，并使其不愿意参与 VCC。一些机构经理也认为，客户有权在活动期间做出决策；然而，重要的是，客户如何处理他们的建议或改进沟通方式。机构和第三方也被发现利用它们的专业知识和权力来影响相关决策。在 VCC 过程中，供应商可能比客户更清楚哪些活动有利于客户，因为供应商拥有这一特定领域的专业知识。在这种情况下，供应商很可能会促使进行更有效的活动，所有的主要参与者都会从中受益。

用于描述 VCC 期间权力行使的游戏性质，即成员在不损害他们关系的情况下，通过复杂的尝试来影响其他成员。我们的研究结果表明，在 VCC 过程中，黑暗或隐藏的力量（如权力游戏）往往在幕后发挥作用，VCC 并不是像之前的研究所建议的那样，仅仅通过对话、信息共享和协作来实现。在供应商试图利用其权力阻止对供应商经理进行适当的绩效衡量的情况下，供应商权力的行使会对 VCC 产生负面影响。

五 B2B 中关系质量对客户忠诚度的影响

建立忠实的 B2B 客户群不仅在于保持客户加班次数，还在于巩固与业务客户的关系，以鼓励他们在未来提高相关水平。通过了解业务客户的忠诚度，供应商能够确保与他们保持良好关系的努力是有助于提升利润水平的。许多学者和实践者认为，客户忠诚度对公司绩效具有重要影响。例如，一些研究人员认为，忠实的客户可以通过与品牌/供应商保持联系并拒绝竞争对手的提议来为公司提供稳定的收入。考虑到 B2B 环境中存在大量购买和交易的性质，对于那些成功创建和维护忠实客户的供应商来说，这是巨大的回报。

通过文献搜索发现忠诚度研究的三个主要方面是：行为忠诚度、态度忠诚度和综合忠诚度。在这里，我们建议将客户忠诚度作为一个综合概念，将行为忠诚度（购买意向）和态度忠诚度结合起来，我们将行为忠诚度定义为"普通商业客户愿意购买服务和服务提供商提供的产品并维持与服务提供者/供应商的关系"，并将态度忠诚度定义为"级别客户对服务提供商/供应商的心理依恋和态度倡导"。由于态度忠诚度的定义包括客户成为服务提供者服务的态度倡导者，因此对态度忠诚度的衡量就包含积极的口口相传、愿意推荐和鼓励他人使用产品/服务。

关系质量的概念源于关系营销领域的理论，其研究的最终目标是加强本已牢固的关系，并将冷漠的客户转变为忠诚的客户。这项研究着眼于 B2B 快递服务环境中的关系质量。我们根据文献以及对 B2B 市场的适用性选择感知的服务质量、信任、承诺和满意度这四个维度进行介绍。

感知的服务质量。作为组织绩效的关键指标，服务质量始终处于市场营销文献特别是服务营销文献的最前沿。从业者和学者都热衷于准确地衡量所感知的质量，以便更好地了解其基本前提和后果，并最终寻求提高质量以建立竞争优势及建立客户忠诚度的方法。一些学者坚信，服务质量会对诸如忠诚度之类的重要行为产生积极影响。还有学者认为，建模将感知的服务质量视为客户忠诚度的影响因素将为把客户忠诚度作为依存结构的一部分提供重要的诊断能力。先前的研究已经证实，感知的服务质量与客户忠诚度之间的关系是存在的并且是正相关的。

信任。我们通常将信任的构建与对关系营销的兴趣联系起来，尤其是在 B2B 市场的情况下。了解信任的性质及其对忠诚度的贡献的重要性将对企业发展和管理 B2B 关系的方式产生重大影响。一些研究人员认为信任是 B2B 市场中成功的服务关系发展和实现客户忠诚度的重要基础。更有学者将信任作为服务成功的关键影响因素。客户在与供应商打交道时需要感到安全，并需要确保互动是机密的，因为他们能够信任供应商，进一步表明"关系营销建立在信任的基础上"。关于客户忠诚度，有学者强调，"要获得客户的忠诚度，您必须首先获得信任"。此外，通过建立和遵守承诺的过程，信任成为建立和发展质量关系的重要特征或方面。

承诺。学者认为客户对供应商的承诺是服务行业中客户忠诚度的非常重要的驱动力。实际上，许多研究人员将承诺的结构视为关系营销的核心结构。承诺的概念来自工业和组织心理学，将其视为继续采取行动或活动（例如与业务伙伴保持关系）的意图。作为关系质量的重要维度，学者将承诺视为成功关系中的重要组成部分。买卖双方关系文献将承诺定义为交换伙伴之间关系连续性的隐含或显式保证。简单来说，承诺是指与供应商保持合作的动机。在业务关系中，承诺是一种心理上的情感，通过这种情感形成一种关于与业务伙伴的持续关系的态度。换句话说，承诺会产生忠诚的行为。其他学者还提供了经验证据，表明客户的承诺与将来的购买意图和保持这种关系的意图之间存在关系。

满意度。总体上，我们认为满足是一种"保持客户的满意度"。一些理论和经验证据表明满意度与客户保留率和客户忠诚度之间具有一定联系。从理论上讲，一些研究人员推测满意度对客户忠诚度具有重大的贡献。一些学者提出，满意度是解释忠诚度的重要变量。更有学者表明满意度是忠诚的情感前因。此外，研究人员通常认为满意度会影响重新购买或重用提供服务的可能性。在对企业的研究中，学者认为，满意度和忠诚度之间存在联系。他们的研究结果表明，随着关系满意度的提高，客户保留率也会提高。他们的发现表明，持久而深厚的关系是有关各方对其工作成果表示满意的结果。

第五节　B2C 平台

一　重要概念界定

B2C 是电子商务的一种模式，也是直接面向消费者销售产品和服务的商业零售模式。随着客户心理以及习惯的改变，用户对网上购物的需求水平也不断提高。其基本需求包括用户管理需求、客户需求以及销售商的需求。具体内容如下：用户管理需求包括新用户注册及其用户信息管理。客户需求包括提供电子目录、提供用户搜索功能、发现所需的商品、提供相关产品的信息、进行同类产品比较；对喜爱商品的收藏、对商品服务的评价、下订单、撤销和修改订单；能够通过网络付款；对订单交易信息的追踪等。销售商的需求包括掌握客户的注册信息、处理客户订单、实现客户产品的结算、能够进行商品的上架和商品库存的信息的管理、和物流配送系统建立接口、能够跟踪产品销售情况、能够与客户建立进行信息交流的平台、提供售后服务等。

二　B2C 交易中客户对零售供应链中的订单履行的满意度

总体看，完成订单的有效性是公司 B2C 交易中客户对零售供应链中的订单履行的满意度的重要决定因素。"挑选合适的产品，将其放入合适的盒子进行运输，并获得客户的认可是一项艰巨的任务，也是决定电子商务市场最终能否取得成功的关键。"更具体地说，在对食品零售商的 B2C 运营情况进行的实证研究中，学者发现，订单执行过程的基础变量（例如退货便利性、产品可用性和交货及时性）与客户忠诚度具有显著的正相关关系。

为了解客户对订单履行过程的期望是否因产品类型而异，以及这种期望如何影响客户满意度，本书引入"客户期望和客户满意度/不满意（CS/D）"的概念（Cadotte et al.，1987）。

"确认/取消确认范式被广泛认为是消费者形成满意或不满意感觉的过程。"根据这种观点，客户将实际绩效与某个标准进行比较，从而确认肯定不否定或否定不肯定的结论。当性能符合标准时会产生确认，产生中立的感觉；当性能超过标准时会产生肯定的不一致，产生满意的感觉；而如果性能不符合标准，则会产生否定的确认，产生不满意的感觉。

根据客户的购买过程，学者将产品分为三类：便利商品、购物商品和特殊商品。便利商品是"消费者立即且省力地购买的商品"（如杂货、办公用品）。购物商品是"消费者在购买时根据适合性、质量、价格和样式等特征选择的商品"（如服装）。特殊商品是"大量购买者坚持要求的商品，并且他们愿意为此付出特殊的努力（如电脑、婚纱）"（Copeland，1924）。

研究表明，就订单履行的客户满意度而言，客户对订单履行的期望因产品类型而异，对有效管理企业的 B2C 电子交易至少提出了两个广泛的要求（Thirumalai，Sinha，2005）。

第一个要求是公司应考虑将其稀缺资源用于生产产品，这些产品可能会通过改进订单履行流程来提高客户满意度。虽然重要的是对于所有产品都具有高效的订单履行流程，但企业必须确定客户是倾向于获得更高期望的产品，并分配资源以改善此类敏感产品（例如特殊商品）的订单履行状况。满足各种产品类型对订单履行的各种需求，就需要公司朝着差异化的订单履行方向迈进，便利因购买商品而执行的订单履行过程。这表明公司需要特别履行涉及特殊商品的订单，并且通常需要开发定制的方法来实现跨产品类型的订单履行，这种开发定制的方法是最终满足客户期望并提高客户满意度的关键。

第二个要求是公司应考虑技术在制定有针对性的订单履行流程中的作用。客户期望的管理是有效履行订单的关键，并且提供现实的交货信息是使买家满意的关键组成部分。公司现在可以利用数字技术和互联网技术提供诸如订单跟踪和客户支持之类的功能，以向客户提供现实的交付信息和及时的帮助，从而使公司能够管理客户的期望。例如，客户希望获得有关他们要订购的产品是否有现货并准备好发货的信息。他们希望可以一起接收订购的物品（它们最好是被打包在一起），可以通过 Internet 跟踪他们的订单，并可以得到客户的及时响应。因此，从事 B2C 交易的公司必须将其订单执行流程与订单采购流程无缝集成，以有效满足客户期望。

三　B2C 电子市场中的消费者信任

《韦氏字典》将"信任"定义为"确保依赖某人或某物的性格，能力，力量或真理"。尽管定义看似简单，但"信任"可能是最具挑战性的术语之一，其概念几乎没有得到各学科研究人员的认同。对营销的信任涉及消费者对商人的品牌、产品或服务的可靠性感知，而在政治或国际关系中的"信任"则反映一种情况，即一方不为追求经济利益或其他迫在眉睫的利益而出卖另一方。因此，委托人可以从事可能存在风险的活动。同时，接受信任涉及一定程度的风险。

由于消费者面临从陌生商人那里通过在线购买方式购买实际上看不见或摸不到的产品或服务的挑战，因此信任在电子商务中是一个关键问题。信任在帮助消费者克服风险和不安全感方面起着核心作用。由于隐私和安全问题是互联网渠道面临的主要障碍，因此，如果没有信任，客户就不会向供应商提供个人信息，如信用卡信息。由于信任在 B2C 电子市场中起着至关重要的作用，因此讨论对电子市场的信任是有必要的。下面我们从中介信任与卖方信任两个方面来研究对电子市场的信任。

中介信任。"中介信任"是指人们对中间人有效地运用担保法规、安全网或其他结构的努力获得的安全感。通常，中介在电子市场中的关键作用之一就是说服消费者，使其认为从一个未知的卖方那里购买是无风险的。这种作用可以通过两种方式实现。最重要的是，电子市场可以通过制度机制提高信誉度。例如，第三方担保可以确保消费者受到保护。另外，中介机构可以通过采取积极的营销计划来建立品牌信任，例如，消费者发现著名的 eBay 和 Amazon 市场比不熟悉的市场更值得信赖。因此，在线市场越安全，中介对消费者的信任水平就越高。

卖方信任。"卖方信任"与"相信电子市场上的卖方群体是诚实和可靠的信念"相关联。根据一些学者的研究，消费者认为有效的体制机制直接影响买方对卖方社区的信任。同时卖方信任也受中介信任的影响。

总的来说，消费者必须处理对卖方社区的信任（即买方与许多卖方之间的一对多关系）以及对中介的信任。中介信任将中介视为中介"看护者"，而卖方信任则反映了对交易方的信任感。

为了解电子市场的信任，下面我们来阐述信任对消费者行为的影响。通过整合大量调查在线信任对购买意图的影响的研究发现，大致的结果表明，信任是在线购买意图的有力预测指标。在对消费者信任程度的早期研究中，学者发现消费者对互联网商店的信任程度会直接影响他们的态度以及风险感知情况，进而影响他们的购买意愿。在随后的研究中，他们发现，供应商的能力影响消费者浏览商品的意愿，而对供应商的整体信任及其完整性则影响了购买意图。一系列研究表明，信任与感知风险之间，以及感知风险与对在线购买的态度之间呈负相关关系，而购买的态度与购买意愿之间存在正相关关系。

第八章　数字化网络

第一节　网络经济理论

网络经济是一种以互联网为媒介的经济活动。网络经济理论是在新技术、新规律和新规则的基础上形成的理论。网络经济是基于信息技术的。各类企业使用信息和网络技术整合各种信息资源，依靠内外部信息网络展开动态的业务活动。它基于信息流、物流和资金流，依靠网络来发展经济。网络经济改变了企业的传统营销战略和管理模式。

网络经济有两个基本要点：经济链集和经济行为主体集。网络经济是经济主体，涉及经济主体之间的特殊联系。换句话说，经济参与者及与它相关联的参与者可以处于同一行业或不同行业。网络经济主要是指以信息网络为核心的信息和通信技术产业集群。从另一个角度看，网络经济主要涉及由电信、电力、能源、物流等网络运营企业组成的产业集团。网络经济学者认为，网络经济已经成为区域经济或规模经济，其运作通常涉及一个国家，甚至跨越国界将多个国家或一个大区域联系在一起。

一　网络经济的规则、特点

1. 人才成为企业的核心

在网络经济时代，企业的固定资产开始变得不重要了。网络化、信息化运营比生产有形的产品更重要，效率更高，成本更低。企业的经营者也越来越重视公司的人才。因为衡量一个公司的价值，并不看它拥有硬件设施质量的高低，实体大卖场的多寡，而是看它拥有多少人才、先进的策略和重要信息资源的集成战略。简而言之，人才比企业固定资产重要。

2. 全球化的网络经济

随着网络科技的发展，全世界逐渐变成了"地球村"，人与人之间的距离变得更近了。经济全球化的水平大幅提高，世界经济贸易的领域不断扩大。每个公司都是潜在的国际公司、全球公司。公司可能在世界各地都有客户，而当进入全球市场后，竞争对手也随之增加。随着公司的不断发展，业务会涉及更大的市场，所以竞争会更加激烈，这进一步促进网络经济的全球化发展。

3. 网络经济是永不停息的经济

信息网络是一年 365 天不间断、不停止运行的，所以网络经济几乎不会受到时间的影响。内部上级和下级与业务合作伙伴和客户之间的业务管理和操作必须不断进行交互。现在，许多业务乃至全球业务都处于联系之中，完全有资格对相关情况进行及时、连续的反馈，完全有能力在市场的每时每刻掌握情况，并做出回应。网络经济是速度经济。现代信息网络可以光速传输信息。经济发展迅速，产品不断更新换代，技术不断创新。在未来的竞争中谁能更快地掌握新技术，谁就拥有了一定的竞争优势。所谓的竞争变成了企业之间的时间竞争。

4. 人驱动了网络经济

在网络经济中，人的智商是无法用数据来衡量的。人为网络经济提供了动力，人想出了好方法，创新了原有的技术，优化了商务模式。有了人才就可以创造很多资产，进而使经济的天平发生变化。人才特别清楚地知道智慧的价值，因此管理和使用人才的方式也发生了巨大变化。

5. 发展迅猛

Internet 的连接促进了业务的增长，Internet 可以虚拟销售产品或服务，并在短时间内使其迅速成为家喻户晓的东西。在线交流是如此简单。一种新事物正在 Internet 上传播并迅速传播。一旦公司采用这种方式，其结果必然是爆炸式增长，并遍布街头。同时，它揭示了网络经济的新规则：第一个到达是最快的，第一个开始几乎总是第一。

6. 多多益善出价值

传统经济是物质和能源经济，其贸易基于"物以稀为贵"的原则。如果商品供不应求，则它反映市场价值。短缺的东西必然会导致价格上涨，因此制造商必须扩大规模并增加产量，卖出更多的钱。网络经济是不同的，它的原理是应用范围越广，价值越大。

7. 直接经济

网络经济削减或者几乎消除了传统经济的中间链接——直接经济。随着网络科学技术的创新，经济组织的结构朝着扁平化方向发展，生产者和消费者之间可以通过互联网直接联系。因此许多传统经济的中间环节失去了存在的意义。当然，对于各种专业经纪人和信息服务中介需求的复杂性，这并不排除网络市场交易。

8. 双赢客户不再进入商店并讨价还价

在网络市场中，同一种商品有很多卖家，消费者只需单击一下，就可以比较这家与其他家的价格和服务，进而可以选择购买性价比较高的商品。因此，企业要做的是提高商品的性价比，否则将丧失客户。而在过去购物时，消费者经常会与卖家就商品价格进行讨价还价。

9. 网络经济是创新型经济

它来自高科技和互联网，但不仅限于此。随着网络技术的飞速发展，基于此的网络经济注重研究、开发以及教育培训。网络经济的动力是创新，创新是来自很多方面的，例如，科技创新、规模创新、制度创新、管理创新和战略创新。创造力的存在是为了寻求有序的环境，而不是混乱。创造性比赛冲刺乱序和无序，产生一定程度的混乱。从无序中产生了新的标准和规范，而创新突破了原来的标准和规范，并产生了新的无序。

10. 网络经济是虚拟经济

网络经济归根结底是在网络虚拟空间中进行的一种经济活动。环境的虚拟性决定了网络经济的虚拟性。企业转移到网络上去经营的是虚拟经济，它与实体经济在网络外的物理空间中共同依存、相互促进。不断创新虚拟网络环境以促进虚拟经济发展，已成为现代经济发展的新趋势。

二　对传统经济理论的影响

由于网络经济和传统经济有本质的差别，因此网络经济对传统经济产生了一定的影响。网络经济对传统经济理论的影响主要体现在两个方面：首先是用新的观点和方法解释和发展原始理论；其次是用新的经济现象研究和建立新的理论。

1. 对生产力要素理论的影响

网络经济的发展对生产力要素理论产生重大影响。劳动者对信息能力（获取、传输、处理、使用信息的能力）的依赖性提高，从而促使信息工作者快速增长。劳动工具网络的智能化和隐藏在信息和知识中的比例急剧提高，信息网络本身已成为一种普遍或特殊的劳动工具。计算机、网络、电子信息等已成为新的劳动对象。在生产力的长期发展中，有潜力发挥重要作用的教育已经发生了根本变化，教育变得更加信息化、社会化和全球化。结合和协调生产力的相关因素来提高综合效益的管理水平将在生产力的发展中发挥更具决定性的作用，从而使管理技术成为高科技。信息化管理使企业内部网、企业外部网和互联网进入新阶段。对于企业来说，信息化管理在网络时代变得越来越重要。

2. 对边际收益递减理论的影响

在传统经济中，任何投入—产出系统的边际收益都会随着投入的增加而减少。在网络经济中，投入与产出之间的关系表现出边际收益增加的现象。这是因为在网络经济中，信息资源成为可再生和可重复使用的主要资源，对生产者没有竞争力，也不对用户专有，并且其成本不会随使用率的提高而按比例增加。信息网络技术发展迅猛，更新换代快；需求是由供应创造的，产品几乎不受市场饱和的影响。因此，边际收益随着网络效应的增加而增加。当然，在生产实质性产品时，生产规模在达到一定程度之前，会产生边际收益增加的现象；在信息产品的生产中，技术偏差和对某些硬件的生产也会出现边际收益递减的现象，网络经济的变化就是缩小边际收益递减规律涉及的范围，它不再在经济活动中起主导作用。

3. 对规模经济理论的影响

在传统经济中，规模经济是提高企业经济效益和优化资源配置的主要途径与重要方式。在网络经济中，规模经济虽然发挥同样的作用，但由于生产技术和管理技术的融合和灵活发展、数字神经网络系统的建立和应用，企业对传统模式发展的依赖性变弱了。在网络经济中，每一个企业都存在于互联网这个虚拟空间中，每一个企业都是互联网中的一个节点，企业之间都通过物联网连接。对于传统企业的规模经济来说，一个企业想自成规模或是与其他企业合作形成一定的生产规模，往往需要涉猎多个行业和领域。而对于网络经济来说，由于对网络技术的运用，企业与企业之间的联系与交流增多，企业之间的联系也更为密切，例如，一个制造企业需要与一家包装企业合作，在网络的虚拟环境中有很多家包装企业可供选择。商品的制造—包装—运输—销售都可以在互联网中完成，而企业所扮演的角色就是这一过程中的每一个点。所以网络自然而然地就使几个企业合作，进而形成规模经济。规模经济依然可以增加企业的收益，但是在网络经济中的重要性已经发生改变。

4. 对通货膨胀与失业之间权衡理论的影响

1958 年，英国经济学家菲利普斯提出失业率与通胀率之间存在波动关系：低失业率与高通胀率并存，高失业率与低通胀率并存。随着资本主义经济的发展，这一理论逐渐被推翻。第一次是在 20 世纪 70 年代和 80 年代两次石油危机期间，当时高失业率和高通胀率伴随着"滞胀"。第二次是在 20 世纪 90 年代，网络信息产业的发展和网络经济全球化导致出现一种新的经济现象，即美国经济中的低失业率伴随着低通胀率，这从另一方面推翻了原本的菲利普斯曲线。

三 供应链协同的实现

随着科学技术不断创新、网络不断普及，企业逐渐从传统的实体经济向网络经济转型。传统的供应链协同管理已经不能满足现有的经济体制要求，所以供应链的协同管理也要朝着智能化和网络化方向发展。

要建立智能化、网络化的供应链，必须对原有的供应链管理平台进行变革，构建一个新的智能化供应链平台，并且还要引入商业智能 AI 系统。核心理念是以客户需求为中心，以互联网技术、智能商业 AI 技术为基础来促使供应链各环节协同运行。而智能商业 AI 系统是以大数据库为基础，对供应链平台收集的各种信息资源进行加工处理分类，以供决策者进行商业决策。因此要实现更好的供应链协同管理，智能化是必不可少的。

1. 智能化供应链管理平台的特点

智能化供应链管理平台最大的特点是具有智能化功能，智能化功能可以使企业树立正确的智能化供应链应用动机，即要把协同效益放在第一位。平台将通过智能化功能处理过的信息资源传输到供应链上的各个企业，消除企业之间的信息竞争。各个企业同时获得信息，亦可以同时做出相应的决策，实现在供应链上的协同运营。智能化供应链管理平台主要有以下几个特点。

（1）智能化数据分析能力

一个智能化供应链管理平台可以从市场信息资源中获取对整个供应链系统有用的信息，并对信息中的重要部分识别、提取、处理、切片和进行多维度、全方面的分析，从而找出信息中心数据之间的相关性，并向管理者提供决策的基础。同时智能化供应链管理平台还可以与使用者、管理者、消费者进行智能化互动，例如，这些人可以选择指定区域对信息数据进行分析，智能化供应链管理平台可以立即将那一个区域的信息数据结果分析出来并呈现给这些人，如提供一些涉及关键性问题的实时分析结果。这样，管理者就可以清晰地了解各个区域的实时信息数据，进而让其了解整个供应链的动态变化情况，做出正确的协同管理决策。

（2）智能化动态管理功能

智能化供应链可以向管理者提供各个区域的实时数据分析情况，进而让其了解整个供应链的动态变化情况，相应地做出动态的管理活动。供应链是动态变化的，并且总是朝着整体平衡这个方向发展的。这是因为企业的外部网络环境是不断变化的，企业相应的业务也在发生变化，这就导致整个供应链系统动态变化而达不到平衡。由于这些都是动态变化的，原有的供应链协同管理方式也会随之变化。智能化供应链也能随外部环境变化呈现实时信息处理结果，并给出实时的管理建议。

（3）整体最优性

前文提到整个供应链是动态变化的，并且是朝着整体平衡方向发展的。在一个经济体系中，当各个参与者之间达到平衡时，这个经济体系最稳定，也就是我们所说的最优性。这里的最优性不仅包括前面提到的供应链平衡发展，还包括供应链上的企业与企业之间进行优化进而促进整体最优。例如，通过智能化信息资源共享，消除企业与企业之间的信息壁垒，达到企业之间的信息资源共享最优化；通过智能化分配功能将资源合理分配，达到企业之间的资源分配最优化；通过智能化平台将企业紧密联系，加强它们之间的合作和协同运行，实现整体的协同最优化。

2. 智能化供应链协同的要求

之前我们提到了供应链协同的意义和智能化的功能，要实现这些功能、提高企业的竞争力、优化资源配置，智能化平台必须实现三个层面的协同。

（1）组织层面的协同

综合供应链上所有企业的能力做出明确的分工，加强企业之间的协同配合。智能化供应链平台能够进行深入层次分析和发现各个企业的能力，全面掌握每个节点的业务行为能力，并以此为基础制定适合本供应链的业务管理标准，进而促进企业之间达成相关合作协议；明确各自的分工和职责；规范化开展企业业务。减少企业之间的博弈，从而降低交易成本。这有利于让多个企业"拧成一股绳"，共同面对各种各样的问题，从而使企业在组织层面实现供应链的协同。

（2）商务层面的协同

可以对供应链整体的业务进行多方面的分析，找出各个业务之间的内在联系，并将分析的结果呈现在平台上，以实现信息共享。管理者和各个企业可以清晰地看到各个业务之间的关系，进而建立合理的商务服务链，促进各个业务之间协同发展，甚至可以从业务协同上升到企业之间的协同发展。

（3）信息层面的协同

之前提到过，智能化管理平台最强大的智能化功能就是信息获取、分析处理、储存。智能化管理平台能将信息数据的实时动态分析结果呈现出来，从而使供应链上的各个企业之间实现高度的信息共享，提高企业之间的信任水平和透明度，进而促进企业之间协同发展。

四　智能化供应链的价值

（1）将商品的运输与商品的生产有效地分离，不再像传统企业那样既考虑商品的生产又兼顾商品的运输。在供应链的智能平台上有物流运输企业专门为商品制造企业提供物流运输服务，并且还有第三方平台进行合理调配，从而使制造商和物流商投入的成本减少，增加企业收益，建立集约化的实时协同业务模型。

（2）对于单个企业的生产来说，智能化平台提供了生产产品的实时状态信息和实时联动情况，为制造企业构建了一套智能化的生产管理模式。在产品生产过程中，它可以根据生产的实时状态自动触发下一个生产环节的活动。

（3）物流企业为制造企业提供了一种智能化的物流配送服务模式，即与制造企业的生产经营过程紧密结合，实现按照企业所需配送、多个企业协同配送和物流企业共享配送。

（4）智能化供应链平台在第三方的操作下，集合各个企业的供求信息和整个平台的资源，对这些信息和资源进行管理和运营，实现资源的合理配置、合理仓储、合理配送，进而实现覆盖整个供应链的智能协同化物流配送管理。

五　智能化供应链面临的挑战和发展趋势

1. 智能化供应链面临的挑战

物联网时代下的市场需求呈现多样化和个性化的特点，主要表现为消费方式的多样化和消费需求的个性化。就消费方式而言，网络化、信息化过程的推进，使原有网络消费方式的新鲜感逐渐丧失，同时，线下实体所具有的优质购物体验越来越受关注。消费需求的个性化指的是，在消费升级背景下，单纯的功能性产品和服务不再是主要消费内容，趣味性、个性化的产品和服务开始受到消费者追捧。

面对消费方式和消费需求的变化，传统供应链所遵循的"生产—制造—消费"的运营逻辑已无法应对新的市场需求。新模式下的供应链面临以客户为前端、线上与线下消费方式融合的变革。此外，随着数字技术的飞速发展，搜集、处理数据的能力得到飞速提升，这为实现消费者全息画像奠定了技术基础。数字技术使商业基础设施更为智能化，进一步促进了新零售的发展，同时数字技术的日臻成熟也对新零售供应链提出柔性生产、快速响应、个性化定制等转型升级要求。

2. 数字化成为智能化供应链的发展趋势

在 2017 年全球供应链年会上，美国供应链管理专业协会指出，供应链数字化是主流发展趋势。2017 年，我国提出建设数字中国，应用前沿技术强化创新体系建设。数字经济作为目前的主要经济发展模式，是推动数字中国建设的关键环境。2018 年发布的《中国数字经济发展与就业白皮书》指出，2017 年，我国数字经济总量为 27.2 万亿元，占国内生产总值的比重为 32.9%。数字经济的不断发展与数字技术的持续创新，使供应链成为数字经济背景下企业间竞争的焦点。一方面，消除供应链节点活动中存在的信息流通障碍，实现节点活动数字化成为供应链升级的重点，因此企业纷纷对其供应链体系进行数字化升级，例如，京东通过研发智能平台、布局物流网络等构建数字化运营体系。另一方面，零售业态不断升级演化背景下的全渠道融合引致海量业务数据，迫使供应链加速朝着数字化方向发展。

第二节　企业的网络环境

一　企业的市场网络环境

随着科技快速发展，网络技术改变了我们生活的环境，同样也改变了企业的生存环境。传统类型企业的经营形式是在一定的时间和一定的地点以一定的规模进行交易。商品流动、货币流动、信息流动都在现实空间中运行。企业提高自身经济效益的主要途径是降低自己的成本。这些成本包括生产成本、经营成本、运输成本等。

互联网发展使我们的生活方式发生巨大变化，大部分企业正在从进行以面面交易为主的传统经济转型为进行以网络交易为主的网络经济。企业面对的市场网络环境的特点主要表现为以下几个方面。

（1）在网络环境下，人们可以通过互联网跨地域购物，比如，在淘宝、拼多多、苏宁易购等平台购买各种各样的商品。购物平台的网络化、全球化发展不仅满足了消费者的多元化、个性化需求，还使市场的网络环境具备全球化特征。

（2）在这样的网购环境下，人们不再局限于传统的线下购物方式，可以通过手机、电脑随时随地购物，打破空间和时间的约束，体现网络购物消费的移动性和碎片化特征。

（3）在网络环境下，信息以碎片化形式呈现，不同的信息资源吸引不同的消费者。广大的消费者群体可以细分为多个不同的小群体。随着网络经济的发展，依靠大数据技术等先进技术，可以获取大量有价值的信息资源，明确企业的市场定位，合理调整企业的经营战略和策略。以消费者需求为核心提供精细化、个性化的产品服务。

（4）在网络环境下，人们的购物受到互联网营销环境的影响，比如"元旦促销""京东618""双十一""双十二"等购物活动，极大地激起了消费者的购物欲望。企业为了满足消费者需求，不断创新网络购物的供应模式，使网络经营呈现场景化的特征。

（5）网络环境下的主要消费者群体是"80后""90后"。这些消费者群体具有自己的购物喜好，普遍具有个性化、社交化、娱乐化特征（如表8-1所示）。

表8-1　网络环境下消费者群体特征

特征	具体内容
个性化	消费者具有鲜明的个性，消费观念和行为超前，重视产品服务的多样性和个性化
社交化	消费者喜欢通过互联网交流互动，自我意识较强，注意保护自我隐私，对网络的沉浸感较强
娱乐化	消费者群体喜欢享受，重视趣味性，注重游戏性产品和服务特质，并以此来缓解生活压力

二　企业自身的网络环境

随着科技快速发展、网络不断普及，企业面对的市场环境发生了巨变。企业传统的经济模式转型为网络经济模式。企业之间的各种关系通过生产和管理过程产生，如共同发展、股份持有以及技术转移。社会中的一些企业之间的关系可以形成一个覆盖整个行业甚至整个市场的网络空间。网络空间是由许多企业和组织通过它们之间的关联性构建起来的，由多种类型的企业、研究所和政府部门组成，拥有特殊的资源。网络空间中的这些节点相互依赖，拥有不同的资源。一些正式或非正式的互惠关系是通过它们的制造和合作的相互作用而形成的。通过网络空间可以合理配置企业间的资源，进而在区域经济的发展中发挥重要作用。

它不仅为工业中的每个节点提供交互的平台网络，同时也节省企业之间的贸易成本，加快信息的流通速度，进而促进企业和行业竞争。

企业网络空间环境如图 8-1 所示。

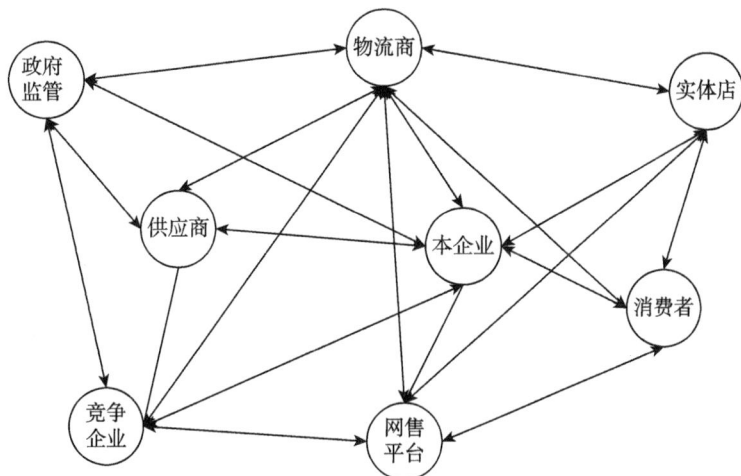

图 8-1　企业网络空间环境

如图 8-1 所示，在企业的外部网络环境中，每一个企业都是网络的一个节点，节点与节点之间通过互联网进行连接。每一个企业都在这个由互联网构成的虚拟环境中生存。从图 8-1 中可以看到，基本上每一个节点之间都具有双向的联系。企业在这样的网络环境中生存，与每一个节点互相作用，以使企业高速运转。企业具体是如何运转的，我们以制造业（服装）企业为例进行分析。运转过程如下。

（1）企业从供应商那里获取生产服装的原材料。企业从网络下单订购，并且通过网络支付，供应商通过物流商将原材料发送给企业。

（2）企业收到原材料后生产服装，服装生产完后进行销售，这里有两个销售方式：实体店、网售平台（如淘宝、拼多多、京东等）。企业把服装运送到实体店要通过物流商，消费者可以直接去实体店购买。同样消费者也可以在网售平台购买，网售平台通过物流商将服装发送给消费者。

（3）在这样一个网络环境中，一个行业不只有一家服装生产企业。

它的竞争对手也在这样一个网络空间中，并采用相同的运营方式。

（4）没有规矩，不成方圆。在这样一个网络空间中有运营秩序就要有秩序的管理者，生存在这样一个网络空间中的每一个个体都要受到政府监管部门的监督管理。

我们称企业在网络空间中的这种运营方式为供应链。这就是企业在网络环境中对网络经济和智能化供应链的实际运用。

为增强协同优势，进行实质竞争，企业之间通过合作而形成战略联盟。重要的是，网络空间中的联盟成员之间存在一定的关系。工业方面，企业之间的资源交换和转移过程产生各种关系。这些关系不仅涉及上文提到的供应链，而且涉及产业链、服务链、金融链和技术链，也包括"虚拟"关系，如涉及知识链和信息链。这些"实"与"虚"的关系构成了一个完整的网络空间。

三　网络环境对企业的影响

在网络环境不断变换的背景下，企业的价值链、供应链、资源配置模式、竞争战略，以及系统的组织结构、经营运作形式等都随之发生重大变化，从而使企业生态系统和网络环境的输出和输入达到动态平衡。网络环境对企业的影响主要体现在以下几个方面。

1. 实物经营向虚拟网络经营转变

传统企业主要在实体店经营。企业提高经济效益的主要方式是通过规模经济降低生产成本、内部化外部市场的不确定性，并用内部行政管理方式降低市场交易成本。网络环境的快速变化给业务流、物流和信息流带来新的内涵组合，企业可以在网络空间的变化过程中快速完成信息整合，企业间的协作交易成本将大大降低，跨越时空障碍的合作使企业之间进行联系变得越来越方便，促使企业管理形式从传统的物理管理向虚拟管理转变。网络虚拟管理企业是指两个或两个以上具有核心竞争力的企业，依靠网络环境，彻底突破地域限制，仅保留最关键的业务、网络等功能，使外部业务资源和企业内部资源具有竞争优势，通过共享彼此的核心竞争力，实现共同利益的统一。它是生产、技术、管理、销售、服务、商标和专利中技能或资产的有机结合。核心能力的共享使企业的网络虚拟运营在市场上具有高度的竞争力，确保企业在日益激烈的市场竞争中立于不败之地。

2. 企业网络经济的组织特色变革

传统企业的组织结构呈现自上而下和分级控制的金字塔形。在决策层和操作层之间有一个巨大的管理层。管理层的作用是在信息处理能力有限的情况下负责信息的收集和传输，并负责对操作层人员进行监督和控制。组织的这种响应太慢，从而抑制了组织的内部信息流。在网络环境下，消费者在交易中的主导地位变得更加突出：消费者需求具有个性化、多样化的趋势，销售人员可以把网络数据直接反映给决策者，这样，决策者对市场机会的反应更加敏捷，批量生产逐渐被取代。通过小规模的定制，监督和协调传统组织结构的管理功能和传输功能被计算机网络取代，企业朝着创新而敏捷的扁平型组织和知识型组织方向发展。企业网络经济的组织类型见表 8-2。

表 8-2　企业网络经济的组织类型

类型	具体内容
扁平型组织	为了适应计算机网络环境、满足个性化和多样化的市场需求而设计的新颖的柔性敏捷的扁平组织。扁平型组织减少了管理层，极大地提升员工的创新能力，有利于企业获得外部信息，有助于企业内部进行信息交流和沟通，以保证信息的真实性、完整性及时性，使企业对外部反应敏捷，及时有效地为市场提供个性化和多样化的产品和服务
知识型组织	在网络环境下，企业组织重新设计时的一个重要原则是在着重发挥企业自身的核心能力的基础上，从外面有效获得其他资源。企业组织的构成单位从专业化的职能部门演变成以任务为导向的知识小组，它们通过网络信息进行交互式沟通而形成知识联盟。面对复杂的网络环境，知识的独特重要性使企业意识到，仅靠自身的力量发展所需要的知识和能力是一件高成本和困难的事情，企业必须运用知识联盟的扩展能力和运转能力来寻求建立组织间的知识联盟。网络环境使不同组织之间通过知识联盟相互学习、使创造新的交叉知识变得异常简便，从而提升了各自的能力和竞争优势

3. 学习与创新能力成为竞争环境中建立竞争优势的关键因素

在传统竞争环境下，企业的竞争优势主要来自资本和核心技术。在开放网络环境下，学习与创新能力成为企业核心竞争力，竞争优势主要来自学习与创新能力。由于知识可以在边际成本接近零的情况下在网络环境中快速复制和分发，因此企业此时的唯一竞争优势取决于其从现有知识中产生新知识的能力——学习与创新能力。学习与创新能力不仅可以避免节点企业偏离既定目标，而且更重要的是可以形成非凡的洞察力，通过实施自己的战略行为，创造新的竞争优势，获得促进行业加强竞争的关键因素。

第三节　企业的网络生存

一　企业的营销战略转型

科技的迅速发展使企业的网络环境发生了变化，企业想要在这样的网络环境中继续生存就必须进行转型，例如将线下的实体经济转变为线上的网络经济。由于企业的生存环境发生变化，企业的发展战略也必须做出相应的改变。在网络环境下，企业需要科学确定营销战略定位、整合企业内外部资源、实现线上与线下协同发展。

1. 科学确定营销战略定位

科学合理地进行企业营销战略定位是企业在互联网时代健康发展的重中之重。正确的战略定位需要企业做好两个方面的工作：第一，需要准确分析企业的外部环境，特别是网络环境的变化情况，全面了解竞争企业、消费者需求、技术等方面的信息；第二，清晰准确地了解企业内部的基本情况，明确企业的核心竞争力和需要改进的问题，了解企业所拥有的资源和实力。在此基础上，企业结合内外部环境等因素，科学确定战略定位，选择适合的营销策略。在网络环境下，企业应尽量避免同质化竞争模式，充分挖掘消费者需求，围绕消费者需求的变化进行差异化竞争，通过大力创新来更好地满足消费者的需求。

2. 整合企业内外部资源

在网络环境下，企业需要整合现有的各种资源，并将其转化为进行市场竞争的优势。在整合资源的过程中，企业需要进行一定的调节和升级，基于网络信息化环境的发展和变化，将信息融入企业的价值链中，深刻认识到网络不仅是新的管理工具，还彻底改变了消费者的习惯和需求。因此，企业应整合既有资源，促进各种资源有效共享和统一管理，提高企业资源的利用效率，为企业的长久发展奠定更坚实的基础。

3. 实现线上与线下协同发展

传统的企业营销多采用线下实体店的模式。在网络环境下，企业需要大力发展网络营销，促进线上与线下协同发展。线上与线下需要做到"三同"：同步、同价、同系统。消费者可以在线上或线下了解商品，任选一种喜欢的方式购买商品并完成评价，获取售后服务等，企业可以为消费者提供更加便利的服务。消费者不论在线上还是在线下购买商品，都可享受同等价格优惠。用同等价格买到同等商品和服务，即便在线下实体店购买商品，也可以在线上对商品进行评价，这大大方便了消费者，其可以了解商品实时价格等信息，进行更多的交易。

因此，企业要建立统一的营销管理系统，将商品信息储存于同一个数据库，以随时了解商品价格、优惠活动、商品存量等，提供送货上门、安装、维修等服务，实现售前与售后、线上与线下的一体化运营。考虑到线上与线下受众群体的差异，企业可以采取不同的营销方案，比如，线上消费者更加重视商品的性价比和个性化，应主要推送高性价比的商品，而线下消费者普遍更加重视运送、安装、维修等服务，需要特别重视售后服务的质量，侧重于推送质量能经受市场考验的商品，提高消费者的购买体验。

二 企业营销战略的整合

在信息化时代背景下，现代企业需要在"互联网＋"政策的引领下，整合既有资源与先进的营销理念和战略模式，构建系统、全面、科学的营销模式，摸索出一条适合企业发展的路。

1. 发展场景化营销模式

企业应大力发展场景化营销模式，依靠特定场景增加消费者的购物意愿。比如，在"父亲节"等节日推出营销主题活动，围绕特定节日主题开展一系列营销活动，为消费者营造一个良好的购物氛围，促进消费者参与。

2. 重视品牌化营销模式

企业应重视品牌化营销模式，重视品牌的建立与维护，为企业的持续健康发展奠定基础。品牌形象是企业综合实力的体现，企业需要在产品质量、售后服务、营销模式等方面勇于创新，尽可能为消费者提供更好的产品和服务，提升消费者满意度，打造自身品牌，提升和增强品牌的知名度和影响力。

3. 侧重个性化营销模式

在网络环境下，要重视个性化营销模式。企业要全面、准确地分析消费环境、消费群体，开展有针对性的营销活动，重视个性化的营销方式，根据消费者性格、爱好、需求等差异进行个性化、差异化营销，满足不同消费者的内在需求。

在网络化时代，传统的线下经济转型为网络经济。企业要注重对员工能力的培养，构建企业与企业之间的知识联盟以提高企业的创新能力。更重要的一点是，企业要构建自身的网络，将自身的智能化供应链系统建设得更加完善，使所有资源和信息在智能化供应链中动态变化进而促进企业蓬勃发展。

第九章　数字化生态

第一节　网络空间与数字生态系统

当今世界，网络信息技术迅猛发展，社会生产、生活越来越离不开网络，互联网日益成为人们日常生活以及工作的新空间，日益成为提供和获取公共服务的新平台。网络空间发展的未来方向是数字生态系统，而数字生态系统具有独特的优势，对现代商业活动起着越来越重要的作用。

一　网络空间

1. 网络空间的含义与本质

网络空间（Cyber-space）又称"赛博空间"，是由美国科幻作家Gibson 于 1984 年在科幻小说《神经漫游者》中提出的一个概念。在 20世纪 80 年代和 90 年代，网络空间常常被称为"虚拟现实"，被视为现实与虚拟之间的模糊联系。如今，人们对空间的看法不再局限于其物理性质。对空间和场所概念的后现代审视，使我们能够将网络空间看作一个有意义的场所：每天数十亿的用户参与网络空间的构建。网络空间具有现实性。网络空间已经成为日常社会生活的一个重要载体，它既与个人的日常社会结构和关系相连，又嵌入其中。网络空间是由亿万人决定和构建的，大量的数字技术将人类个体与机器紧密地联系在一起。基于对网络空间"技术性"的理解，网络空间可以被理解为建立在互联网技术之上的社会交往空间。作为网络时代生存方式起始阶段的网络空间，实质上是对数字环境中各种地方的空间性隐喻。

网络是现代社会所必需的一种技术性工具，它的产生代表了一种先进生产力的诞生与发展，极大地展现了人类的智慧和能力。网络空间与人类的实践活动是相辅相成的，表现在两个方面：一方面，网络空间的形成和发展以互联网技术平台为依托，以作为主体的人的社会性参与为根本，因此，可以说网络空间是人类实践活动的产物；另一方面，网络空间的产生使人的实践场所在一定程度上突破了时间以及空间的限制，同时人的实践方式得到了极大的丰富，人的思维方式和行为习惯也发生了巨大的转变。综上，无论从网络空间的产生、内容还是其对人类生活的影响来说，网络空间都显示出明确的社会性特征，社会性是网络空间的根本属性。总之，网络空间是一种新的社会性空间形态，是人类利用信息技术对现实社会空间的延伸和扩展。

2. 网络空间的结构

从微观层面来看，网络空间的出现使人的社会生活在物理空间与网络空间并行。对个人来说，网络空间的最重要功能是使物理空间与网络空间的界限最大限度模糊化，即虚拟与现实的界限最大限度地消失，使人的想象与实践都能挣脱外在束缚，具有进一步发展的可能。网络空间在微观意义上将现实的人变成网络个体，人以流动的、虚拟的、数字化的状态存在于网络空间中。与现实空间的相似之处是，网络空间是一种处于持续的变化过程之中的暂时形态，而并不是一成不变的、静止的。它的发展以信息技术的不断发展为依托，以人对自我认识的不断深化为动力，随着人类社会的不断进化，它在不同历史阶段呈现不同的形态。

学界对网络空间进行了多种结构分析，Libick 于 2013 年在《兰德报告：美国如何打赢网络战》一书中将网络空间分为三个层次，它们分别是：基础的物理层，指构成网络信息系统的物质性基础设施及设备；中间的语法层，涉及系统设计者与使用者对机器下的指令、设置的程序以及机器之间进行互动所依赖的协议等；上层的语义层，主要指机器包含的信息以及一些服务于系统操作的信息。也有学者把它分为五个层次：物理层、协议层、逻辑层（或者代码层）、内容层和关系层（陈宗章，2019）。"物理层"顾名思义，指各种形成网络空间所必需的硬件设备；"协议层"指网络空间的权力来源——不同版本的通信协议，这些协议是用户在网络空间中的身份识别标志；"逻辑层"也称代码层，即计算机运行的各类软件；"内容层"主要指由用户创造的以各种形式存在的各种信息；"关系层"指制造、交换、传播和共享网络内容的用户之间的社会关系。

3. 网络空间的基本特征

第一，虚拟性。我们从三个方面理解网络空间的虚拟性：就其技术性来说，网络空间建立在数字技术之上，是通过数字技术对现实世界进行的虚拟；就其参与者来说，网络空间的匿名性使用户的一些社会性特征被忽视，而使其作为一个"虚拟的人"游走在网络世界中；就其内容来说，网络空间中的信息是数字化、符号化的信息，从而使人们的交往变成数字化、符号化的交往，比如，在网络空间的交往过程中，人的表情和心理活动可以被符号表现出来。

第二，限制性。在网络空间中，网络自由是一种相对自由，不仅可以通过设置技术性壁垒来控制用户的访问、信息发布与人际交往等活动，还可以在选择性地对信息进行筛选后显示，从而在一定程度上控制舆论活动，甚至可以将网络用户和网络空间中的信息置于全方位的监控之下。此外，时间仍然是在线活动的一个关键限制因素，每个人每天可利用的时间都是有限的，因此，在网络空间中活动的时间也是有限的。

第三，流动性。在网络空间中，数据是流动的，所有数据都被转化为二进制代码 0 和 1，这些代码借助物理性硬件设施在网络空间传播；信息是流动的，涉及各个领域的海量信息通过自由传递供用户取用；参与主体是流动的，互联网的应用使网络空间的参与者可以突破时间与空间的限制，以模糊的身份游荡在网络空间的各个角落。

第四，去中心化。这也就是说网络空间没有中心，只有节点，每个节点关联着其他节点，且关联的强弱性不一致。这意味着在网络空间中，每个人都能在一定程度上不受社会化身份的限制，都是网络空间的主体，都可以在网络空间中自由地、平等地进行活动。

4. 网络空间的二重性

移动应用、无处不在的计算和云数据存储服务将现实生活空间与网络空间不断融合。个人流动性有所提高，但代价是进行持续的监视和其他活动时间的减少。知识生产在虚拟空间中进行，而不那么良性的活动，如监视和网络犯罪等也在虚拟空间进行。可见，网络空间对人们生产和生活的作用具有二重性。

网络空间的积极作用主要体现在网络主体的开放性、丰富性、主动性以及社会性方面。人们能通过网络空间向无限的世界扩展。每一个在互联网世界遨游的个体，都能够自由地对感兴趣的内容发表看法，利用互联网强大的搜索引擎寻找需要的内容，这充分体现出网络主体的主动性、开放性、丰富性。同时网络空间让所有人都处于同一个集体之中，在网络空间，人与人的距离可以被无限拉近，人们的交往突破了时间与空间的限制。无论我们位于何处，所有形式的数字产品都可以被免费下载到我们的设备上。这改变了软件、旅游、娱乐、音乐、新闻行业以及视频等行业，体现出网络主体的社会性。

网络空间的消极功能要从个人与国家两个层次看待。对于个人来说，首先，它造成人类利用时间的碎片化，例如，阅读碎片化、学习碎片化等，这往往让人们对知识的获取与理解只停留在浅层，不能更加深入。其次，它造成人际交往的距离化，人们无须进行面对面交往，线下的交流似乎变得可替代。最后，网络空间的发展带来了诸多限制性因素，由于面对面交流的机会减少，人们交流的深度在一定程度上被限制。此外，个人隐私安全问题日益受到人们的关注。人们不断被跟踪、测量、分类，并且它们被记录为容量为数百万字节的元数据。商家能够利用这些数据设计有针对性的广告，不法分子有可能利用这些数据威胁一些人的生命或财产安全。对于国家来说，它的出现与应用带来了新领域下的安全问题，以网络空间的政治安全问题为例，互联网拓展了地缘政治博弈的空间，将各个国家卷入彼此依赖而又相互竞争的网络，使"制网权"成为国际政治的新型权力和各国在网络空间争夺的焦点。除此之外，网络空间安全问题还涉及意识形态安全问题等。

二　数字生态系统（Digital Ecosystem）

网络空间与数字生态系统并非属于不同范畴的两个概念，二者关系紧密且互为补充。比较而言，网络空间具有较明确的以人为基础的定位，人是主体，因此，网络空间可以被看作数字生态系统的初期发展阶段。数字系统生态不仅向个体提供服务，还服务于各种组织及其举办的活动，更具包容性，是网络空间的未来发展阶段，代表了网络空间的未来。

1. 数字生态系统的概念

生态系统（Ecosystem）这个概念是由英国生态学家 Tansley 于 1935 年在《植被概念和术语的使用问题》这篇论文中提出的，指在一定的空间和时间范围内，在各种生物之间以及生物群落与其无机环境之间，通过能量流动和物质循环而相互作用的一个统一整体。

网络空间与数字生态系统既相互联系又相互补充：网络空间是数字生态系统存在的空间基础，数字生态系统进一步将各种具体且独立的网络空间联系起来，将它们整合为一个统一的、具有活力的、和谐的生态系统。总之，数字生态系统实质上是在其所包含的各种实体或各种子生态系统之间不断发展变化的相互关系与互动中凸显出来的虚拟实体。

2. 数字生态系统的特征

数字生态系统的主要特征有整体性、多样性、广泛性与动态性。数字生态系统并不只是其所包含的各种实体或各种子生态系统的简单加总。也就是说，生成、发展并变化于数字生态系统中的经验并不只是数字生态系统所包含的各种实体或各种子生态系统所具有的不同经验的简单加总。由于以网络空间为基础，因此数字生态系统同网络空间一样，不是一个静止的系统，而是在组成成分之间不断磨合、发展、相互影响的复杂活动中凝聚成的一个变化的整体。在这个意义上，设计并建构真正的数字生态系统必然要依赖复杂性且沉浸性的经验：这种经验之所以复杂，是因为它是多种个体经验碎片的整合；之所以沉浸，是因为经验本身是在不断发展的，具有响应性、自组织性和自调适性。

在商业活动中，数字生态系统是由数据连接引发的因相互依赖形成的生态系统，由传感器和物联网（IoT）等技术推动（Subramaniam，2020）。它由两部分组成：生产生态系统和消费生态系统。生产生态系统建立在与价值链相关的相互依赖性基础之上，即对现有生态系统（或价值链相互依赖）的数字化。尽管在数字技术应用于商业活动之前，商业生态系统中价值链的构造就具有相互依赖的关系，但由于数据具有联通性，数字生态系统中的价值链的构造获得了新的动力。同样，消费生态系统建立在与消费相关的相互依赖性基础之上，数字技术的应用使企业能够广泛获取客户使用产品所产生的数据，从而为生态系统内企业制定生产、制造决策提供依据。数字生态系统对组织设计也有一定影响，尤其是当数据而不是产品在价值创造中起核心作用时。这种赋予传统企业在数字生态系统中有效竞争力的新组织设计，被广泛称为数字化转型。可见，数字生态系统的出现与应用影响公司的战略格局。

3. 数字生态系统平衡

数字生态系统平衡是一种高度适应、和谐和统一的状态。在这个系统中，人（信息生产者、信息传递者、信息接收者）通过一定的信息技术协助，与外界信息环境进行数字信息交流，形成一个数字信息生态循环（王宏川、朱登亚，2010）。数字生态系统中的各方密切依赖对方并共同发展。

由于越来越重要，数字信息生态问题引起各个国家、地区以及国际组织的关注，它们纷纷制定相应措施，如在2005年举办的"信息社会世界高峰会议突尼斯阶段会议"，重申了要致力于为所有人公平和平等地提供信息和知识，致力于审议和跟进各个国家、地区以及国际组织在弥合数字鸿沟方面的相关情况。

第二节　数字商业生态系统

数字创新从根本上改变了组织间的合作和竞争方式，即跨越组织界限的合作与竞争方式。伴随这一变化的是新的协同价值创造网络——数字商业生态系统（Digital Business Ecosystem，DBE）的出现。可见，信息技术的飞速发展重新塑造了商业环境，在这种商业环境中，企业不再以独立的身份为顾客提供商品或服务，而是需要联合相关企业一起为顾客提供全方位的一整套服务。这就意味着，相当一部分传统产业想要继续生存发展，必须进行数字化转型，与所在的生态系统内的其他企业建立必要的联系。然而，由于企业之间的产业链具有很强的关联性，因此数字化转型不能只是单个企业的转型，而是需要从生态系统角度去看待和实施的一个整体进程。

一　数字商业生态系统的概念

"商业生态系统"这一概念最早出现在美国著名经济学家 Moore 于1993 年在《哈佛商业评论》上发表的《掠食者与猎物：新的竞争生态》文章中，他将商业生态系统定义为以组织和个人的相互作用为基础的经济联合体。后来，Moore 对商业生态系统的内涵进行了完善，并将其定义为"由相互作用的组织和个人为基础支持的经济共同体——商业世界的有机体"。商业生态系统是一个"相互支持的组织、客户社区、供应商、主导生产者和其他利益相关者、融资、行业协会、标准机构、工会、政府和准政府机构以及其他相关方的扩展系统"（钟耕深、崔祯珍，2009）。商业生态系统的基础是领导公司，又被称为"基石公司"，指在商业生态系统中有很强的影响力，对整个商业生态系统产生重大影响的推动者。"商业生态系统"作为一个概念，强调企业之间的价值创造和捕获，它以领导公司为基础，内部既相互作用，又相互独立。相互作用是指商业生态系统内部相互影响、相互制约，相互独立是指商业生态系统内部分散决策和自我组织。

综上，可将数字商业生态系统定义为由个人、组织和数字技术之间进行协作和竞争，通过共享数字平台共同创造价值，从而形成的一种社会技术网络。数字商业生态系统是对 Moore 提出的商业生态系统概念的延伸，强调数字技术在其中的决定性作用。数字商业生态系统是一类协作网络，是由异质的和地理上分散的商业实体组成的广泛联盟，这些商业实体通过互联网进行协作和价值创造，以实现共同目标。

二　数字商业生态系统的要素

1. 数字商业生态系统的构成要素

从 Moore 的定义中可以看出，一般商业生态系统的主要构成要素有：生产者、消费者、市场以及其他利益相关者。商业生态系统中的生产者通常指企业，企业的功能是将生产资源转换成产品，增加产品价值，提高资源对系统的有用性。生产者由不同类型的企业组成，包括原材料生产企业、产品生产企业和组装生产企业等。商业生态系统中的消费者通常指顾客及同生产者存在交易的其他企业等。消费者享受产品及服务，其功能是将产品和服务等变成生产要素及能力，其特点是能够产生知识、技术。商业生态系统中的市场是系统中各成员进行交易的场所，其功能是各成员进行物质交换，促进财富流动和资源交换，使整个商业生态系统保持动态平衡。由此可见，组成商业生态系统的最小单位至少要有一个生产者（企业）、一个消费者和一个市场（刘雷，2010）。商业生态系统的每个成员都有自己的功能，彼此交织在一起，形成一个完整的价值网络。通过这个价值网络，信息、资本和物料在复杂的系统中流动，共同形成一个涉及多元素、包含多层次的复合业务生态系统。

数字商业生态系统不同于一般商业生态系统之处在于它包含数字生态系统和商业生态系统（Subramaniam，2020）。数字生态系统指由应用软件、硬件以及程序等数字实体构成的虚拟环境，是一个点对点的分布式技术基础设施，通过互联网创建、传播和连接数字服务。当生态系统潜在的相互依赖性被数字技术和相关的数据连接所推动时，生态系统就变得数字化了。"数字"本身对企业来说并不新鲜，因为对它的应用可以追溯到大型计算机时代。数据也不是新的概念，因为公司习惯于获取和利用市场、产品或运营的数据，并将其整合到价值链中。然而，数字技术及其与数字生态系统的联系为生成和利用数据带来了新的可能性。

数字商业生态系统是由数字生态系统和商业生态系统共同构成的新型商业生态系统。大量数字技术被融合运用到传统商业生态系统中，使原来构成商业生态系统的个人和组织能够在传统行业界限之外，即跨越组织界限进行合作，从而形成数字商业生态系统。

2. 数字商业生态系统的价值创造

一般商业生态系统要想成功，必须包括三个关键因素。首先是生产力，生产力是一个非常基本的因素，是任何一种业务成功的基础。只有以强大的生产力作为支撑的商业生态系统才能蓬勃发展，缺乏生产力的商业生态系统注定难以维系下去。其次是维持稳健的能力。在商业生态系统中，维持商业系统的稳健意味着商业生态系统中的企业可以稳定地从许多地方获得竞争优势，并且在环境变化时具有转换能力。最后，商业生态系统应该有能力为企业创造机会。商业生态系统比一家单独的企业有更大的信息和资源优势，从而能为企业的成长、发展创造条件，使企业可以集中力量进入一个特定行业，并有可能成为这个行业的领导者。

在数字商业生态系统中，企业不仅与产品竞争，而且与产品产生的数据展开竞争。数字商业生态系统使企业能够超越传统行业界限进行一系列活动，促进开放和灵活的合作与竞争。对于许多组织来说，它提供了一种新方法：通过利用不同行业的技术和专业服务等资源来满足客户需求。建立数字商业生态系统有助于创造新的价值链，帮助企业拓展市场。

数字商业生态系统是一个由不同实体组成的协作环境，这些实体通过信息和通信技术（ICT）共同创造价值，这种价值的共同创造过程体现在五个方面。第一，客户价值共同创造，即处于生态系统中的企业通过共享数据等方式为顾客提供更优质的服务，有助于提高客户对产品或服务的满意度。具体方法是企业在生产产品时根据单个客户的使用数据调整产品属性，例如保险公司提供新型保险，使保险费随司机的驾驶表现而变化。第二，信息价值共同创造，指的是信息在整个生态系统内的合作伙伴之间共享，以便企业发现更多可利用的商业机会。第三，运营价值共同创造，即在生态系统中，企业之间能够超越组织界限，在业务流程上保持一定程度的联动性，从而确保服务的及时性，让各个企业都能增加获利空间。第四，业务价值共同创造，即生态系统内的合作伙伴在推动提供最佳产品或服务方面共享最佳能力以促进共同发展。第五，人才价值共享，即在数字商业生态系统中共享人员知识或人力资本。

3. 数字商业生态系统的核心能力

数字商业生态系统作为一种组织形式，包含四种相关的核心能力。

第一个是协作、创造互补的能力。协作、创造互补的能力作为数字商业生态系统的核心概念之一，是推动数字商业生态系统运营的必不可少的条件。数字商业生态系统的协作、创造互补是经济协作的一种形式。协作分为劳动协作、经济协作或生产合作劳动协作，是指人们在直接生产过程中的协同工作，即企业内部各生产车间、团队和工作场所之间的合作。经济协作或生产合作劳动协作是指在劳动合作的基础上，在不同企业之间，在不同部门和行业之间，或在不同地区之间，为了共同生产某些产品而建立的生产联系。随着社会化大生产的发展，社会分工越来越细，生产专业化水平不断提高，生产单位之间的联系也越来越紧密，经济合作逐渐呈现相互联系的特征。因此，经济协作是社会大生产发展的产物。生产专业化是经济协作的基础，经济协作是生产专业化不可或缺的条件，经济协作助推数字商业生态系统的经济发展。

第二个是为商业机会找到"空间"的能力。凡是有利于促进企业经济效益提高，有利于促进企业生产，有利于企业进行产品开发和市场开拓，有利于企业摆脱困境等方面的信息、条件、事件等都被称为商业机会。为商业机会找到"空间"是指让潜在的商业机会变为企业发展的加速器。由于种种条件的限制，"商业机会"可能一直只是"商业机会"，无法为企业所用，更无法为企业创造收益，因此，在这里，我们强调数字商业生态系统要为商业机会找到"空间"，要为企业的发展找到空间。

第三个是在一个特定的商业生态系统空间内发展商业的能力。商业空间是指所有与商业活动有关的空间形态。确定一个商业空间必须了解这个商业空间的构成要素、主体和客体、服务对象、评价体系、改进方向。只有在一个满足数字商业生态系统发展趋势的商业空间内，商业活动才能蓬勃发展。这就要求管理人员必须在特定空间内，将一些关键需要与生产联系起来，以便定制解决方案。

第四个是为积极的持续创新者创造一个概念的能力，即一个数字商业生态系统能为积极的持续创新者创造一个概念，使这些持续不断的创新者在一个新概念的引导下不断创造价值。举个例子，在数字网络时代，电子阅读以及网上购书成为潮流，对传统实体书店产生冲击。区别于传统实体书店以零售书本为主，概念书店用现代设计理念将传统元素提炼出来，把书店整体美丽的空间和阅读氛围传递给消费者，使整家书店都成为卖点。概念书店的商业模式围绕客户服务价值进行创新，例如"猫的天空之城"概念书店，其成功发展的关键在于：价值创造蓝海战略、基于增值服务重塑顾客价值主张、灵活运用服务价值链理念整合资源（陈东华等，2020）。概念书店通过创造一个新的概念，创造了新的价值，为企业的发展找到了新的助力，企业焕发新的活力。

三　数字商业生态系统的特征

传统意义上的商业生态系统有两大特征。其一，商业生态系统的基础是企业需要具有竞争力。在商业生态系统中，同类企业之间竞争的激烈性使企业必须找到自己在整个商业生态系统中最能发挥作用的位置，形成自己的竞争优势。具有竞争力的企业由于在发展中具备独特的优势，在激烈的竞争中具有有利的条件，从而不会被淘汰。其二，商业生态系统中的重要组织对保持系统健康发挥重要作用。"基石公司"对于整个商业生态系统抵抗外界的干扰起着非常重要的作用，首先，它支持的多样性系统在遇到外界干扰时起到缓冲作用，以保护系统的结构；其次，当商业生态系统受到干扰时，在商业系统中处于重要位置的企业由于实力较强，可以抗击一部分风险，缓冲外界干扰，使整个系统正常运转。数字商业生态系统在此基础上具有以下特征。

1. 共生性

没有一个组织能够创造出取代生态系统的价值，因此，对于组织来说，重要的是相互依赖，将它们的优势和劣势结合起来，以实现更大的价值主张（Adner，2017）。共生性对企业来说尤为重要，共生是指数字商业生态系统中各合作伙伴的生产过程和技术之间的相互依存关系。共生能使商业实体之间协同合作，创造更大的价值。

2. 协同发展性

协同发展是指数字商业生态系统中的合作伙伴从一个阶段到另一个阶段的集体转换能力。当一个企业因机遇或威胁而发生变革时，不仅关键合作伙伴会做出动态反应，而且其他相互依赖的合作伙伴也会相应变化。协同进化特征将数字商业生态系统与其他组织网络区分开来，在这些网络中，一些单独的组织在没有其他组织的情况下进行变革。数字商业生态系统的运作表现为系统内部各个要素相互作用。系统内部各个要素相互作用，相互竞争又协同，从而使竞争变得优势化，使系统从无序走向有序，在这种规则下，数字商业生态系统中的要素（主要指环境要素）推动系统向高层次有序进化。相互作用使数字商业生态系统内部由于进行信息技术交流而共同发展，相互竞争使企业具有紧迫感，从而不断提高企业创新能力，增强竞争力，使其在竞争中获得长远的发展。

3. 自我组织性

自我组织性是一个开放的系统在没有外部刺激或者威胁的情况下自行发展、自行完善的性质，即一个正常的数字商业生态系统能从环境中学习并对环境的变化做出相应的反应。数字商业生态系统通常是动态的，由于每一个系统面临的环境具有复杂性，一个商业生态系统可以学习并随着新的需求、机会和威胁的出现而自主发展。

第三节　生态系统视角下的制造业企业数字服务化转型

信息技术的飞速发展重塑了商业环境，这就要求制造业企业必须站在整个生态系统的高度进行生产经营决策。为了达到这一要求，传统制造业企业必须进行数字服务化转型，以与生态系统中的合作伙伴建立更快、更便捷、更牢靠的联系，为顾客提供更好、全方位的服务。在数字服务化转型过程中，智能解决方案的开发超越了单一公司的界限，也就是说，数字化不仅影响单个企业的商业模式，而且要求生态系统中其他企业的商业模式保持一致，从生态视角来看，制造业企业必须重视生态系统的作用，因此，制造业企业在向数字化服务的商业模式转型的过程中，应了解生态系统中其他企业的配置，以便在业务模型（如技术、惯例、价值主张和定价逻辑）之间实现战略契合。可见，数字服务化的关键是对生态系统予以充分关注，我们需要从生态系统角度研究数字服务化。

一　制造业企业数字化转型的必要性和难点

当今，电力和自动化企业 ABB、沃尔沃还有造船企业瓦兰西集团等领先公司正迅速进行数字服务化转型。以沃尔沃为例，从前，沃尔沃基本上只制造汽车，如今，它参与了与客户使用汽车相关的所有活动，从金融和保险到加油站和路边救援网络，还涉及拖车和其他应急业务。其通过软件、营销和数据"三位一体"的方式为客户提供数字化的服务，沃尔沃正在向分销链的下游移动，不再只关注分销商和其他中间商，越来越关注最终用户，积极寻求机会了解相关问题，并提供相应服务，以创造衍生的商誉和需求，从而获得比单纯制造汽车更多的利益。

数字服务化包含两层含义。其一是数字化，数字化有别于表面意义上的自动化，指一种把互联网、大数据、人工智能等数字科技手段与传统制造业深度融合的方式。企业不能把数字服务化简单地理解为表面意义上的自动化，即大规模运用工业机器人、数控机床等先进设备，不断进行生产线的自动化改造。因为这样只会使企业陷入"刚性自动化窘境"。正确的做法是利用数字化技术，将制造业企业的生产、业务经营、管理等环节与数字化技术相融合。生产线可依据市场发展趋势和客户需求，随时调整，进行小批量或不规则的生产，进而实现柔性制造，打造"柔性制造供应链"（周倩，2016）。其二是服务化，主要是要求制造业企业提供"服务"，即围绕它们制造的产品创建专业服务，销售它们的专有技术，甚至为这些新的服务活动设立专门的公司和单位。今天的顾客需要更多的服务，例如，帮助他们做出正确决策的服务，以及能够在他们需要的时间和地点得到产品和充分利用他们购买的产品，并在出现问题时能使他们得到妥善解决的服务。简单来说，如今的客户更挑剔，更难取悦，他们想要更快、更方便的东西，这促使企业走向数字服务化。

数字化是嵌入服务化中的，数字化有助于制造企业服务化，为服务、平台、智能产品和新的商业模式创造新的机会。商业的数字化是基于个体数字化的全新商业模式，数字化让制造业企业可以全面了解每一个客户并为之提供服务，消费者不再是企业目标消费者群体中的一个模型，而是有独特需求的独立个体。企业的整个价值链都应该以人为中心，服务与被服务的关系是制造业企业正确理解未来与客户之间关系的关键。在服务化研究中，数字化越来越被视为商业模式、价值创造和价值获取的推动者和驱动者。数字化不仅可以提高预防性和主动性，还可以通过各种软件组件更有效地创造和获取价值，这对制造业企业的未来生存和竞争将起到很大的作用。

当然，向数字服务化过渡并没有表面看上去那样简单。制造业企业向数字服务化转型面临诸多困难，主要包括以下几个方面。

1. 首先，数字服务化的实现以及相关技术、程序和商业模式的复杂性带来了挑战。其次，为了成功实现数字化服务转型，得到其中巨大的好处，企业需要克服数据收集、仓储、分析和预测方面的困难，掌握与数字化相关的能力，如连接、智能和分析的能力。最后，数字化依赖对机器和机队级数据的持续获取、仓储、分析和实施，掌握这些能力并不意味着企业可以降低在产品实际制造方面（如产品工艺）的要求，因此，数字服务化增加了对企业能力的要求。

2. 许多服务公司面临的典型挑战依然存在，即客户期望"智能"能够根据他们的需求定制解决方案，但是，他们可能不愿意尝试真正新颖的智能解决方案。这表现在有时客户虽然期望自己的要求得到满足，但是大都不愿意为因此带来的成本增加付出的时间以及物质方面的代价。

3. 数字服务化要求企业跨越组织边界进行合作。组织边界是组织与其环境之间的界限，组织边界将法律组织与其所处的环境分开，从而确定哪些活动是在组织内部实施的，哪些活动是从组织外部获得的。跨越组织边界进行合作就是指企业需要突破组织边界，站在其所处的整个生态系统的高度与其他相关联的组织合作开展生产经营活动。以智能解决方案的设计为例，智能解决方案的设计（例如，智能产品服务系统）需要改变商业模式配置，即企业想设计出一个智能解决方案，就要与许多制造商、分销商、维修等方面的企业以及客户进行合作，以共同完成对解决方案的开发。这种合作需要商业模式协作创新，要求企业优化业务模式配置，了解生态系统内其他公司的配置，在技术、惯例、价值主张和定价逻辑等方面与其他公司实现战略契合。这些对制造商来说是很大的挑战。如今，在自主产品创造过程中，特斯拉、劳斯莱斯等许多发展领先的公司，已经在实践这种跨越企业边界的商业模式。由此我们可以看出，注重生态系统仍然是数字服务的关键，我们必须从生态系统角度研究数字服务。

二 数字服务化概念及商业模式

根据有关统计，在过去 30 年，与服务化相关的文献，例如，与服务化、产品服务系统、服务主导逻辑、服务创新和服务操作等相关的文献在逐渐增长。然而，相关文献对数字服务化概念的讨论少之又少，数字服务研究还处于起步阶段，所以一个普遍被接受的定义还不存在。根据现有研究，数字服务化可以被初步定义为通过使用数字技术开发新服务或改进现有服务。这个过程可以被开发成新的数字商业模式，帮助企业从数据中获取知识，找到企业之间共同创造价值的新方法，提高企业的运营和环境绩效，并使企业获得竞争优势。

在数字服务化转型的需求下，制造业企业需要明确其在商业生态系统中的定位，从而确定商业模式。制造业企业可采用的数字服务化商业模式有很多，本文主要介绍其中两种，具体内容如下。

1. 集成解决方案提供者模式（Integrated Solutions Provider）

制造业企业可以选择成为集成解决方案的提供者，在转型过程中应用数字化工具使公司的商业模式从以产品为中心转变为以服务为中心，例如，通用电气公司在分析工具的支持下，采取远程技术处理、分析和解释来自用户安装和使用产品过程中产生的数据以提供服务。采用数字技术能使生产流程、通信渠道、产品和服务更环保，从而为企业创造效益。

集成解决方案的开发不仅需要对客户有深入的了解，还需要对其他合作公司的设备和流程有深入的了解，更需要技术的集成（例如，超越公司边界的软件或者平台）。因此，在许多方面，公司的运营越来越依赖知识整合，以创造和获取客户或客户的价值。集成解决方案提供商的组织身份基于项目和客户的复杂组合，复杂解决方案的定制和交付有可能增加交易成本，因此，在采用这种商业模式的同时提高项目管理能力就变得非常重要。

采用这种商业模式对企业的数字化能力（例如，监控、控制、优化和自动驾驶车辆的能力）要求较高。因为客户可能希望购买的是具有性能保证和可用性的集成解决方案，而不是纯粹的结果，也就是说，客户买车并不希望企业只提供车，还需要企业提供其他一系列及时可靠的配套服务。一些使用这种商业模式的公司可能会通过提供监视、控制、优化和无人机交互等服务来实现其解决方案的自主特性。

2. 平台提供者模式（Platform Provider）

所谓平台是指一个连接多个供应商和客户（多边市场）并由制造商管理的数据站。它需要使一个产品与其他产品（通过 Wi-Fi 或蓝牙）连接。具体而言，企业需要构建一个应用程序平台和其他各种业务应用程序以将不同产品连接到"云"，并创建一个大数据库聚合来自多个产品以及内部业务系统和外部业务系统的数据，然后根据需要进行分析，从海量数据中获取价值。

平台提供者是指一种成熟的数字化服务商业模式，公司是一个平台提供商，连接其他提供商和客户。平台商业模式可以通过有效利用相关经济发展方式来减少能源消耗和浪费，因此，这种商业模式的兴起与可持续发展理念有关。由于对可持续发展理念的支持，人们更倾向于在需要时使用共享服务而不是拥有商品。例如，假如一家汽车制造商将其商业模式转变为汽车共享平台商业模式，那么这意味着其从进行汽车制造到提供汽车共享服务的全面过渡，之后，企业需要为多个不同的供应商和客户提供一个软件平台以连接双方。对客户来说，其不一定要拥有产品，但需要企业在自己使用产品时及时提供。以 Uber 为例，Uber 是美国硅谷的一家科技公司，它开发了一款移动应用程序，该应用程序能够连接乘客和司机，为有需要的出行者提供车辆租赁及实时共乘的分享型经济服务，其因旗下同名打车 App 而名声大噪。

平台提供者需要强大的数字平台及数字技术以及众多的产品提供商和客户，此外，还需要一个强大的品牌。数字技术在这种商业模式中的作用是建立有效互动的数字平台，例如，建立一种运营商可以监控、控制、优化和提供自主产品（如车辆）的数字化平台。平台提供者的权力可能很大，地位可能很高，因为其收集了关于服务使用情况的数据，且可以使用这些数据创造各种新的商业机会。总之，拥有数字化平台、用户界面、大量的供应商和客户，实现品牌发展、联网监控，控制和优化自主产品是这种商业模式的几大要点。

三　数字服务化的三个阶段

商业模式建立在价值主张基础上。在数字服务化过程中，数字化的解决方案可以用于构建数字服务化中的产品，这一构建过程分为三个阶段：解决方案定制、解决方案定价、解决方案数字化。

第一个阶段是解决方案定制。解决方案定制指企业要在某些方面摒弃传统的标准化观念，转而根据顾客的差异化需求进行产品及服务的定制。也就是说，这个解决方案决定企业在哪些方面进行服务，它在商业模式的有效性（即价值创造）和效率（即价值捕获）方面起着重要作用，提供一个前进方向，例如，在人工智能的应用中，阿里 ET 城市大脑的解决方案包括交通态势评价与信号灯控制优化、城市事件感知与智能处理、公共出行与运营车辆调度、社会治理与公共安全。

第二个阶段是解决方案定价。解决方案定价代表这个方案、产品的价值。定价需要考虑方案或产品使用的定价逻辑，产品的定价可以面向产品、面向协议、面向可用性或面向结果。在服务化转型要求下，解决方案定价应当从产品导向转向结果导向。也就是说，解决方案价格不应该只考虑这个方案的成本，还应该将顾客对这个方案提供的服务的满意度考虑进去。

第三个阶段是解决方案数字化。产品设计和产品制造之间的"鸿沟"是制造业企业面临的一个重大问题，降低设计到生产制造之间的不确定性，缩短产品设计到生产的转化时间，并且提高产品的可靠性与成功率是企业的奋斗目标。解决方案数字化是企业实现这个目标的有效手段。解决方案数字化指以产品全生命周期的相关数据（例如，产品制造、物流、装配等方面的数据）为基础，在通过计算机构造的虚拟生产环境中对整个生产过程进行虚拟仿真、评估和优化。数字化方案的作用是在虚拟环境中对生产制造过程进行提前模拟，并据此对原方案进行评估与检验。

以解决方案产品的特性为出发点，上述三个阶段形成了数字服务业务模型的典型程序。当然，任何公司都可以应用不同客户细分或业务线组合的各种业务模式，不同的业务单位也可能遵循不同的业务模式和战略配置。但是，基于这三个阶段的商业模型的理想或典型描述为分析数字服务中的商业模型配置情况提供了一个起点。商业模式是公司用于创建、交付和捕获价值的历程集合，同时，制造业企业的商业模式作为一个全面的概念也可以嵌入任何类型的战略配置中。

总之，数字化使新的商业模式得以出现，进而影响到生态系统内超越企业边界的其他相关者，例如，组件制造商、系统供应商、系统集成商、解决方案提供商、运营商、分销商和客户等。一个企业商业模式的改变会对其他企业的经营产生重大影响。例如，当改变业务模式、价值主张、组织结构和 IT 系统时，一个公司的变化会影响生态系统中的其他公司。因此，在制造业企业数字化转型过程中，商业模式概念应该被理解为一个动态的概念、一个不断被重构的概念。一家企业发生在微观层面的改变往往会影响到整个宏观生态系统，企业商业模式配置的变化可能会在生态系统层面影响其他企业的商业模式。这也就是为什么我们强调要突破企业边界，站在生态系统的角度实现制造业企业的数字化服务转型。

参考文献

[1] Abou, Nabout, N. , Skiera, B. , Stepanchuk, T. , Gerstmeier, E. (2012). "An Analysis of the Profitability of Fee-based Compensation Plans for Search Engine Marketing," *International Journal of Research in Marketing*, 29 (1): 68 – 80.

[2] Adner, R. (2017). "Ecosystem as Structure: An Actionable Construct for Strategy," *Journal of Management*, 43 (1): 39 – 58.

[3] Agarwal, A. , Hosanagar, K. , Smith, M. D. (2011). "Location, Location, Location: An Analysis of Profitability of Position in Online Advertising Markets," *Journal of Marketing Research*, 48 (6): 1057 – 1073.

[4] Ahmad, Ghazawneh, Ola, Henfridsson (2015). "A Paradigmatic Analysis of Digital Application Marketplaces," *Journal of Information Technology*, 30 (3): 198 – 208.

[5] Amaldoss, W. , Desai, P. S. , Shin, W. (2015). "Keyword Search Advertising and First-page Bid Estimates: A Strategic Analysis," *Management Science*, 61 (3): 507 – 519.

[6] Anderson, E. T. , Simester, D. I. (2014). "Reviews without a Purchase: Low Ratings, Loyal Customers, and Deception," *Journal of Marketing Research*, 51 (3): 249 – 269.

[7] Andrews, M. , Luo, X. , Fang, Z. , Ghose, A. (2015). "Mobile Ad-effectiveness: Hyper-contextual Targeting with Crowdedness," *Mar-

keting Science, 35（2）：218 – 233.

［8］Ansari, A. , Essegaier, S. , Kohli, R. （2000）. "Internet Recommen-dation Systems," *Journal of Marketing Research*, 37（3）：363 – 375.

［9］Ansari, A. , Mela, C. F. , Neslin, S. A. （2008）. "Customer Chan-nel Migration," *Journal of Marketing Research*, 45（1）：60 – 76.

［10］Athaide, G. A. , Zhang, J. Q. （2011）. "The Determinants of Sell-er-buyer Interactions During New Product Development in Technology-based Industrial Markets," *Journal of Product Innovation M*, 28（S1）：146 – 158.

［11］Banda, G. , Tait, J. , Mittra, J. （2018）. "Evolution of Busi-ness Models in Regenerative Medicine：Effects of a Disruptive Inno-vation on the Innovation Ecosystem," *Clinical Therapeutics*, 40（7）：1084 – 1094.

［12］Batra, R. , Keller, K. L. （2016）. "Integrating Marketing Communi-cations：New Findings, New Lessons, and New Ideas," *Journal of Marketing*, 80（6）：122 – 145.

［13］Bendixen, M. , Bukasa, K. A. , Abratt, R. （2004）. "Brand Eq-uity in the Business-to-Business Market," *Industrial Marketing Man-agement*, 33（5）：371 – 380.

［14］Berman, R. , Katona, Z. （2013）. "The Role of Search Engine Optimiza-tion in Search Marketing," *Marketing Science*, 32（4）：644 – 651.

［15］Berry, S. , Khwaja, A. , Kumar, V. , Musalem, A. , Wilbur, K. C. , Allenby, G. , Mele, A. （2014）. "Structural Models of Complemen-tary Choices," *Marketing Letters*, 25：245 – 256.

［16］Bharadwaj, A. , Sawy, O. A. E. , Pavlou, P. A. et al. （2013）. "Digital Business Strategy：Toward a Next Generation of Insights," *MIS Quarterly*, 37（2）：471 – 482.

［17］Blois, K. J. （1999）. "Trust in Business to Business Relationships：An Evaluation of Its Status," *Journal of Management Studies*, 36

(2): 197 – 215.

[18] Bodapati, A. V. (2008). "Recommendation Systems with Purchase Data," *Journal of Marketing Research*, 45 (1): 77 – 93.

[19] Bronnenberg, B. J., Kim, B. J., Mela, C. F. (2016). "Zooming in on Choice: How Do Consumers Search for Cameras Online?" *Marketing Science*, 35 (5): 693 – 712.

[20] Brunswicker, S., Bertino, E., Matei, S. (2015). "Big Data for Open Digital Innovation—A Research Roadmap," *Big Data Research*, 2 (2): 53 – 58.

[21] Bucklin, R. E., Sismeiro, C. (2009). "Click Here for Internet Insight: Advances in Clickstream Data Analysis in Marketing," *Journal of Interactive Marketing*, 23 (1): 35 – 48.

[22] Bughin, J. (2015). "Brand Success in an Era of Digital Darwinism," *February: Mckinsey Quarterly*, 2 (4).

[23] Burgelman, R. (1986). "Corporate Entrepreneurship and Strategic Management: Insights from a Process Study," *Management Science*, 29 (12): 1349 – 1364.

[24] Caceres, R. C., Paparoidamis, N. G. (2007). "Service Quality, Relationship Satisfaction, Trust, Commitment and Business-to-Business Loyalty," *European Journal of Marketing*, 41 (7/8).

[25] Cadotte, E. R., Woodruff, R. E., Jenkins, R. L. (1987). "Expectations and Norms in Models of Consumer Satisfaction," *Journal of Marketing Research*, 24: 305 – 314.

[26] Chanias, S., Myers, M. D., Hess, T. (2019), "Digital Transformation Strategy Making in Pre-digital Organizations: The Case of a Financial Services Provider," *The Journal of Strategic Information Systems*, 28 (1): 17 – 33.

[27] Chen, Y., Wang, Y., Nevo, S. et al. (2015). "IT Capabilities and Product Innovation Performance: The Roles of Corporate Entrepre-

neurship and Competitive Intensity," *Information & Management*, 52 (6): 643 – 657.

[28] Chen, J., Liu, D., Whinston, A. B. (2009). "Auctioning Keywords in Online Search," *Journal of Marketing*, 73 (4): 125 – 141.

[29] Chen, Y., Wang, Q., Xie, J. (2011). "Online Social Interactions: A Natural Experiment on Word of Mouth Versus Observational Learning," *Journal of Marketing Research*, 48 (2): 238 – 254.

[30] Chevalier, J. A., Mayzlin, D. (2006). "The Effect of Word of Mouth on Sales: Online Book Reviews," *Journal of Marketing Research*, 43 (3): 345 – 354.

[31] Chiu, C. M., Wang, E. T. G., Fang, Y. H. et al. (2014). "Understanding Customers' Repeat Purchase Intentions in 8. B2C E-commerce: The Roles of Utilitarian Value, Hedonic Value and Perceived Risk," *Information Systems Journal*, 24 (1): 85 – 114.

[32] Chowdhury, I. N., Gruber, T., Zolkiewski, J. (2016). "Every Cloud Has a Silver Lining—Exploring the Dark Side of Value Co-creation in B2B Service Networks," *Industrial Marketing Management*, 55: 97 – 109.

[33] Chung, T. S., Rust, R. T., Wedel, M. (2009). "My Mobile Music: An Adaptive Personalization System for Digital Audio Players," *Marketing Science*, 28 (1): 52 – 68.

[34] Chutikarn, Suppatvech, Janet, Godsell, Steven, Day (2019). "The Roles of Internet of Things Technology in Enabling Servitized Business Models: A Systematic Literature Review," *Industrial Marketing Management*, 82: 70 – 86.

[35] Copeland, M. T. (1924). *Principles of Merchandising* (A. W. Shaw Co., Chicago).

[36] Court, D., Elzinga, D., Mulder, S., Vetvik, O. J. (2009). "The Consumer Decision Journey," *The McKinsey Quarterly* (*June*), Ac-

cessed November 27, 2015, http://www. mckinsey. com/insights/ marketing sales/the consumer decision journey.

[37] Crespo, A. H. , del Bosque, I. R. (2018). "The Effect of Innovativeness on the Adoption of B2C E-commerce: A Model Based on the Theory of Planned Behaviour," *Computers in Human Behavior*, 24 (6): 2830 – 2847.

[38] Danaher, B. , Dhanasobhon, S. , Smith, M. D. , Telang, R. (2010). "Converting Pirates without Cannibalizing Purchasers: The Impact of Digital Distribution on Physical Sales and Internet Piracy," *Marketing Science*, 29 (6): 1138 – 1151.

[39] Danaher, P. J. , Smith, M. S. , Ranasinghe, K. , Danaher, T. S. (2015). "Where, When and How Long: Factors that Influence the Redemption of Mobile Phone Coupons," *Journal of Marketing Research*, 52 (5): 710 – 725.

[40] David, Gefen, Detmar, W. Straub (2004). "Consumer Trust in B2C e-Commerce and the Importance of Social Presence: Experiments in E-Products and E-Services," *Omega*, 32 (6): 407 – 424.

[41] Degeratu, A. M. , Rangaswamy, A. , Wu, J. (2000). "Consumer Choice Behavior in Online and Traditional Supermarkets: The Effects of Brand Name, Price, and Other Search Attributes," *International Journal of Research in Marketing*, 17 (1): 55 – 78.

[42] Dellaert, B. G. C. , Stremersch, S. (2005). "Marketing Mass-customized Products: Striking a Balance Between Utility and Complexity," *Journal of Marketing Research*, 42 (2): 219 – 227.

[43] Denise, M. Carter (2020). "Cyberspace and Cyberculture," *International Encyclopedia of Human Geography*, 3 (2): 468 – 472, https://doi. org/10. 1016/B978 – 0 – 08 – 102295 – 5. 10810 – 8 .

[44] Desai, P. S. , Shin, W. , Staelin, R. (2014). "The Company That You Keep: When to Buy a Competitor's Keyword," *Marketing Science*,

33（4）：485-508.

[45] Devaraj, S., Fan M., Kohli R. (2002). "Antecedents of B2C Channel Satisfaction and Preference: Validating E-commerce Metrics," *Information Systems Research*, 13 (3): 316-333.

[46] Dinner, I. M., Van Heerde, H. J., Neslin, S. A. (2014). "Driving Online and Offline Sales: The Cross-channel Effects of Traditional, Online Display, and Paid Search Advertising," *Journal of Marketing Research*, 51 (5): 527-545.

[47] Du, Y., Tang, Y. (2014). "Study on the Development of O2O E-commerce Platform of China from the Perspective of Offline Service Quality," *International Journal of Business and Social Science*, 5 (4).

[48] Dubelaar, C., Sohal, A., Savic, V. (2005). "Benefits, Impediments and Critical Success Factors in B2C E-business Adoption," *Technovation*, 25 (11): 1251-1262.

[49] Eisenbeiss, M., Wilken, R., Skiera, B., Cornelissen, M. (2015). "What Makes Deal-of-the-day Promotions Really Effective? The Interplay of Discount and Time Constraint with Product Type," *International Journal of Research in Marketing*, 32 (4): 387-397.

[50] Ford, D. (2011). "IMP and Service-dominant Logic: Divergence, Convergence and Development," *Industrial Marketing Management*, 40 (2): 231-239.

[51] Frank, A. G., Mendes, G. H. S., Ayala, N. F. et al. (2019). "Servitization and Industry 4.0 Convergence in the Digital Transformation of Product Firms: A Business Model Innovation Perspective," *Technological Forecasting and Social Change*, 141: 341-351.

[52] Garbarino, E., Johnson, M. S. (1999). "The Different Roles of Satisfaction, Trust, and Commitment in Customer Relationships," *J Mark*, 63 (2): 70-87.

[53] Gefen, D. , Straub, D. (2003). "Managing User Trust in B2C E-services," *E-Service*, 2 (2): 7 – 24.

[54] Ghose, A. , Goldfarb, A. , Han, S. P. (2012). "How Is the Mobile Internet Different? Search Costs and Local Activities," *Information Systems Research*, 24 (3): 613 – 631.

[55] Ghose, A. , Yang, S. (2009). "An Empirical Analysis of Search Engine Advertising: Sponsored Search in Electronic Markets," *Management Science*, 55 (10): 1605 – 1622.

[56] Godes, D. , Mayzlin, D. (2004). "Using Online Conversations to Study Word-of-mouth Communication," *Marketing Science*, 23 (4): 545 – 560.

[57] Godes, D. , Mayzlin, D. (2009). "Firm-created Word-of-mouth Communication: Evidence from a Field Test," *Marketing Science*, 28 (4): 721 – 739.

[58] Godes, D. , Silva, J. C. (2012). "Sequential and Temporal Dynamics of Online Opinion," *Marketing Science*, 31 (3): 448 – 473.

[59] Goldfarb, A. , Tucker, C. (2011). "Online Display Advertising: Targeting and Obtrusiveness," *Marketing Science*, 30 (3): 389 – 404.

[60] Grönroos, C. , Voima, P. (2013). "Critical Service Logic: Making Sense of Value Creation and Co-creation," *Journal of the Academy of Marketing Science*, 41 (2): 133 – 150.

[61] Gummesson, E. , Polese, F. (2009). "B2B Is Not an Island!" *The Journal of Business and Industrial Marketing*, 24 (5 – 6): 337 – 350.

[62] Haenlein, M. (2013). "Social Interactions in Customer Churn Decisions: The Impact of Relationship Directionality," *International Journal of Research in Marketing*, 30 (3): 236 – 248.

[63] Halbheer, D. , Stahl, F. , Koenigsberg, Lehmann, D. R. (2014). "Choosing a Digital Content Strategy: How Much Should be Free?" *International Journal of Research in Marketing*, 31 (2): 192 – 206.

[64] Hamilton, K. A. , Benjamin A. S. (2019). "The Human-machine Extended Organism: New Roles and Responsibilities of Human Cognition in a Digital Ecology," *Journal of Applied Research in Memory and Cognition*, 8 (1): 40 – 45.

[65] Hawk, S. (2004). "A Comparison of B2C E-commerce in Developing Countries," *Electronic Commerce Research*, 4 (3): 181 – 199.

[66] Hewett, K. , Rand, W. , Rust, R. T. , van Heerde, H. J. (2016). "Brand Buzz in Echoverse," *Journal of Marketing*, 80 (3): 1 – 24.

[67] Hoejmose, S. , Brammer, S. , Millington, A. (2012). "'Green' Supply Chain Management: The Role of Trust and Top Management in B2B and B2C Markets," *Industrial Marketing Management*, 41 (4): 609 – 620.

[68] Holmlund, M. , Kowalkowski, C. , Biggemann, S. (2016). "Organizational Behavior in Innovation, Marketing, and Purchasing in Business Service Contexts—An Agenda for Academic Inquiry," *Journal of Business Research*, 69 (7): 2457 – 2462.

[69] Hong, I. B. , Cho, H. (2011). "The Impact of Consumer Trust on Attitudinal Loyalty and Purchase Intentions in B2C E-marketplaces: Intermediary Trust vs. Seller Trust," *International Journal of Information Management*, 31 (5): 469 – 479.

[70] Hunter, G. K. , Panagopoulos, N. G. (2015). "Commitment to Technological Change, Sales Force Intelligence Norms, and Salesperson Key Outcomes," *Industrial Marketing Management*, 50: 162 – 179.

[71] Iansiti, M. , Levien, R. (2004). "Strategy as Ecology," *Harvard Business Review*, 82 (3): 68 – 78, 126.

[72] Iivari, Bäcka, Marko Kohtamäki (2015). "Boundaries of R&D Collaboration," *Technovation*: 15 – 28.

[73] Isaksson, A. J. , Harjunkoski, I. , Sand, G. (2018). "The Impact of Digitalization on the Future of Control and Operations," *Com-*

puters & Chemical Engineering, 114: 122 – 129.

[74] Jaakkola, E., Hakanen, T. (2013). "Value Co-creation in Solution Networks," *Industrial Marketing Management*, 42 (1): 47 – 58.

[75] Jean-Charles, Rochet, Jean Tirole (2002). "Cooperation among Competitors: Some Economics of Payment Card Associations," *Rand Jounal of Economics*, 33 (4): 549 – 570.

[76] Jiang, L., Jun, M., Yang, Z. (2016). "Customer-perceived Value and Loyalty: How Do Key Service Quality Dimensions Matter in the Context of B2C E-commerce?" *Service Business*, 10 (2): 301 – 317.

[77] Jim, Pedersen, Chris, Ellegaard, Hanne, Kragh (2019). "The Praxis of Studying Interorganizational Practices in B2B Marketing and Purchasing—A Critical Literature Review," *Industrial Marketing Management*.

[78] Joo, M., Wilbur, K. C., Cowgill, B., Zhu, Y. (2013). "Television Advertising and Online Search," *Management Science*, 60 (1): 56 – 73.

[79] Kannan, P.K. (2017). "Digital Marketing: A Framework, Review and Research Agenda," *International Journal of Research in Marketing*, 34 (1): 22 – 45.

[80] Kannan, P. K., Kopalle, P. K. (2001). "Dynamic Pricing on the Internet: Importance and Implications for Consumer Behavior," *International Journal of Electronic Commerce*, 5 (3): 63 – 83.

[81] Katona, Z., Zubcsek, P. P., Sarvary, M. (2011). "Network Effects and Personal Influences: The Diffusion of an Online Social Network," *Journal of Marketing Research*, 48 (3): 425 – 443.

[82] Kim, D., Benbasat, I. (2009). "Trust-assuring Arguments in B2C E-commerce: Impact of Content, Source, and Price on Trust," *Journal of Management Information Systems*, 26 (3): 175 – 206.

[83] Kim, J. B., Albuquerque, P., Bronnenberg, B. J. (2010). "On-

line Demand under Limited Consumer Search," *Marketing Science*, 29 (6): 1001 – 1023.

[84] Knight, G. A., Liesch, P. W. (2016). "Internationalization: From Incremental to Born Global," *Journal of World Business*, 51 (1): 93 – 102.

[85] Kohtamäki, M., Rajala, R. (2016). "Theory and Practice of Value Co-creation in B2B Systems," *Industrial Marketing Management*, 56.

[86] Kohtamäki, M., Partanen, J. (2016). "Co-creating Value from Knowledge-intensive Business Services in Manufacturing Frms: The Moderating Role of Relationship Learning in Supplier-customer Interactions," *Journal of Business Research*, 69 (7): 2498 – 2506.

[87] Kotler, P., Armstrong, G. (2010). *Principles of Marketing* (Pearson Education).

[88] Koukova, N. T., Kannan, P. K., Kirmani, A. (2012). "Multiformat Digital Products: How Design Attributes Interact with Usage Situations to Determine Choice," *Journal of Marketing Research*, 49 (1): 100 – 114.

[89] Koukova, N. T., Kannan, P. K., Ratchford, B. T. (2008). "Product form Bundling: Implications for Marketing Digital Products," *Journal of Retailing*, 84 (2): 181 – 194.

[90] Kumar, A., Bezawada, R., Rishika, R., Janakiraman, R., Kannan, P. K. (2016). "From Social to Sale: The Effects of Firm Generated Content in Social Media on Customer Behavior," *Journal of Marketing*, 80 (1): 7 – 25.

[91] Kumar, V., Bhaskaran, V., Mirchandani, R., Shah, M. (2013). "Practice Prize Winner-creating a Measurable Social Media Marketing Strategy: Increasing the Value and ROI of Intangibles and Tangibles for Hokey Pokey," *Marketing Science*, 32 (2): 194 – 212.

［92］ Kunal, Swani, Brian, P. Brown, Susan, M. Mudambi （2019）. "The Untapped Potential of B2B Advertising: A Literature Review and Future Agenda," *Industrial Marketing Management*.

［93］ Kushwaha, T. , Shankar, V. （2013）. "Are Multichannel Customers really More Valuable? The Moderating Role of Product Category Characteristics," *Journal of Marketing*, 77 （4）: 67 – 85.

［94］ Lamberton, C. , Stephen, A. T. （2016）. "A Thematic Exploration of Digital, Social media, and Mobile Marketing Research's Evolution from 2000 to 2015 and an Agenda for Future Research," *Journal of Marketing*, 80 （6）: 146 – 172.

［95］ Lambrecht, A. , Goldfarb, A. , Bonatti, A. , Ghose, A. , Goldstein, D. G. , Lewis, R. , Yao, S. （2014）. "How Do Firms Make Money Selling Digital Goods Online?" *Marketing Letters*, 25 （3）: 331 – 341.

［96］ Lambrecht, A. , Tucker, C. （2013）. "When Does Retargeting Work? Information Specificity in Online Advertising," *Journal of Marketing Research*, 50 （5）: 561 – 576.

［97］ Lee, C. , Kumar, V. , Gupta, S. （2013）. "Designing Freemium: A Model of Consumer Usage, Upgrade, and Referral Dynamics," *Working Paper*.

［98］ Lee, T. Y. , Bradlow, E. T. （2011）. "Automated Marketing Research Using Online Customer Reviews," *Journal of Marketing Research*, 48 （5）: 881 – 894.

［99］ Li, H. , Jain, S. , Kannan, P. K. （2016）. "Optimal Design of Content Samples for Digital Products and Services," *Working Paper*.

［100］ Li, H. , Kannan, P. K. , Viswanathan, V. , Pani, A. （2016）. "Attribution Strategies and Return on Keyword Investment in Paid Search Advertising," *Marketing Science*, 35 （6）: 831 – 848.

［101］ Li, X. , Hitt, L. M. （2008）. "Self-selection and Information Role of Online Product Reviews," *Information Systems Research*, 19 （4）:

456 – 474.

[102] Liechty, J. , Ramaswamy, V. , Cohen, S. H. （2001）. "Choice menus for Mass Customization: An Experimental Approach for Analyzing Customer Demand with an Application to a Web-based Information Service," *Journal of Marketing Research*, 38 （2）: 183 – 196.

[103] Liere-Netheler, K. , Packmohr, S. , Vogelsang, K. （2018）. "Drivers of Digital Transformation in Manufacturing," *The Digital Supply Chain of the Future: Technologies, Applications and Business Models.*

[104] Lucking-Reiley, D. , Spulber, D. F. （2001）. "Business-to-Business Electronic Commerce," *Journal of Economic Perspectives*, 15 （1）: 55 – 68.

[105] Malthouse, E. C. , Haenlein, M. , Skiera, B. , Wege, E. , Zhang, M. （2013）. "Managing Customer Relationships in the Social Media Era: Introducing the Social CRM House," *Journal of Interactive Marketing*, 27 （4）: 270 – 280.

[106] Mark, de Reuver, Carsten, SØrensen, Rahul, C. Basole （2018）. "The Digital Platform: A Research Agenda," *Jounal of Information Technology*, 33 （2）: 124 – 135.

[107] Marko, Kohtamäki, Vinit, Parida, Pejvak, Oghazi , Heiko, Gebauer, Tim Baines （2019）. "Digital Servitization Business Models in Ecosystems: A Theory of the Firm," *Industrial Marketing Management*, 104: 380 – 392.

[108] Marsh, E. J. , Rajaram, S. （2019）. "The Digital Expansion of the Mind: Implications of Internet Usage for Memory and Cognition," *Journal of Applied Research in Memory and Cognition.*

[109] Martin, D. , Gustafsson, A. , Choi, S. （2016）. "Service Innovation, Renewal, and Adoption/Rejection in Dynamic Global Contexts," *Journal of Business Research*, 69.

[110] Mayer, R. C. , Davis, J. H. , Schoorman. F. D. (1995). "An Integration Model of Organizational Trust," *AMR*, 20 (3): 709 – 734.

[111] McAlister, L. M. , Sonnier, G. P. , Shively, T. S. (2012). "The Relationship Between Online Communications and Firm Value," *Marketing Letters*, 23 (1): 1 – 12.

[112] Moe, W. W. (2003). "Buying, Searching, or Browsing: Differentiating Between Online Shoppers Using in-store Navigational Clickstream," *Journal of Consumer Psychology*, 13 (1 – 2): 29 – 39.

[113] Moe, W. W. , Schweidel, D. A. (2012). "Online Product Opinions: Incidence, Evaluation, and Evolution," *Marketing Science*, 31 (3): 372 – 386.

[114] Moe, W. W. , Trusov, M. (2011). "The Value of Social Dynamics in Online Product Ratings Forums," *Journal of Marketing Research*, 48 (3): 444 – 456.

[115] Moe, W. , Fader, P. (2004). "Dynamic Conversion Behavior at E-commerce Sites," *Management Science*, 50 (3): 326 – 335.

[116] Mohan, Subramaniam (2020). "Digital Ecosystems and Their Implications for Competitive Strategy," *Journal of Organization Design*, 9 (1): 306 – 333, https://doi. org/10. 1186/s41469 – 020 – 00073 – 0.

[117] Moncrief, W. C. , Marshall, G. W. , Rudd, J. M. (2015). "Social Media and Related Technology: Drivers of Change in Managing the Contemporary Sales Force," *Business Horizons*, 58 (1): 45 – 55.

[118] Nalebuff, B. J. , Brandenburger, A. M. (1997). "Coopetition: Competitive and Cooperative Business Strategies for the Digital Economy," *Strategy & Leadership*, 25 (6): 28 – 33.

[119] Nam, H. , Kannan, P. K. (2014). "Informational Value of Social tagging Networks," *Journal of Marketing*, 78 (4): 21 – 40.

[120] Nambisan, S. , Zahra, A. , Luo, Y. (2019). "Global Platforms

and Ecosystems: Implications for International Business Theories,"
Journal of International Bussiness Study.

[121] Narayanan, S. , Kalyanam, K. (2015). "Position Effects in Search
Advertising and Their Moderators: A Regression Discontinuity Ap-
proach," *Marketing Science*, 34 (3): 388 – 407.

[122] Neslin, Scott, A. Shankar, V. (2009). "Key Issues in Multichannel
Customer Management: Current Knowledge and Future Directions,"
Journal of Interactive Marketing, 23 (1): 70 – 81.

[123] Neslin, S. A. , Grewal, D. , Leghorn, R. , Shankar, V. , Teerling,
M. L. , Thomas, J. S. , Verhoef, P. C. (2006). "Challenges and
Opportunities in Multichannel Customer Management," *Journal of
Service Research*, 9 (2): 95 – 112.

[124] Nguyen, B. , Yu, X. , Melewar, T. C. et al. (2016). "Critical
Brand Innovation Factors (CBIF): Understanding Innovation and
Market Performance in the Chinese High-tech Service Industry,"
Journal of Business Research, 69 (7): 2471 – 2479.

[125] Nofer, M. , Gomber, P. , Hinz, O. et al. (2017). "*Blockchain,*"
Business & Information Systems Engineering, 59 (3): 183 – 187.

[126] Ommen, N. O. , Blut, M. , Backhaus, C. et al. (2016). "To-
ward a Better Understanding of Stakeholder Participation in the Serv-
ice Innovation Process: More Than One Path to Success," *Journal of
Business Research*, 69 (7): 2409 – 2416.

[127] Pappas, I. O. , Mikalef, P. , Giannakos, M. N. et al. (2018).
"Big Data and Business Analytics Ecosystems: Paving the Way to-
wards Digital Transformation and Sustainable Societies," *Information
Systems and e-Business Management.*

[128] Paschou, T. , M. Rapaccini, F. Adrodegari, N. Saccani
(2020). "Digital Servitization in Manufacturing: A Systematic Liter-
ature Review and Research Agenda," *Industrial Marketing Manage-*

ment, 2: 1 – 15.

[129] Phillips, E. (2015). "Retailers Scale up Online Sales Distribution Networks," *The Wall Street Journal*, 17, http://www. wsj. com/articles/ retailers-scale-up-online-sales-distribution-networks – 1447792869.

[130] Pingitore, G., Meyers, J., Clancy, M., Cavallaro, K. (2013). "Consumer Concerns about Data Privacy Rising: What Can Business Do?" *J. D. Power Report*.

[131] Prince, Kwame Senyo, Kecheng, Liu, John, Effah (2019). "Digital Business Ecosystem: Literature Review and a Framework for Future Research," *International Journal of Information Management*, (47): 52 – 64.

[132] Prior, D. D., Keränen, J., Koskela, S. (2019). "Customer Participation Antecedents, Profiles and Value-in-Use Goals in Complex B2B Service Exchange," *Industrial Marketing Management*.

[133] Rai, A., Patnayakuni, R., Seth, N. (2006). "Firm Performance Impacts of Digitally Enabled Supply Chain Integration Capabilities," *MIS Quarterly*: 225 – 246.

[134] Ratchford, B. T., Lee, M. S., Talukdar, D. (2003). "The Impact of the Internet on Information Search for Automobiles," *Journal of Marketing Research*, 40 (2): 193 – 209.

[135] Rauyruen, P., Miller, K. E. (2007). "Relationship Quality as a Predictor of B2B Customer Loyalty," *Journal of Business Research*, 60 (1): 21 – 31.

[136] Ron, Adner, Peter, Zemsky (2006). "A Demand – Based Perspective on Sustainable Competitive Advantage," *Strategic Management Journal*, 27 (3): 215 – 239.

[137] Rosario, A. B., Sotgiu, F., De Valck, K., Bijmolt, T. H. A. (2016). "The Effect of Electronic Word of Mouth on Sales: A Meta-analytic Review of Platform, Product, and Metric Factors," *Journal*

of Marketing Research, 53 (3): 297 – 318.

[138] Rust, R. T. , Kannan, P. K. , Peng, N. (2002). "The Customer Economics of Internet Privacy," *Journal of the Academy of Marketing Science*, 30 (4): 455 – 464.

[139] Rust, R. , Lemon, K. , Narayandas, D. (2004). *Customer Equity Management* (December: Prentice Hall).

[140] Rutz, O. J. , Bucklin, R. E. , Sonnier, G. P. (2012). "A Latent Instrumental Variables Approach to Modeling Keyword Conversion in Paid search Advertising," *Journal of Marketing Research*, 49 (3): 306 – 319.

[141] Rutz, O. J. , Bucklin, R. E. (2011). "From Generic to Branded: A Model of Spillover in Paid Search Advertising," *Journal of Marketing Research*, 48 (1): 87 – 102.

[142] Sedera, D. , Lokuge, S. , Grover, V. et al. (2016). "Innovating with Enterprise Systems and Digital Platforms: A Contingent Resource-based Theory View," *Information & Management*, 53 (3): 366 – 379.

[143] Seiler, S. (2013). "The Impact of Search Costs on Consumer Behavior: A Dynamic Approach," *Quantitative Marketing and Economics*, 11 (2): 155 – 203.

[144] Shankar, V. , Smith, A. K. , Rangaswamy, A. (2003). "Customer Satisfaction and Loyalty in Online and Offline Environments," *International Journal of Research in Marketing*, 20 (2): 153 – 175.

[145] Shankar, V. , Urban, G. L. , Sultan, F. (2002). "Online Trust: A Stakeholder Perspective, Concepts, Implications, and Future Directions," *The Journal of Strategic Information Systems*, 11 (3): 325 – 344.

[146] Sharma, P. , Davcik, N. S. , Pillai, K. G. (2016). "Product Innovation as a Mediator in the Impact of R&D Expenditure and Brand

Equity on Marketing Performance," *Journal of Business Research*, 69 (12): 5662 – 5669.

[147] Shim, S. S. Y., Pendyala, V. S., Sundaram, M. et al. (2000). "Business-to-Business E-commerce Frameworks," *Computer*, 33 (10): 40 – 47.

[148] Singh, A., Hess, T. (2017). "How Chief Digital Officers Promote the Digital Transformation of Their Companies," *MIS Quarterly Executive*, 16 (1).

[149] Sinha, R. K., Machado, F. S., Sellman, C. (2010). "Don't Think Twice, It's All Right: Music Piracy and Pricing in a DRM-free Environment," *Journal of Marketing*, 74 (2): 40 – 54.

[150] Sismeiro, C., Bucklin, R. E. (2004). "Modeling Purchase Behavior at an E-commerce Website: A Task-completion Approach," *Journal of Marketing Research*, 41 (3): 306 – 323.

[151] Skiera, B., Abou Nabout, N. (2013). "Practice Prize Paper-PROS-AD: A Bidding Decision Support System for Profit Optimizing Search Engine Advertising," *Marketing Science*, 32 (2): 213 – 220.

[152] Sonnier, G. P., McAlister, L. M., Rutz, O. (2011). "A Dynamic Model of the Effect of Online Communications on Firm Sales," *Marketing Science*, 30 (4): 702 – 716.

[153] Spector, J. M. (2008). "Cognition and Learning in the Digital Age: Promising Research and Practice," *Computers in Human Behavior*, 24 (2): 249 – 262.

[154] Stephen, A. T., Toubia, O. (2010). "Deriving Value from Social commerce Networks," *Journal of Marketing Research*, 47 (2): 215 – 228.

[155] Subramaniam, M. (2020). "Digital Ecosystems and Their Implications for Competitive Strategy," *Org Design*, 9 (12): 1 – 10, https://doi. org/10. 1186/s41469 – 020 – 00073 – 0.

[156] Sundararajan, A. (2016). *The Sharing Economy: The End of Em-*

ployment and the Rise of Crowd-based Capitalism (Cambridge, MA: MIT Press).

[157] Suppatvech, C., Godsell, J., Day, S. (2019). "The Roles of Internet of Thin-gs Technology in Enabling Servitized Business Models: A Systematic Literature Review," *Industrial Marketing Management.*

[158] Säljö, R. (2010). "Digital Tools and Challenges to Institutional Traditions of Learning: Technologies, Social Memory and the Performative Nature of Learning," *Journal of Computer Assisted Learning,* 26 (1): 53 – 64.

[159] Taillard, M., Peters, L. D., Pels, J. et al. (2016). "The Role of Shared Intentions in the Emergence of Service Ecosystems," *Journal of Business Research*, 69 (8): 2972 – 2980.

[160] Thirumalai, S., Sinha, K. K. (2005). "Customer Satisfaction with Order Fulfillment in Retail Supply Chains: Implications of Product Type in Electronic B2C Transactions," *Journal of Operations Management*, 23 (3 – 4): 291 – 303.

[161] Thomas, L. D. W., E. Autio (2017). "Innovation Ecosystems," in Aldag, R. ed., *Oxford Research Encyclopaedia of Business and Management* (UK: Oxford University Press).

[162] Tirunillai, S., Tellis, G. J. (2012). "Does Chatter Really Matter? Dynamics of User-generated Content and Stock Performance," *Marketing Science*, 31 (2): 198 – 215.

[163] Tirunillai, S., Tellis, G. J. (2014). "Mining Marketing Meaning from Online Chatter: Strategic Brand Analysis of Big Data Using Latent Dirichlet Allocation," *Journal of Marketing Research*, 51 (4): 463 – 479.

[164] Tripsas, M., Gavetti, G. (2000). "Capabilities, Cognition, and Inertia: Evidence from Digital Imaging," *Strategic Management*

Journal, 21 (10—11): 1147 – 1161.

[165] Trusov, M. , Bodapati, A. V. , Bucklin, R. E. (2010). "Determining Influential Users in Internet Social Networks," *Journal of Marketing Research*, 47 (4): 643 – 658.

[166] Tsai, T. M. , Wang, W. N. , Lin, Y. T. et al. (2015). "An O2O Commerce Service Framework and Its Effectiveness Analysis with Application to Proximity Commerce," *Procedia Manufacturing*, 3: 3498 – 3505.

[167] Tucker, C. , Zhang, J. (2010). "Growing Two-sided Networks by Advertising the User Base: A Field Experiment," *Marketing Science*, 29 (5): 805 – 814.

[168] Ulas, D. (2019). "Digital Transformation Process and SMEs," *Procedia Computer Science*, 158: 662 – 671.

[169] Utterback, J. M. , Abernathy, W. J. (1975). "A Dynamic Model of Process and Product Pnnovation," *Omega*, 3 (6): 639 – 656.

[170] Vargo, S. L. , Lusch, R. F. (2011). "It's All B2B…and beyond: Toward a Systems Perspective of the Market," *Industrial Marketing Management*, 40 (2): 181 – 187.

[171] Vargo, S. L. , Lusch, R. F. (2008). "From Goods to Service (s): Divergences and Convergences of Logics," *Industrial Marketing Management*, 37 (3): 254 – 259.

[172] Vargo, S. L. , Lusch, R. F. (2016). "Institutions and Axioms: An Extension and Update of Service-dominant Logic," *Journal of the Academy of Marketing Science*, 44: 5 – 23.

[173] Vargo, S. L. , Maglio, P. P. , Akaka, M. A. (2008). "Onvalue and Value Co-creation: A Service Systems and Service Logic Perspective," *European Management Journal*, 26 (3): 145 – 152.

[174] Venkatesh, R. , Chatterjee, R. (2006). "Bundling, Unbundling and Pricing of Multiform Products: The Case of Magazine Content,"

Journal of Interactive Marketing, 20 (2): 21 – 40.

[175] Verhoef, P. C., Neslin, S. A., Vroomen, B. (2007). "Multi-channel Customer Management: Understanding the Research-shopper Phenomenon," *International Journal of Research in Marketing*, 24 (2): 129 – 148.

[176] Verhoef, P., Kannan, P. K., Inman, J. (2015). "From Multi-channel Retailing to Omni-channel Retailing: Introduction to the Special Issue on Multi-channel Retailing," *Journal of Retailing*, 91 (2): 174 – 181.

[177] Vernik, D. A., Purohit, D., Desai, P. S. (2011). "Music Downloads and the Flip Side of Digital Rights Management," *Marketing Science*, 30 (6): 1011 – 1027.

[178] Warschauer, M. (2007). "The Paradoxical Future of Digital Learning," *Learning Inquiry*, 1 (1): 41 – 49.

[179] Watts, D. J., Dodds, P. S. (2007). "Influentials, Networks, and Public Opinion Formation," *Journal of Consumer Research*, 34 (4): 441 – 458.

[180] Wedel, M., Kannan, P. K. (2016). "Marketing Analytics for Data-rich Environments," *Journal of Marketing*, 80 (6): 97 – 121.

[181] Wiesel, T., Pauwels, K., Arts, J. (2011). "Practice Prize Paper-Marketing's Profit Impact: Quantifying Online and Off-line Funnel Progression," *Marketing Science*, 30 (4): 604 – 611.

[182] Wind, J., Rangaswamy, A. (2001). "Customerization: The Next Revolution in Mass Customization," *Journal of Interactive Marketing*, 15 (1): 13 – 32.

[183] Wu, C., Che, H., Chan, T. Y., Lu, X. (2015). "The Economic Value of Online Reviews," *Marketing Science*, 34 (5): 739 – 754.

[184] Wüst, K., Gervais, A. (2018). "Do You Need a Blockchain?" in *Crypto Valley Conference on Blockchain Technology (CVCBT)*

（IEEE）：45 – 54.

[185] Ying, Y., Feinberg, F., Wedel, M. (2006). "Leveraging Missing Ratings to Improve Online Recommendation Systems," *Journal of Marketing Research*, 43（3）：355 – 365.

[186] You, Y., Vadakkepatt, G. G., Joshi, A. M. (2015). "A Meta-analysis of Electronic Word-of-mouth Elasticity," *Journal of Marketing*, 79（2）：19 – 39.

[187] Zhang, J. (2014). "Customer' Loyalty Forming Mechanism of O2O E-commerce," *International Journal of Business and Social Science*, 5（5）.

[188] Zhang, Y., Fang, Y., Wei, K. K. et al. (2011). "Repurchase Intention in B2C E-commerce—A Relationship Quality Perspective," *Information Management*, 48（6）：192 – 200.

[189] Zhang, J., Wedel, M. (2009). "The Effectiveness of Customized Promotions in Online and Offline Stores," *Journal of Marketing Research*, 46（April）：190 – 206.

[190] Zhu, Y., Wilbur, K. C. (2011). "Hybrid Advertising Auctions," *Marketing Science*, 30（2）：249 – 273.

[191]《信息社会世界高峰会议突尼斯阶段会议综述》，常唯编译，《图书情报动态》2006 年第 3 期，第 20 ~ 22 页。

[192] 陈东华、叶阳、伍婵提：《价值创造视角下概念书店商业模式创新——基于猫的天空之城概念书店的案例研究》，《中国出版》2020 年第 7 期，第 11 ~ 14 页.

[193] 陈宗章：《网络空间：概念、特征及其空间归属》，《重庆邮电大学学报》（社会科学版）2019 年第 2 期，第 63 ~ 71 页.

[194] 郭艺勋：《基于移动商务的新型企业经营管理模式》，《厦门大学学报》（自然科学版）2003 年第 S1 期，第 104 ~ 109 页。

[195] 何枭吟：《数字经济发展趋势及我国的战略抉择》，《现代经济探讨》2013 年第 3 期，第 39 ~ 43 页。

［196］蒋侃、金鑫、黄袁芳、何薇薇：《O2O 电子商务商业模式构建研究》，《电子商务》2013 年第 9 期，第 9～10 页。

［197］李冰、李玉博：《基于外部动力的大数据环境下产品创新模式研究》，《中国科技论坛》2017 年第 4 期，第 48～54 页。

［198］李捷瑜、李杰、陈润深：《海外专利的双重创新效应研究：过程创新还是产品创新?》，《世界经济研究》2018 年第 3 期，第 41～55、135 页。

［199］李文、邢肖涵、梅蕾、贾月娟：《网络经济背景下零售平台企业商业模式创新路径研究》，《商业经济研究》2018 年第 16 期，第 103～105 页。

［200］李小倩、陈国宏：《社会化商务特性对消费者购买意愿的影响研究》，《商业经济研究》2018 年第 4 期，第 44～48 页。

［201］李岩：《中国利用后发优势发展成为世界移动商务大国的分析》，《管理世界》2005 年第 7 期，第 162～165 页。

［202］梁循、杨小平、申华：《社会化商务理论与实践》，清华大学出版社，2014。

［203］刘雷：《电子商务生态系统演进的影响因素探析》，《现代商贸工业》2010 年第 5 期，第 285～286 页。

［204］刘渊：《数字经济良性发展的政府作用》，《光明日报》2018 年 7 月 9 日第 16 版。

［205］罗倩、李琰、蔡玫：《基于 O2O 电子商务的商业模式基础构件、进化过程与策略探析》，《企业经济》2017 年第 12 期，第 43～48 页。

［206］逄健、朱欣民：《国外数字经济发展趋势与数字经济国家发展战略》，《科技进步与对策》2013 年第 8 期，第 124～128 页。

［207］齐严、司亚静、吴利红：《数字技术革命背景下零售业商业模式创新研究》，《管理世界》2017 年第 12 期，第 182～183 页。

［208］卿曼菲：《数字化媒体时代下企业品牌形象传播与设计研究》，湖南科技大学硕士学位论文，2017。

[209] 宋文官主编《电子商务概论》，清华大学出版社，2017。

[210] 万兴：《社区型、创新型、交易型三类数字平台的升级模式研究》，《现代经济探讨》2017 年第 5 期，第 61～66 页。

[211] 王宏川、朱登亚：《数字生态系统的信息生态失衡和信息流干预》，《图书情报工作》2010 年第 8 期，第 85～88 页。

[212] 王刊良：《数字化产品的经济特征、分类及其定价策略研究》，《中国软科学》2002 年第 6 期，第 58～62 页。

[213] 王汝林主编《移动商务理论与实务》，清华大学出版社，2007。

[214] 王硕：《电子商务概论》，合肥工业大学博士学位论文，2007。

[215] 魏秉全：《多角度看数字企业》，《经济与管理研究》2001 年第 6 期，第 34～37 页。

[216] 谢康、肖静华、赵刚编著《电子商务经济学》，电子工业出版社，2003。

[217] 杨曦东：《企业家导向、外部知识获取与产品创新的关系研究》，《科学学与科学技术管理》2009 年第 5 期，第 51～55、89 页。

[218] 于潇宇、陈硕：《全球数字经济发展的现状、经验及对我国的启示》，《现代管理科学》2018 年第 12 期，第 12～14 页。

[219] 张亮亮、刘小凤、陈志：《中国数字经济发展的战略思考》，《现代管理科学》2018 年第 5 期，第 88～90 页。

[220] 张文仲：《产品创新的三大路径》，《企业改革与管理》2012 年第 10 期，第 72～73 页。

[221] 张昕蔚：《数字经济条件下的创新模式演化研究》，《经济学家》2019 年第 7 期，第 32～39 页。

[222] 赵佳英：《基于扎根理论的社交化电子商务商业模式的跨案例研究》，南京大学硕士学位论文，2013。

[223] 赵星、董晓松：《数字化革新战略实施路径与管理框架》，《软科学》2017 年第 1 期，第 20～23 页。

[224] 钟耕深、崔祯珍：《商业生态系统理论及其发展方向》，《东岳论丛》2009 年第 6 期，第 27～33 页。

［225］周倩：《柔性制造：赢得智能竞争力的决胜点》，《中国工业评论》2016 年第 9 期，第 22～27 页。

［226］周文君：《在线数字产品的组合营销策略》，华中师范大学硕士学位论文，2013。

［227］朱伟民：《产品创新过程的流程再造》，《企业活力》2005 年第 2 期，第 70～71 页。

后　记

　　历时一年多创作，《数字商业管理》即将和读者见面。由于国内还未出现此方面的教材，本书的知识体系和结构框架并不够完善。由于能力和水平的问题，还希望教材开发方面的专家和同行能给予指导和帮助。

　　在本书撰写过程中，董晓松教授负责全书的发起、筹备和组织工作。刘容博士具体负责本书第一章、第二章和第三章的撰写工作。何辉帆和胡家慧协助撰写第一章，杨佳伟和何辉帆协助撰写第二章，吴鹏幸和张玉颖协助撰写第三章。尧军文老师具体负责本书第四章、第五章和第六章的撰写工作。万艳协助撰写第四章，许波协助撰写第五章，何辉帆协助撰写第六章。董晓松教授还具体负责了本书第七章、第八章和第九章的撰写工作。其中，金煌协助撰写第七章，许波协助撰写第八章，许仁仁和金煌协助撰写第九章。许仁仁还负责全书知识体系构建和文献采集等大量工作。在撰写过程中，田慧负责内外部沟通，全书统稿、校稿等撰写与组织协调工作。

　　在本书的编辑过程中，笔者面对丰硕的研究成果，总还有些难于取舍，由于版面有限，有些优秀的成果未能编入此书，感觉非常遗憾和可惜。

　　由于水平有限，编辑过程中难免有不妥之处，还望大家提出宝贵意见！

图书在版编目（CIP）数据

数字商业管理／董晓松等著 . --北京：社会科学
文献出版社，2021.1（2025.1 重印）
ISBN 978-7-5201-7758-0

Ⅰ.①数… Ⅱ.①董… Ⅲ.①数字技术-应用-商业
管理 Ⅳ.①F712-39

中国版本图书馆 CIP 数据核字（2021）第 016536 号

数字商业管理

著　　者／董晓松　刘　容　尧军文 等

出 版 人／冀祥德
责任编辑／高　雁
文稿编辑／王春梅
责任印制／王京美

出　　版／社会科学文献出版社·经济与管理分社 （010）59367226
　　　　　　地址：北京市北三环中路甲 29 号院华龙大厦　邮编：100029
　　　　　　网址：www. ssap. com. cn
发　　行／社会科学文献出版社 （010）59367028
印　　装／河北虎彩印刷有限公司

规　　格／开　本：787mm×1092mm　1/16
　　　　　　印　张：16.5　字　数：238 千字
版　　次／2021 年 1 月第 1 版　2025 年 1 月第 4 次印刷
书　　号／ISBN 978-7-5201-7758-0
定　　价／89.00 元

读者服务电话：4008918866